>element< Freiburger Schriften zur Sozialpädagogik
Herausgegeben von Prof. Dr. Norbert Huppertz

Band 7

Norbert Huppertz

Handbuch Waldkindergarten

Konzeption • Methodik • Erfahrungen

PAIS-Verlag

Oberried bei Freiburg i. Br.

Bibliographische Information der Deutschen Bibliothek

Die Deutsche Bibliothek verzeichnet diese Publikation in der deutschen Nationalbibliographie; detaillierte bibliographische Daten sind im Internet über http://dnb.de abrufbar.

Huppertz, Norbert
Handbuch Waldkindergarten
(Element; Bd. 7)
ISBN 3-931 992-18-7

PAIS-Verlag e.V.
Hauptstr. 49 • 79254 Oberried

Printed in Germany

Inhalt

Vorwort 11

1. Pädagogische Ziele und Werte im Waldkindergarten Zum Menschen- und Kindbild 13

1.1. Was sind Werte? Was sind Ziele? 13
1.2. Wertordnung bzw. Wertsysteme 14
1.3. Pädagogische Ziele und Werte 15
1.4. Welche Ziele und Werte hat eine Lebensbezogene Pädagogik? – Der Lebensbezogene Ansatz 17
1.5. Ziele und Werte des Waldkindergartens 20
1.6. Wie sich Werte vermitteln 23
1.7. Die moralische Entwicklung des Kindergartenkindes 24
1.8. Haben Walderzieher die richtigen Werte? 26
1.9. Zur Eignung des Waldkindergartens 28

1.9.1. Die besondere Eignung des Waldkindergartens 28
1.9.2. Für welche Kinder der Waldkindergarten ungeeignet ist 31
1.9.3. Und Kinder mit Defiziten? 33

1.10. Die hochbegabten Kinder 35
1.11. Die Zukunft der Kinder aus der Sicht von Walderziehern 36
1.12. Die größten gesellschaftlichen und politischen Probleme 40

2. Bedeutung der didaktischen Ansätze im Waldkindergarten 43

2.1. Didaktischer Ansatz und dessen Bedeutung für den Waldkindergarten 43

2.2. Zum Problem der Erfassung des didaktischen Ansatzes des Waldkindergartens 44

2.3. Unser Forschungsinstrument zur Erhebung des didaktischen Ansatzes 44

2.3.1. Unser Erhebungsinstrument und die Ergebnisse 46

2.3.2. Die didaktische Position in Selbstaussagen – Wie die Walderzieher selber ihre Arbeit beschreiben 48

2.4. Kommentare und Anregungen 53

3. Der Tagesablauf im Waldkindergarten 55

3.1. Tagesabläufe aus Konzeptionsschriften 55

3.2. Der Tagesablauf in allen Waldkindergärten 63

3.3. Und bei schlechtem Wetter? 66

4. Bildung und Planung im Waldkindergarten 69

4.1. Kinder brauchen Bildung 69

4.1.1. Bildung als Diskussionsgegenstand 69

4.1.2. Bildung als Bedürfnis – Was brauchen Kinder? 70

4.1.3. Bildung – ein wichtiger Begriff 71

4.1.4. Was alles bildet die Kinder? 71

4.2. Orientierung und Planung im Bildungsgeschehen des Waldkindergartens 73

4.2.1. Woran orientieren sich die Walderzieher? 73

4.2.2. Für wie lange im voraus wird geplant? 75

4.2.3. Bedeutung und Gewicht einzelner Bildungsbereiche ... 77

4.3. Welche Themen und Inhalte bieten Walderzieher den Kindern an? – Lieder, Gedichte, Geschichten ... 79

4.4. Sollen Kinder im Waldkindergarten Fremdsprachen lernen? ... 82

4.5. Religiöse Erziehung ... 84

4.6. Rituale im Waldkindergarten ... 86

5. Aktivitätsangebote, Projekte und Exkursionen ... 91

5.1. Gezielte Aktivitätsangebote im Waldkindergarten ... 91

5.1.1. Was heißt gezieltes Aktivitätsangebot? ... 91
5.1.2. Beispiel eines Aktivitätsangebotes ... 91
5.1.3. Aus der Praxis der Waldkindergärten ... 94
5.1.4. Inhalte der Angebote ... 95
5.1.5. Reflexionsimpulse für das gezielte Angebot ... 98
5.1.6. Vorgefertigtes Spielmaterial ... 98

5.2. Projekte im Waldkindergarten ... 102

5.2.1. Was heißt Projekt? ... 102
5.2.2. Die Projektpraxis im Waldkindergarten ... 103

• Ein Projektbeispiel – Bau eines Nistkastens 103
• Häufigkeiten der Projekte 105 • Welche Projektthemen finden sich im Waldkindergarten? 106 • Bewertung und Kritik – Gut und schön, aber... 109

5.3. Exkursionen – Wohin, außer in den Wald? ... 109

5.3.1. Anzahl der Exkursionen ... 109
5.3.2. Exkursionsorte ... 110

6. **Das Gelände des Waldkindergartens und das Freispiel** .111

6.1. Das Gelände des Waldkindergartens 111

6.1.1. Zufriedenheit der Erzieher mit dem Gelände.............111
6.1.2. Ein geeignetes Gelände...113
6.1.3. Checkliste zur Prüfung eines geeigneten Geländes 115
6.1.4. Soll man das Gelände wechseln?..............................118
6.1.5. Praktische Hinweise für den Umgang mit dem Wald.120

6.2. Zum Freispiel im Waldkindergarten 121

6.2.1. Freispiel in der Konzeption...121
6.2.2. Freispiel in der allgemeinen Praxis.............................123

• Dauer, Abgrenzung und Stellen des Freispiels 123
• Vereinbarungen mit den Kindern für das Freispiel 124
• Regelungen der Aufsicht 125 • Dürfen die Kinder außer Sichtweite spielen? 127 • Tätigkeiten und Materialien der Kinder im Freispiel 130 • Anregungen und Impulse während des Freispiels 132

7. **Der Waldkindergarten als Organisation und Betrieb**.....133

7.1. Der Träger...133

7.1.1.Was entscheidet der Träger? 135
7.1.2.Der Vorstand 136

7.2. Alter des Waldkindergartens..136

7.3. Finanzierung 137

7.4. Anzahl der Plätze, der Kinder insgesamt und der Gruppen 138

7.5. Personalsituation 138

7.6. Entscheidungsbefugnisse der Erzieherinnen und der Leiterin...139

7.7. Zeitbudget 143

7.8. Fachberatung und Supervision......................................144

7.9. Öffentlichkeitsarbeit ... 144
7.10. Kooperation mit anderen Institutionen ... 145

8. Zur Qualität und Ausstattung des Waldkindergartens ... 149

8.1. Qualitätsdebatte im Waldkindergarten? ... 149
8.2. Räumlichkeiten ... 151
8.2.1. Die tatsächliche Art und Ausstattung der Räume im Waldkindergarten ... 151
8.2.2. Vorschläge und Zufriedenheit bezüglich der Räume ... 154
8.2.3. Anlässe zum Aufsuchen der Räume ... 156
8.3. Zeitfrage ... 157
8.4. Öffnungszeiten und Mittagessen ... 158
8.4.1. Öffnungszeiten ... 158
8.4.2. Schließzeiten in den Ferien ... 160
8.5. Ausstattung – u.a. Materialien, Tiere, etc. ... 160
8.6. Mitgeführte Dinge – Was ist immer dabei? ... 163
8.7. Fortbildungsfrage ... 164
8.8. Gibt es eine schriftliche Konzeption? ... 167
8.9. Änderungs- und Verbesserungswünsche ... 168

9. Gefahren für die Gesundheit der Kinder ... 171

9.1. Mehr oder weniger krank? ... 171
9.2. Infektionsrisiko durch Zecken ... 171
9.3. Hinweise zum Zeckenproblem – u.a. für die Eltern ... 172
9.4. Fuchsbandwurm – u.a. Hinweise für Eltern ... 174
9.5. Wie werden die Kinder vor den Gefahren des Waldes gewarnt? – Aufklärung ... 175
9.6. Regelungen für Notfälle ... 176

10. Wer ist der Walderzieher? – u.a. Qualifikation und Motivation 177

10.1. Sozialdaten: Alter, Konfession, Familienstand 177
10.2. Berufliche Qualifikation, u.a. Erfahrung und Wechsel 178
10.2.1. Berufliche Erfahrungen von Walderziehern 178
10.2.2. Gründe für den Arbeitsplatzwechsel 179
10.2.3. Besondere Qualifikationen? 180
10.3. Vergleich: Qualifikationsanforderungen Regelkindergarten – Waldkindergarten 182
10.4. Persönliche Motivation für die Arbeit im Waldkindergarten 183
10.5. Persönliche Einschätzung der Vor- und Nachteile des Modells Waldkindergarten 187
10.6. Verbesserungsvorschläge im Hinblick auf das Modell Waldkindergarten 190
10.7. Lektüre von Fachzeitschriften 192
10.8. Arbeitsverhältnis und Bezahlung 194

11. Die Eltern und die Sicht der Eltern 195

11.1. Weshalb sich Eltern für den Waldkindergarten entscheiden 195
11.2. Engagement der Eltern 197
11.3. Soziale Situation der Eltern 198
11.4. Unzufriedenheit der Eltern mit dem Waldkindergarten 200
11.5. Was Eltern am Waldkindergarten besonders gut finden 205
11.6. Zur Qualität der Beziehung zu den Eltern 206
11.7. Alter und Nationalität der Eltern 208
11.8. Mobilitätsfragen 210

12. Waldkindergarten und Schule – Bereitet der Waldkindergarten die Kinder besser auf die Schule vor? 211

12.1. Vorbehalte zur Schulbefähigung 211
12.2. Gezielte Schulvorbereitung 213
12.3. Vorbereitung der Kulturtechniken: Lesen, Schreiben, Rechnen 214

13. Denken und Reden der Leute über den Waldkindergarten? 217

13.1. Image und Ansehen 217
13.2. Unterstützung und Ablehnung der Arbeit 221

14. Konzeptionsschriften im Waldkindergarten 225

14.1. Empfehlungen 225
14.2. Checkliste zur Prüfung der eigenen Konzeptionsschrift 225

Bedeutsame Literatur für den Waldkindergarten 228

Zum Verlag 232

Vorwort

Waldkindergärten haben inzwischen ihre Stellung und ihre Anerkennung. Es gibt vielerlei Varianten; u.a. finden wir zahlreiche „Waldgruppen" an und in herkömmlichen Kindergärten. Das Interesse am Waldkindergarten steigt nicht nur in Deutschland, sondern auch in den übrigen Ländern Europas. Viele Waldkindergärten haben eine bemerkenswerte Qualität erlangt und leisten einen nicht mehr zu übersehenden gesellschaftlichen Beitrag. Insofern ist es Zeit für die hier vorgelegte Publikation.

Wozu dieses Handbuch? Waldkindergärten und Waldgruppen gründen sich laufend. Dazu bedarf es einer Grundlage und Anleitung. Waldkindergärten haben es verdient, dass ihre Arbeit dargestellt wird, und zwar nicht nur in diesem oder jenem „Heft", sondern in einem „Handbuch", das überall erhältlich ist.

Forschung, Wissenschaft und Theoriebildung des Waldkindergartens sollen vorangetrieben werden. Dazu haben wir mit diesem Handbuch eine Basis und ein Fundament.

Im Handbuch Waldkindergarten wird eine wirklichkeitsbezogene Konzeption vorgelegt, und zwar erziehungswissenschaftlich fundiert. Theorie und Praxis können und sollen damit und danach arbeiten. Es wird der Rahmen für eine Lebensbezogene Pädagogik im Waldkindergarten geboten. Für mich ist der Waldkindergarten die konsequenteste Anwendung des Lebensbezogenen Ansatzes, wie ich ihn selber in der Vorschulpädagogik und Kindergartenbildung vertrete: eine werteorientierte und absolut kindbezogene, d.h. auf ein gelingendes Leben eines jeden einzelnen Kindes angelegte Position. Gerechtigkeit, Friede, Natur als große Lebensbereiche spielen dabei in der Bildung des Kindes eine besondere Rolle. Immer mehr Weltbürgerlichkeit und immer mehr Wohlsein und Lebensglück von immer mehr Menschen auf der Welt, und zwar nicht nur für heute und morgen, sondern auch für übermorgen – zu diesem Globalisierungsziel im erfreulichen Sinne – leistet der Waldkindergarten einen besonderen und nachhaltigen Beitrag. Wir können nicht nur nachweisen, dass „Waldkinder" schulfähig werden, sondern dass ihnen global orientierte Weltbürgerlichkeit zu vermitteln ist. Waldkindergärten sind Orte der Wertevermittlung, wie wir sie kaum irgendwo sonst im Gefüge unserer Bildungsinstanzen finden.

Die Erstellung dieses Handbuches war, von Aufwand und Energie her betrachtet, nicht gerade eine Kleinigkeit. Der Autor ist einer Reihe von Personen und Instanzen zu Dank verpflichtet, und zwar

- den Walderzieherinnen und Walderziehern für ihre zahlreichen Informationen und Materialien, besonders allen, die einen Beitrag zu den Abbildungen geleistet haben;
- den Studierenden in meinen Forschungsseminaren für ihr forschendes Lernen;
- Dipl.-Päd. Monika Huppertz für die Publikation im PAIS-Verlag und die damit verbundenen Arbeiten;
- sowie Dipl-Päd. Jan Gross, Dipl.-Päd. Christina Horst und Dipl.-Päd. Isabella Kuna für ihr Engagement und ihre Unterstützung.

Ich wünsche allen, die mit diesem Handbuch arbeiten, einen guten Erfolg. An Rückmeldungen bin ich sehr interessiert.

Freiburg im Januar 2004 Norbert Huppertz

Adresse des Autors: Hauptstr. 49
D-79254 Oberried
Tel.: 07661/ 4429
Fax: 07661/ 981 420
E-mail: huppertz@ph-freiburg.de

1. Pädagogische Ziele und Werte im Waldkinder garten – Zum Menschen- und Kindbild

Es ist eine alte pädagogische Weisheit, dass Erziehung und Bildung, also das ureigenste Geschäft von pädagogisch Tätigen, nicht ohne Ziele und auch nicht ohne die damit verbundenen Werte gehen; eine nicht-normative Pädagogik scheint es nicht zu geben. Um welche Werte aber soll es gehen? Ist das „dem Erzieher" überlassen? Den Eltern? Oder dem Staat? Was leistet dabei die Erziehungswissenschaft? Wissenschaft! Hat sie sich da nicht rauszuhalten?

Im Folgenden soll aufgezeigt werden, welche Werte und Ziele der Waldkindergarten hat, und geprüft werden, inwieweit diese mit den Werten und Zielen einer Lebensbezogenen Pädagogik übereinstimmen.

Um die Wertfrage in der Pädagogik befriedigend zu behandeln, müssten nicht nur die Pädagogik und Psychologie, sondern auch die Soziologie und vor allem die Philosophie, insbesondere die Ethik, befragt werden, welchen Beitrag sie dazu leisten können.

1.1 Was sind Werte? Was sind Ziele?

„Wert" scheint alles sein zu können, was Menschen dazu erheben oder machen; was ihnen wert-voll, also „voller Wert", ist; dem sie Wert zusprechen. Demnach scheint es nichts zu geben, das nicht schon einmal einen Wert verkörpert hätte, denn, was Menschen erfreulich finden, das hat für sie auch einen gewissen Wert. Subjektiv gesehen, d.h. vom einzelnen Menschen aus betrachtet, scheint also tatsächlich alles seinen Wert haben zu können. Aber Vorsicht!

Ließe man dieses aber nun in einer werttheoretischen Betrachtung so stehen, dann wäre jeder Beliebigkeit das Wort geredet, und man würde gutheißen, dass ein Kind das andere traktiert und beleidigt, - dass Kinder mit Tier- und Pflanzenwelt lieblos umgehen, - dass Nazis jüdische Menschen ermorden. Wertbesinnung muss also auch eine objektive Seite auftun können. Es liegt somit keineswegs nur an uns, ob etwas wertvoll ist, sondern es kommt auch auf die andere Seit an: Werte haben immer auch eine objektive, sachliche Komponente, die nicht in uns begründet ist, sondern in „der Sache“ selber liegt. Liebe etwa ist ein solcher Wert; denn auch wenn Menschen nicht (mehr) lieben, bleibt Liebe ein Wert; mit Toleranz, Gerechtigkeit und Solidarität – und vielem anderen – ist es ebenso.

Gibt es also objektive Werte?

Ja, es gibt sie in mehrerlei Hinsicht: Die in einer Gruppe oder Gesellschaft von allen oder den meisten Anerkannten und/oder schriftlich kodifizierten Werte haben insofern auch einen objektiven Charakter. Aber auch insofern dem subjektiven als wertvoll anerkannten immer „eine Sache“ – dies muss nicht materiell sein, sondern es kann jeden Seinsstatus haben, und zwar auch den defizitären – zu Grunde liegt, nehmen wir objektiv Wert-volles an, wobei ein der Möglichkeit nach so vorhandener Wert gleichsam darauf wartet, zu dem ihn aktivierenden Menschen, dem Subjekt, in Beziehung zu geraten.

Solche etwas aufwendig erscheinenden Betrachtungen ergeben sich nur, wenn wir die Wertungsstruktur in philosophierender Weise ins Auge fassen. Der wertende Alltag ist da ganz anders: Hier handeln die Menschen meist unreflektiert, was ihre Werte anbetrifft – übrigens auch „die Erzieher“, intuitiv und emotional ziehen wir „das Eine“ „dem Anderen“ vor und treffen so vielfach unsere Entscheidungen. (Entscheidungen treffen heißt immer etwas Bestimmtes für wert-voller halten als anderes.)

1.2 Wertordnungen bzw. Wertsysteme

Man hat immer wieder, besonders die Wertphilosophen, versucht, „die Werte“ in Ordnungssysteme zu bringen; das liegt nahe, denn zu jeder Wissenschaft, auch zu der von den Werten, gehört es, ihre Gegenstände in eine theoretische Systematik zu bringen – was aber andererseits schwierig bleiben muss, denn wenn geradezu alles zum Wert werden kann, dann müsste „die Ordnung“ ja gleichsam eine (wertebezogene) Abbildung alles Seienden darstellen. Die von den Werttheoretikern versuchten Systeme haben etwas durchaus Plausibles an sich, sind aber meistens auch der Kritik zu unterziehen.

Hugo Münsterberg teilte die Werte folgendermaßen ein:

1) Daseinswerte: 1. Dinge, 2. Wesen (Persönlichkeiten), 3. Bewertungen;
2) Zusammenhangswerte (Natur, Geschichte, Vernunft);
3) Einheitswerte (Harmonie, Liebe, Glück);
4) Schönheitswerte (Bildende Kunst, Dichtkunst, Musik);
5) Entwicklungswerte (Wachstum, Fortschritt, Selbstentwicklung);
6) Leistungswerte (Wirtschaft, Recht, Sittlichkeit);
7) Gotteswerte (Schöpfung, Offenbarung, Erlösung);
8) Grundwerte (Weltall, Menschheit, Über-Ich).

(H. Münsterberg, in: Messer 1930, S. 22.)

1.3 Pädagogische Ziele und die Werte

Was hat nun die Pädagogik mit den Werten zu tun? Die Antwort ergibt sich von selbst.

Über die für ein individuelles und gesellschaftliches „gutes Leben" erforderlichen Werte und die damit verbundenen Einstellungen verfügen wir nicht von allein und auch nicht von Natur aus, sondern dazu dienen Erziehung und Bildung – Sozialisation: Werteerziehung ist immer dann ein beliebtes Motto, wenn man in einer Gesellschaft Auffälligkeiten, Abweichungen, Gewalt, Kriminalität glaubt nicht mehr hinnehmen zu können. In Erziehung und Bildung wird der Anspruch erhoben, gegen derlei Negativ-Werte angehen zu können. Erziehungsziele, wie z.B. Friedfertigkeit, Ehrlichkeit usw. sollen dazu dienen, ein besseres Miteinander der Menschen zu ermöglichen – ein besseres Leben. Pädagogische Ziele, also Erziehungs- und Bildungsziele, implizieren jeweils zu ihnen passende Werte. Möchte ich zur Toleranz gegenüber Andersdenkenden „erziehen", dann ist mir die Haltung der Toleranz und die damit verbundene Tugend so viel wert – ein so hoher Wert –, dass ich sie bei dem mir in die Obhut der Erziehung gegebenen Kind verwirklichen möchte: es soll tolerant werden. Das ist der Zusammenhang von pädagogischen Zielen und Werten: diese dienen jenen gleichsam als ihre Basis, als ihr Fundament. Werte sind die Wegweiser des Erziehers, und vermittelte Werte, d.h. vom Kind akzeptierte und internalisierte Werte, dienen diesem als Orientierung. Hier wird auch der fundamentale Zusammenhang von Philosophie (als Anthropologie und Ethik) sowie Pädagogik als angewandter Ethik sichtbar.

1.4 Welche Ziele und Werte hat eine Lebensbezogene Pädagogik? – Der Lebensbezogene Ansatz

Der von mir während der vergangenen Jahre und Jahrzehnte entwikkelten Lebensbezogenen Pädagogik sowie der darauf fußenden Didaktik des Lebensbezogenen Ansatzes für die Arbeit des Kindergartens liegen ganz bestimmte Werte zu Grunde. Diese leiten sich nicht aus irgendeiner Weltanschauung oder Religion ab, sondern sie ergeben sich von ihnen selbst her und sind insofern das Ergebnis eines phänomenologischen Erkenntnisvorganges. Sie sind nicht „gesetzt", sondern sie „setzen" sich gleichsam selber und verlangen von ihnen selber her nach ihrer Verwirklichung in unserem Leben. Wir können die Werte umsetzen, wenn wir nicht von „Interessen" anderer Art von ihnen weggeführt werden.

Ich unterscheide in der hier vertretenen Pädagogik a) herkömmliche Werte und b) Werte für die heutige Zeit und den morgigen Tag.

Zu den herkömmlichen Werten gehören z.B. Freiheit, Solidarität, Toleranz und Gerechtigkeit usw.

Zu den Werten für die heutige Zeit und den morgigen Tag gehören:

a) Er - leben der Wirklichkeit, z. B. durch originäres Erfahren in der Natur (Wasser, Feuer, Wind ...) - (das Gegenteil: Mediatisierte Vermittlung, z. B. durch überhöhten Medienkonsum mit Fernsehen, Video, Computerspiele usw.)

b) Maßhalten und verzichten können (das Gegenteil: Mentalität der Überfluss- und Wegwerfgesellschaft)

c) Ethisches Verhalten als Bewusstsein von Gut und Böse (das Gegenteil: Handeln nur nach Profit und eigenem Vorteil)

d) Sicht des Ganzen (das Gegenteil: die Einstellung: „Mein Handeln betrifft nur mich.")

e) Mit - leiden (nicht Mitleid) gegenüber Benachteiligten (das Gegenteil: Abgestumpftheit und nur an sich denken)

f) Weltbürger - Sein (das Gegenteil: Regionalismus, Patriotismus und Nationalismus)

g) Kritikfähigkeit - bei Respektierung von zeitgemäßer Tradition (das Gegenteil: zu starke Anpassung und Gehorsam um jeden Preis)

h) Erkennen der Folgen von eigenem Handeln (das Gegenteil: anderen die Ursachen und die Schuld für eigene Vergehen zuschieben)

i) Die Zukunft selbst vorausschauen (das Gegenteil: gleichgültig in den Tag leben und alles „den Experten" überlassen)

j) Energiebewusstsein (das Gegenteil: verschwenderischer Umgang mit den Ressourcen der Erde)

k) Friedensfähigkeit (das Gegenteil: Konflikte durch Dominanz und Gewalt regeln wollen)

l) Verantwortungsbewusstsein (das Gegenteil: Egoismus und eigener Hedonismus)

m) Furcht, Vorsicht und Umsichtigkeit - nicht gemeint ist Erziehung zur Ängstlichkeit (das Gegenteil: Draufgängertum und Waghalsigkeit)

n) Bescheidenheit in der Leistungssteigerung (das Gegenteil: Immer mehr, immer weiter ... durchaus in Konkurrenz zu und auf Kosten von anderen)

o) Innovationsfreudigkeit - d.h. u.a.: Anderes und Neues sind, wenn sinnvoll, erwünscht (das Gegenteil: aus Bequemlichkeit o.ä. immer alles beim alten lassen)

p) Erziehung zum richtigen Umgang mit Umwelt und Natur (das Gegenteil: Zerstörung von Umwelt und Natur)

q) Partizipation und Mitgestaltung (das Gegenteil: Autoritäre Anweisung „von oben" erwarten und brauchen)

r) Aktuelle Sensibilität über das Momentane hinaus (das Gegenteil: was gestern Schlimmes geschah, z. B. eine Katastrophe durch ein Atomkraftwerk, haben die Menschen morgen schon vergessen)

s) Eigene Aktivität und Initiative (das Gegenteil: anderen immer die Initiative überlassen und warten bis von ihnen Impulse kommen)

t) Individuelles Durchhalten, Zivilcourage (das Gegenteil: nur nicht gegen den Strom schwimmen und etwa anecken, selbst wenn man vom Richtigen überzeugt ist)

u) Autodidaktische Qualifikation (je nachdem, wie die Welt von morgen aussieht, brauchen wir vielleicht wieder andere Fähigkeiten und Ziele; das Gegenteil: ein starres und geschlossenes Lebensbild, für dessen Bewältigung man glaubt, ausreichendes Wissen vermitteln zu können) (vgl. Huppertz 1992, S. 75 ff und Huppertz 2003)

Verwirklichungsbereiche dieser Werte

Die so eben beschriebenen Werte können nun in verschiedenen Bereichen zur Anwendung gelangen. Zentrales Ziel bzw. der alles leitende oberste Wert muss dabei sein: ein gelingendes Leben für alle, und zwar überall. Auch das ist ein Wert und ein Ziel, wovon jeder bei der entsprechenden phänomenologischen Haltung überzeugt ist. Wir können dabei auch von einem menschenwürdigen Leben aller überall sprechen. Wollen wir gemäß diesem Hauptziel die soeben aufgewiesenen pädagogischen Zielsetzungen verwirklichen, dann müssen wir Kinder mit Inhalten aus ganz bestimmten Bereichen des Lebens in Verbindung bringen, und zwar mit Themen und Inhalten aus solchen Bereichen, in denen das Lebensglück der Menschen besonders auf dem Spiele steht. Es sind dies Lebensbereiche, die wir bezeichnen können mit den Begriffen

- Natur und Umwelt
- Gerechtigkeit und Eine-Welt (oder Dritte-Welt)
- Frieden und Verstehen der Menschen auf der Welt.

Man kann es kurz so sagen: Nur wenn der Bedrohung von Natur- und Umweltzerstörung Einhalt geboten wird, wenn die Güter der ganzen Erde gerechter verteilt sind und alle mehr als das Nötigste haben, und nur wenn es keine Kriege gibt und die Völker sich verständigen – nur dann können wir von echter Lebensqualität für alle sprechen.

Das aber wird nicht allein eine Sache der Politik sein können, sondern alle Pädagogik, auch und gerade die Frühpädagogik, kann und muss hier ihren Beitrag leisten, und zwar über die Auswahl der entsprechenden Bildungsinhalte und –methoden. In dem Sinne ist alle solche Pädagogik auch politisch. Konkreter heißt das, dass in einem Lebensbezogenen Kindergarten Projekte und Angebote aus den Gebieten Natur, Gerechtigkeit und Frieden nicht fehlen dürfen. Wie dies im Einzelnen sein müsste, ergibt sich aus den folgenden Kapiteln dieses Buches.

1.5 Ziele und Werte des Waldkindergartens

Bei dieser Frage bedarf es zunächst der Klärung, wer „der Waldkindergarten" ist. Das könnte die Idee bzw. das Konzept Waldkindergarten sein – das könnten „die Waldkindergärten" sein – das könnte ein einzelner Waldkindergarten sein – das könnte aber auch die Beantwortung der Frage sein, welche Werte und Ziele Waldkindergärten per se verfolgen – oder aber auch verfolgen sollten. Je nach Verständnis der Frage wird man auch Antwortquellen haben müssen.

Meine Ansicht ist und meine Antwort lautet, dass der Waldkindergarten, normativ wie auch empirisch, d.h. von Anspruch und Wirklichkeit her, über lebensbezogene Werte und Ziele verfügt: Der Waldkindergarten kann die konsequenteste Anwendung des Lebensbezogenen Ansatzes sein. Er ist keine Situationspädagogik und auch kein Fall von Funktions- bzw. Disziplinansatz (vgl. Huppertz/ Schinzler 1995, S. 336 ff.).

Es bleibt allerdings zu prüfen, ob der Waldkindergarten auch in seiner Wirklichkeit in umfassender Form mit dem Konzept einer Lebensbezogenen Didaktik übereinstimmt. Wir haben die Walderzieher nach ihren Zielen gefragt: „Nennen Sie bitte die drei wichtigsten Ziele Ihrer pädagogischen Arbeit", so lautete die Frage.

Die folgende Grafik zeigt sehr deutlich, welche Prioritäten von Walderzieherinnen gesetzt werden.

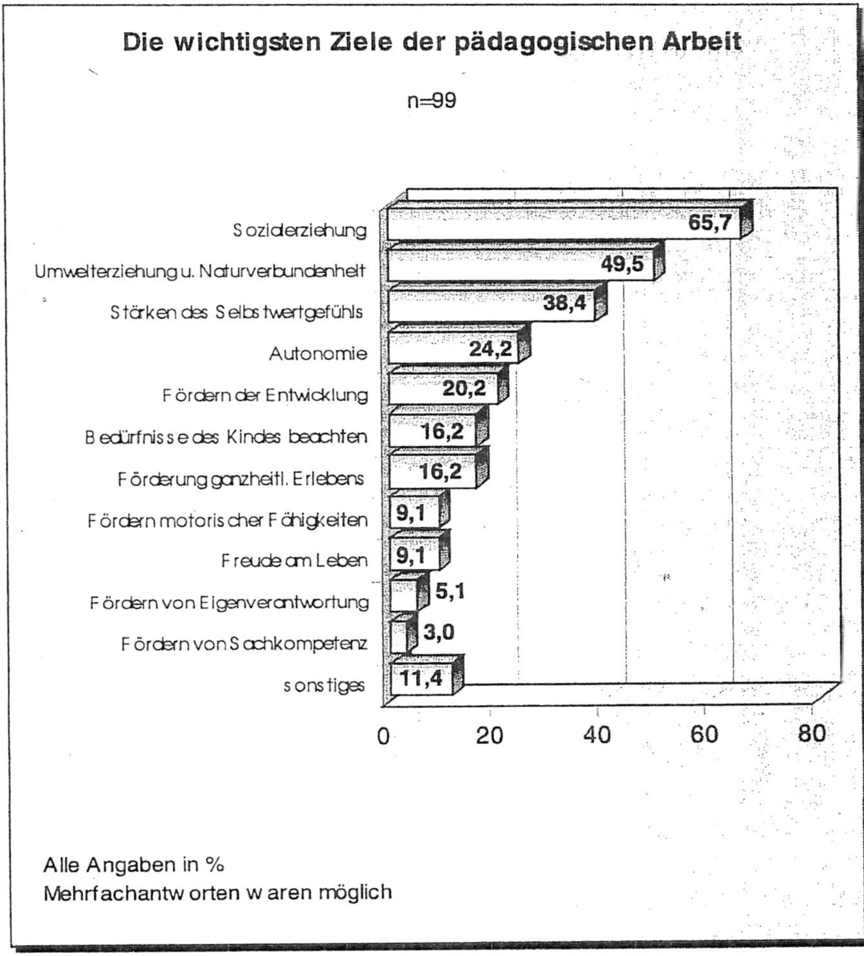

1. Sozialverhalten fördern. – Andere Menschen achten und verstehen, Rücksichtnahme, Toleranz, Fördern von sozialen Kompetenzen.– *„Soziales Gruppengefühl zur Entfaltung zu bringen."* – *„Hilfsbereitschaft."*
2. Naturverbundenheit. – Umweltbewusstsein schaffen, Achtung vor und verantwortungsvoller Umgang mit der Natur, Natur entdecken und erfahren.– *„Emotionale Bindung an die Umwelt schaffen."* – *„Umwelterziehung – respektvoller Umgang mit Tier und Natur."*
3. Das Selbst. – Das Selbstwertgefühl des Kindes stärken, Kinder ernst nehmen, ihre Individualität anerkennen.– *„Den Kindern zu helfen selbstsicher und selbstbestimmt zu leben."* – *„Die ‚kleine' Persönlichkeit stärken – auf allen Gebieten."* – *„Es darin bestärken, es selbst zu sein."*
4. Autonomie. – Die Selbstständigkeit des Kindes entwickeln, dadurch u.a. sein Selbstbewusstsein fördern.– *„Erziehung zur Lebenskompetenz."*
5. Breite Entwicklungsmöglichkeiten. – Gemeint ist das Wecken und Fördern verschiedener Fähigkeiten, wie z.B. Kreativität, Phantasie und Talente, Neugier und Interessen.
6. Holistik. – Hier geht es um Ganzheitlichkeit, Sicht des Ganzen, Lernen mit allen Sinnen. – *„Ganzheitliches Erleben der Umwelt."*
7. Bedürfnisse der Kinder achten. – Die Erzieher möchten den Kindern Vertrauen, Geborgenheit, Liebe vermitteln, ein Gleichgewicht zwischen Schutz und Freiheit schaffen. – *„Immer den Bedürfnissen der Kinder nachgehen."* – *„Kinder noch Kinder sein lassen dürfen."*
8. Körperliche Gesundheit. – Schwerpunkte sind hier die Förderung der motorischen Fähigkeiten, die Stärkung des Bewegungsapparates des Kindes sowie des Immunsystems und der Psychomotorik. – *„Sinnesschulung und Freude am Tun."*
9. Freude am eigenen Leben. – Die Erfahrung von Freude und Spaß im Alltag sowie Lebensfreude, sind hier gemeint.
10. Eigenverantwortung. – Dem Kind vermitteln, dass es für sein Tun selbst Verantwortung übernehmen muss.

11. Sachkompetenzen fördern.
12. Sonstiges. – Darunter fallen Nennungen, die den Erziehern wichtig waren, aber mit dem pädagogischen Zielbegriff nur entfernt in Verbindung stehen, z.B. Alternativen zum Technikwahn, Elternarbeit usw.

Soziales, Natur und der Mensch selber – das sind deutlich die Gebiete, in denen die von den Walderziehern favorisierten pädagogischen Ziele sich bewegen, nicht aber etwa die Vermittlung von Sachkompetenzen, z.B. im Sinne einer gezielten umfassenden Wissensvermittlung.

1.6 Wie sich Werte vermitteln

Hier geht es darum, wie es vor sich geht, wenn Kinder über Erziehung und Bildung, durch Sozialisation, Werte, z.B. Achtung vor der Natur, Ehrfurcht vor dem Leben, Solidarität mit Unterprivilegierten, übernehmen und bei sich ausbilden. Bei dem Begriff der „Werteerziehung" sowie dem damit gemeinten Verfahren bin ich eher skeptisch, weil mir dieses nach mechanistischem Denken aussieht – nach Vermittlung auf Knopfdruck o.ä. Predigen von Werten mag von manchem als wirksam betrachtet werden – ist es aber nicht: Werte vermitteln sich durch das Leben, und deshalb brauchen wir dabei auch eine Lebensbezogene Didaktik und Pädagogik. In dieser brauchen wir

- lebensbezogene Werte und Ziele
- lebensbezogene Personen und Persönlichkeiten
- lebensbezogene Inhalte und Methoden
- lebensbezogene Zusammenarbeit.

Kinder werden dann wie von selbst in einer solchen Umgebung der pädagogischen Begleitung zu Naturschützern, Friedensfreunden und Umsetzern von sozialer Gerechtigkeit – sie werden Weltbürger und erstreben ein besseres Leben für alle. Dennoch gilt es natürlich zu fragen, wie sich Kinder in ihrem Werteverhalten entwickeln. Hier ist die Entwicklungspsychologie gefragt, und zwar in dem, was sie zur moralischen Entwicklung des Kindes, hier besonders des Kindes im Alter bis zum 6. Lebensjahr, zu sagen hat.

1.7 Die moralische Entwicklung des Kindergartenkindes

Für den hier zu behandelnden Sachverhalt hat die Pädagogische Psychologie verschiedene Begriffe, u.a. den Begriff der Einstellung – aber auch „Gesinnung", Haltung, usw. Wie bedeutsam der Sachverhalt für die Pädagogik und das Leben ist, wird aus einer Definition von Allport deutlich (zit. nach Oerter 1969, S. 216). Demgemäss müssen wir die Haltung sehen als „einen seelisch-geistigen und neurologischen Zustand der Bereitschaft, der aus der Erfahrung erwachsen ist und einen steuernden oder dynamischen Einfluß auf die individuellen Reaktionen gegenüber allen Objekten und Situationen ausübt, mit denen er in Zusammenhang steht".

Drei Komponenten sind nach der Pädagogischen Psychologie für die Wertebildung wichtig: ein Verhaltensanteil, eine affektive Komponente und eine kognitive Komponente (vgl. Oerter a.a.O., S. 234 ff.). Was heißt das konkret? Es heißt, dass in der moralischen Erziehung, genauso wie in anderen Bereichen, das gewünschte Verhalten gelobt und geübt werden muss: „Wie bei anderen Lernvorgängen auch, sind zwei Bedingungen erforderlich, damit die erwünschte Haltung erlernt wird:

- sie muss verstärkt (belohnt) werden und
- sie muss geübt werden." (a. a. O., S. 236)

Der zweite Punkt, die affektive Komponente, bezieht sich auf die mit moralischen Handlungen verbundene emotionale Befindlichkeit, u.a. auch etwa schlechtes Gewissen, Ängste etc. – aber auch Freude bei gewünschtem Verhalten.

Die dritte Komponente, die kognitive, darf auch in der vorschulischen Erziehung und Bildung nicht vernachlässigt werden, wenngleich wir davon ausgehen sollten, dass alle verbale (kognitive) Vermittlungsabsicht an ihre Grenzen stößt – spätestens ab dem Schulalter fruchtet sie kaum noch. Platon hatte Unrecht, wenn er meinte: Wer das Gute weiß, der tut es auch. Unsere ganze Gesellschaft ist der Gegenbeweis – auch die Kinder; das bedeutet: Predigen hilft nicht, sondern wissenschaftlich fundierte Bildung ist angesagt. Die Erklärung, auch die verbale, soll als kognitive Komponente zu den anderen hinzukommen – zu den psychologisch aufgewiesenen. Vor allem das Vorbildlernen, das Lernen am

Modell, muss hier noch betont werden. Wenn die Erzieherin zum schonenden Umgang mit den natürlichen Ressourcen der Erde „erziehen" möchte, wird sie selbst nicht jeden Meter mit dem Auto fahren; wenn sie die Gesundheit der Kinder als Wert „vermitteln" möchte, wird sie nicht rauchen – auch nicht hinter dem Rücken der Kinder; wenn sie zur sozialen Gerechtigkeit „führen" möchte, wird sie mit den Kindern ein Dritte-Welt-Projekt erarbeiten und evtl. mit den Eltern gemeinsam in ihrem Kindergarten einen Eine-Welt-Kreis gründen, usw.

1.8 Haben Walderzieher die richtigen Werte?

Aus der Sicht einer Lebensbezogenen Pädagogik haben wir keinen Zweifel mehr daran, ob wir von „richtigen" bzw. „falschen" Werten sprechen können, ja wir müssen es sogar, wollen wir das Wohl unserer Kinder nicht evtl. verfehlen.

Welche Werte haben Walderzieher?

Die Frage in unserer Freiburger Waldkindergartenstudie lautete: „Welche der folgenden Bereiche sind Ihnen wichtig?" Es konnten Antworten gewählt werden von „unwichtig", „weniger wichtig", „wichtig" bis „sehr wichtig". Die folgende Tabelle gibt die Rangfolge an, in welche die befragten Walderzieher die vorgegebenen Bereiche gebracht haben.

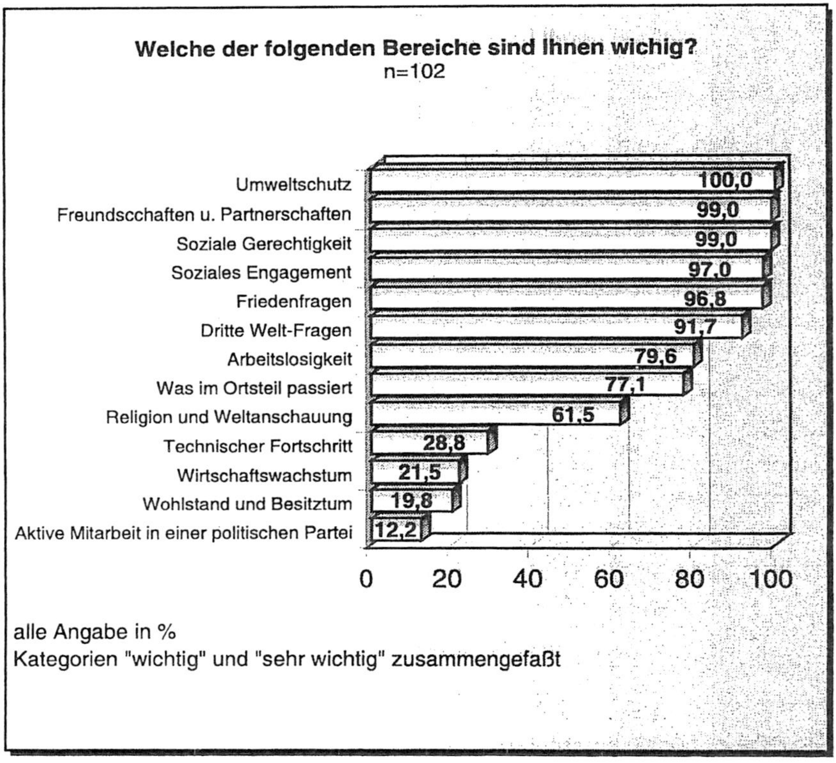

Was besagt das Forschungsergebnis?

Stehen bei den Befragten die in der Lebensbezogenen Pädagogik favorisierten Werte hoch genug „im Kurs“? Die Frage muss bejaht werden, es gibt jedoch auch ein gewichtiges „Aber“, das uns zu denken gibt.

Zunächst sieht man, dass die Natur („Umweltschutz“) bei den Walderziehern die allergrößte Wertschätzung erfahrt. Aber auch soziale Gerechtigkeit (99 %) und Friedensfragen (96,8 %) – die beiden anderen wichtigen Bereiche einer Lebensbezogenen Pädagogik – rangieren ganz oben – begleitet von dem persönlichen Wert, der bei allen von uns befragten Personen, ob Jugendliche oder Studierende, eine enorm hohe Bedeutung hat, nämlich Freundschaften und Partnerschaften (99 %).

Religion und Weltanschauung sind immerhin für über 60 % bedeutsam, während ein zentraler Bereich des menschlichen Lebens, nämlich derjenige, der für den Durchschnittsbürger normalerweise großes Ansehen hat, bei den Walderziehern eine vergleichsweise verschwindend geringe Hochschätzung erfährt: Technik, Fortschritt (28,9 %), Wirtschaftswachstum (21,5 %) sowie Wohlstand und Besitztum (19,8 %). Damit wird die Wertestruktur – und gewiß auch das pädagogische Menschenbild – des Walderziehers deutlich: Es ist der Mensch, der die Natur und das Leben der Menschen sowie ihre Beziehungen untereinander hochschätzt, wirtschaftliche Bereiche finden eher Missachtung.

Was aber ist mit der Politik? „Was im Ortsteil passiert“, ist immerhin noch durchaus interessant für unsere Walderzieher (77,1 %), eine „aktive Mitarbeit in einer politischen Partei“ – wo man sich für Umweltschutz, soziale Gerechtigkeit und Frieden einsetzen könnte – kommt für Walderzieher so gut wie nicht in Frage. Eine merkwürdige Schieflage, wie ich finde, die allerdings kein Spezifikum von Walderziehern ist, sondern im Spektrum allgemeiner Politikverdrossenheit zu betrachten ist. Dennoch: Diese apolitische Einstellung bei Walderziehern steht im Widerspruch zu den von ihnen favorisierten Lebensbereichen. Es ist gut, wenn sie ihren Kindern Natur-, Gerechtigkeits- und Friedenswerte vermitteln – solche Werte gehen aber verloren, wenn Politik das Gegenteil tut. Darüber ließe sich nachdenken.

1.9 Zur Eignung des Waldkindergartens

1.9.1 Die besondere Eignung des Waldkindergartens

Wir wollten von den Walderziehern wissen, wo sie die ganz besonderen Möglichkeiten und Chancen ihrer Einrichtung sehen. Die Frage lautete: „Für welche Bereiche – im Hinblick auf das Kind – ist der Waldkindergarten nach ihrer persönlichen Meinung besonders geeignet?“

Wir bildeten gemäß den Antworten folgende Kategorien:

1. Motorische Förderung. – Dabei wird von den Befragten besonders auf die verschiedenen Richtungen der Motorik hingewiesen: Grob-, Fein-, Senso-, Psycho- und Sozialmotorik. – *„Motorik.“* – *„Grobmotorik.“* – *„Für Kinder mit motorischen Schwierigkeiten, schüchterne Kinder, aktive Kinder.“*
2. Soziales Lernen. – Das soziale Verhalten und die Sozialkompetenz werden oft erwähnt. – *„Soziale Fähigkeiten entwickeln.“* – *„Sozialkompetenz.“* – *„Knüpfen und Aufbau sozialer Kontakte.“*
3. Naturbegegnung. – Wie zu erwarten, steht der Umgang mit der Natur im Mittelpunkt: Das Erfahren und Spielen mit Naturmaterialien; Naturverständnis und Umweltbewusstsein aufbauen; Erleben von Lebewesen. – *„Erleben der Natur und Jahreszeiten ganz unmittelbar, Kinder können mit allen Naturmaterialien spielen.“* – *„Kreatives Tun mit allen Materialien der Natur.“* – *„Freiheitsdrang befriedigen, Natur und Lebewesen hautnah zu erleben.“*
4. Wahrnehmung. – Besonders das Beobachten und Wahrnehmen der Umwelt und Natur sind hier gemeint. Auch Wahrnehmungsstörungen sowie die Ausbildung aller Sinne werden gesehen. – *„Wahrnehmung, Beobachtung, Sinnesschulung.“* – *„Für Kinder mit Wahrnehmungsstörungen.“* – *„Wahrnehmungsgehemmte Kinder.“* – *„Sinneszusammenhänge entdecken.“*
5. Gesundheitsförderung. – Gesundheit, körperliches Wohlergehen, Abhärtung und Bewegung werden hier hervorgehoben. Auch spezielle Krankheiten, wie Neurodermitis und Asthma, finden Erwähnung. – *„Für das gesundheitliche Befinden. Für das körperliche*

Wohlergehen." – „Für infektlabile Kinder." – „Kinder mit Neurodermitis und Asthma." – „Kinder, die häufig erkältet sind."

6. Förderung der Konzentration. – Dafür sehen Walderzieher ihren Kindergarten als besonders geeignet an: Die Kinder haben Zeit für Stille und können sich in aller Ruhe besinnen. – *„Innere Ruhe." – „Konzentration und Ruhe." – „Stilleerfahrung." – „Konzentration."*

7. Verhaltensauffällige Kinder. – Kinder mit zu viel Energie: aggressive, hyperaktive oder verhaltensauffällige Kinder können sich im Waldkindergarten „austoben". – *„Für hyperaktive Kinder." – „Verhaltensauffällige Kinder." – „Unruhige Kinder." – „Aggressive Kinder."*

8. Sprachentwicklung. – Auch für die Entwicklung und die Förderung der Sprache wird der Waldkindergarten als besonders geeignet angesehen. – *„Sprachschwierigkeiten." – „Sprachförderung."*

9. Selbstständigkeit – Kinder können im Waldkindergarten testen, herausfinden, was gut für sie ist, und was weniger gut ist. – *„Selbstständigkeit." – „Selbsterfahrung." – „Selbst testen, was, wann, wie viel die Kinder selbst wollen."*

10. Kreativität/Phantasie. – „Waldkindergärten scheinen auch sehr geeignet für die Entwicklung der Kreativität und der Phantasie; Erfindungsgabe. – *„Kreatives Tun mit allen Materialien der Natur." – „Kreativitätserziehung." – „Entwicklung der Phantasie."*

11. Persönlichkeitsentwicklung. – *„Ganzheitliche Persönlichkeitsentwicklung."*

12. Förderung der geistigen Entwicklung. – Geistige Entwicklung und Intelligenz kommen im Waldkindergarten nicht zu kurz. – *„Geistige Entwicklung." – „Kognitive Förderung."*

13. Selbstbewusstsein. – Das Selbstbewusstsein und Selbstwertgefühl spielen im Waldkindergarten auch eine große Rolle. – *„Selbstwertgefühl." – „Selbstbewusstsein/Selbsteinschätzung."*

14. Sonstiges. – *„Mehrfachbehinderung, psychische Indikationen." – „Großflächiges Gestalten mit Stöcken u.ä." – „Emotionaler Bereich der Naturbegegnung." – „Für ängstliche Kinder."*

Die Grafik zeigt noch einmal die umfassenden Chancen des Waldkindergartens, wie sie von den Erziehern gesehen werden.

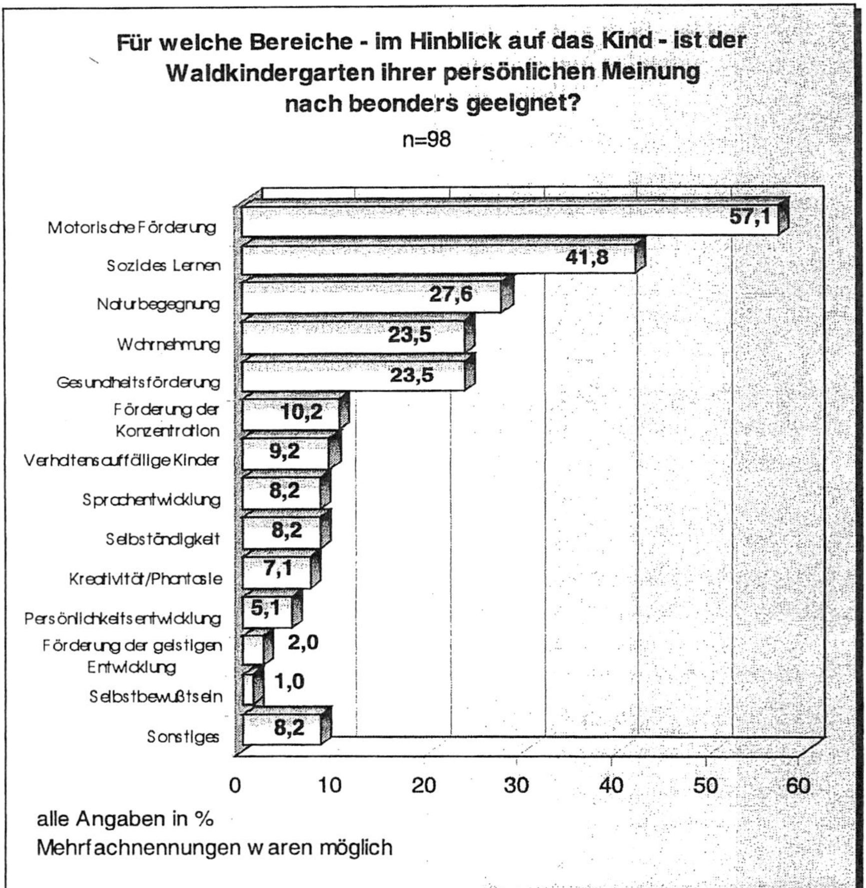

1.9.2 Für welche Kinder der Waldkindergarten ungeeignet ist

Analog zu der Frage, in welchen Bereichen der Waldkindergarten besonders geeignet sei, wollten wir auch wissen, in welchen er – im Hinblick auf das Kind – von den Erziehern her als ungeeignet angesehen werde. Es sind die Kinder mit Behinderungen, auffällige und ängstliche Kinder, für die der Waldkindergarten als ungeeignet angesehen wird; außerdem für die zu jungen Kinder, d.h. solche unter drei Jahren. Die folgenden Kategorien sowie die Grafik geben genauere Auskunft über die Nennungen.

Es wurde wörtlich gefragt: „In welchen Bereichen – im Hinblick auf das Kind – halten sie den Waldkindergarten für ungeeignet?"

1. Für behinderte Kinder. – Hier werden bei zahlreichen Erziehern die Bedenken, mit behinderten Kindern im Waldkindergarten zu arbeiten, deutlich. – *„Starke, körperliche Behinderung."* – *„Schwerstbehinderte z.B. Rollstuhlfahrer."* – *„Kinder mit Mehrfachbehinderungen."*

2. Für anfällige Kinder. – In diesem Zusammenhang geht es um Kinder, die eine Allergie haben oder leicht anfällig für Krankheiten sind. Auch mit Kindern, die auf Insektenstiche allergisch reagieren, scheint es schwierig zu sein. – *„Bei gewissen Arten von Allergien, bei extremem Asthma."* – *„Wenn starke Allergien gegen Insektenstiche bestehen."*

3. Erlernen von Raumfähigkeiten. – In diesen Antworten wird bemängelt, dass Kinder im Waldkindergarten nur beschränkt die Möglichkeit haben, Tätigkeiten im Haus zu erlernen oder zu verrichten. Malen und Basteln wird häufig erwähnt. Arbeiten mit Material, Hauswirtschaftliches und die Rhythmik werden vermisst. Das selbstständige An- und Ausziehen sowie das Aufräumen von Spielzeug komme nicht vor. – *„Vorschulerziehung mit Material."* – *„Basteln mit Papier."* – *„Hauswirtschaft/Rhythmik."* – *„Aufräumen lernen von Spielzeugbergen, da einfach in dem Maße wie zu Hause nicht nötig."*

4. Ängstliche Kinder. – Für solche Kinder scheint der Waldkindergarten nicht ratsam zu sein. Ebenfalls bei zu kleinen Kindern oder bei solchen, die prinzipiell nicht gerne draußen sind, weil sie sich unwohl fühlen. – *„Wenn das Kind nach mehreren Wochen nicht in den Wald gehen möchte.“* – *„Wenn sich das Kind im Wald unwohl fühlt oder wenn es körperlich nicht in der Lage ist durchzuhalten.“*

5. Alter sowie Findungsproblematik. – Die Befragten nennen Probleme mit z.B. zweijährigen Kindern. Für diese ist der Waldkindergarten nicht unbedingt geeignet; ebenso wie für „Weglaufkinder“. – *„Weglaufkinder, Zweijährige, Hyperaktive, Schwerbehinderte.“* – *„Kinder unter 3 Jahren, da die nötigen Regeln noch nicht verstanden werden und der Alltag zu anstrengend ist.“*

Die folgende Graphik zeigt die Häufigkeitsverteilung.

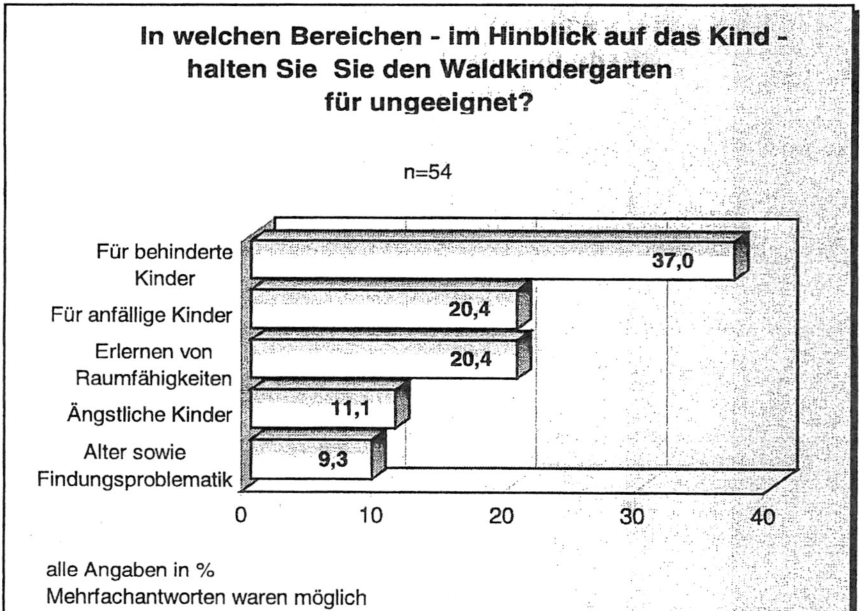

Es sollte hier noch angemerkt werden, dass die Anzahl derjenigen, die auf die Frage nach der Nicht-Eignung des Waldkindergartens nicht geantwortet haben, sehr groß ist. Ob sie den Waldkindergarten für alle Kinder und in jeder Hinsicht für geeignet halten?

1.9.3 Und Kinder mit Defiziten?

Um es genau zu erfahren, fragten wir noch einmal explizit nach den Chancen von Kindern mit Handycaps im Waldkindergarten: „Inwieweit kann der Waldkindergarten besonders Kindern mit Defiziten gerecht werden?"

Die Befragten nennen zahlreiche Defizite und beschreiben vor allem, wie und wodurch der Wald mit dem Waldkindergarten gleichsam über therapeutische Potenziale verfügt: „Bereits der Wald an sich hat therapeutische Wirkung", so eine Befragte wörtlich.

Die von den Erziehern hier genannten Defizite der Kinder sind:

1. Motorische Schwächen. – *„Die ganze Motorik wird gefördert."* – *„Defizit Grobmotorik – die Natur, so wie sie ist, fördert das Kind."*
2. Verhaltensauffälligkeiten. – *„Hyperaktivität."* – *„Verhaltensauffälligkeiten."* – *„Weniger ‚Enge' bei Verhaltensauffälligkeiten."*
3. Wahrnehmungsstörungen. – *„Sinneswahrnehmung, alle Sinne werden gefördert."* – *„Schärfung der Sinne."*
4. Körperliche Schwächen. – *„Körperliches Training. – Körperbeherrschung."* – *„Mehr Bewegung bei Haltungsschäden."* – *„Stärkung des Immunsystems."*
5. Sprachliche Schwächen. – *„Sprache wird gefördert."* – *„Förderung der Motorik, dadurch auch Sprachförderung."*
6. Keine spezielle Aussage. – *„Kommt aufs Kind und die Defizite an."*
7. Sonstiges. – Darunter fallen: Unselbstständigkeit, Integrationsschwäche, soziale Defizite, Entwicklungsverzögerungen.

In eindrucksvoller Weise formulieren die Walderzieher aber auch Reaktionsmöglichkeiten gegenüber den defizitären Symptomen. Es wird hingewiesen auf:

1. Gute äußere Bedingungen. – Hier sind die äußeren Faktoren genannt: Die Natur, so wie sie ist, fördert das Kind. Es kann z.B. seine elementaren Bedürfnisse ausleben. Der große Bewegungsraum

kommt den Kindern in vielerlei Hinsicht zugute. – *„Hyperaktive Kinder finden durch reizarme Umgebung evtl. eher ihr inneres Gleichgewicht.“* – *„Der Aufenthalt in der Natur wirkt harmonisierend.“* – *„Natur ersetzt jedes teure Therapiegerät.“*

2. Individuelle Betreuung. – Durch die geringe Gruppengröße können sich die Erzieher/innen mehr um die einzelnen Kinder kümmern. Sie können mehr auf sie eingehen und haben mehr Zeit, einem besonderen Problem nachzugehen. Die Kinder werden individuell gefördert. – *„Ich kann mich eher mal nur mit einem Kind befassen und so auf das Kind speziell eingehen.“* – *„Die Betreuung ist individuell stärker, intensiver möglich, da kleine Gruppe.“*

3. Stressfreie Umgebung. – Ruhe und störungsfreie Zone: kein Telefon, keine Vertreter, keine Vorbereitungen für Beschäftigungen oder sonstige störende Faktoren. Die Kinder haben immer die Möglichkeit, sich an ein stilles Örtchen zurückzuziehen. – *„Keine Störungen durch Telefon usw.“* – *„Verminderte Stressfaktoren.“*

4. Freie Gestaltungsmöglichkeiten. – Gemeint ist hier die Freiheit und Ungebundenheit der Kinder gegenüber irgendwelchen Aufgaben. Die Kinder stellen sich ihre eigenen Aufgaben. Sie wissen, was sie schaffen und was nicht. So kommt es selten zu Über- oder Unterforderungen. Es gibt kein „falsch“ oder „richtig“. – *„Durch unendlich viele Sinneswahrnehmungen und freilassende Gestaltungsmöglichkeiten ohne ‚falsch' und ‚richtig' kann das Kind seinen individuellen Lebens- und Entwicklungsraum erfahren.“* – *„Spielerisch werden die Kinder gefördert, ohne eine spezielle Therapiestunde; Motivation durch andere Kinder.“*

5. Ganzheitlicher Ansatz. – Der Wald bietet eine natürliche Umgebung mit viel Platz und Ruhemöglichkeiten; ideale Möglichkeiten für eine ganzheitliche Erziehung mit allen Sinnen. – *„Durch seinen ganzheitlichen Ansatz.“*

6. Sonstiges. – Außerdem weisen die Befragten hin auf: Erlebnispädagogik und den Vorteil des je eigenen Tempos.

Die hier von den Walderziehern aufgewiesenen Chancen, Möglichkeiten und Potenziale für die Kinder haben viel Plausibilität. Die allermeisten Aussagen sind überzeugend und leuchten unmittelbar ein.

1.10 Die hochbegabten Kinder

Es ist kein Spezifikum des Waldkindergartens, um das es hier geht, sondern der Vorschulpädagogik überhaupt: Was tun im Zusammenhang mit hochbegabten Kindern? Dass es in vielen Kindergärten hochbegabte Kinder gibt, steht inzwischen kaum noch in Zweifel. Zweifelhaft scheint allerdings sehr oft die Erkenntnis und der Umgang damit. Das gilt auch für den Waldkindergarten.

Wir fragten: „Gibt es in Ihrem Kindergarten außergewöhnlich begabte („hochbegabte“) Kinder? Wie gehen Sie gegebenenfalls damit um?“

Etwa zwei Drittel der Befragten verneinen, dass es bei ihnen hochbegabte Kinder gibt. Einige gaben dazu erst gar keine Antwort. Ein Viertel etwa bejaht aber unsere Frage. Besonders aufschlussreich sind deren Aussagen zu der Frage, wie sie damit umgehen.

Die Chancen und Möglichkeiten der Hochbegabung scheinen den Walderziehern nicht bekannt zu sein, vor allem aber auch nicht die Problematik, die mit der von ihnen praktizierten Vorgehensweise verbunden ist. Hochbegabung scheint für die meisten eher ein Übel zu sein, das kompensatorisch zu behandeln ist oder aber möglichst bald überwinden werden muss.

Die Walderzieher gehen mit den Hochbegabten wie folgt um:

1. Integration. – Den Kindern wird kein außergewöhnlicher Stellenwert eingeräumt. Sie sollen wie andere Kinder in die Gruppe „integriert“ werden, um eine „normale“ Kindheit erleben zu können. – *„In die Gruppe integrieren.“ – „Wie mit den anderen Kindern.“ – „Wie mit anderen.“ – „Wir versuchen sie gut in die Gruppe zu integrieren und ihnen keine Sonderstellung einzuräumen, und mit ihrer Begabung als normal umzugehen.“ – „Keine Sonderstellung einräumen.“ – „Sie werden behandelt wie alle anderen Kinder.“*
2. Interessen des Kindes fördern. – Manche ErzieherInnen verbringen viel Zeit mit den Kindern, um auf deren Interessen eingehen zu können. – *„Sich Zeit für das Kind nehmen.“ – „Stärken, fördern zum Beispiel Musik oder Lese- und Schreibfähigkeit.“ – „Zeit nehmen, viel erzählen, Spiele mit der Sprache.“ – „Mit viel Geduld und Auf-*

greifen der Interessen des Kindes." – „Einzelgespräche, Einzelarbeit mit Kindern."

3. Förderung in anderen Bereichen. – Nicht wenige Erzieher gibt es, die eine Förderung in anderen Bereichen befürworten (gleichsam kompensatorisch?), und solche, die eine Förderung ablehnen.– *„Nicht bremsen, aber auch nicht fördern, da dies noch Zeit hat; darauf achten, dass andere Bereiche nicht zu kurz kommen." – „Zeit fürs Kind nehmen, aber die anderen Bereiche nicht außer Acht lassen." – „Spiele mit der Sprache." – „Begabung erkennen, aber auch in weniger ausgeprägten Bereichen zu fördern."*
4. Enger Kontakt zu Eltern. – Anderen Befragten ist es wichtig, einen gemeinsamen Weg mit den Eltern zu finden. Sie greifen gegebenenfalls auf fachliche Beratung zurück. Wichtig dabei sind ihnen die regelmäßigen Gespräche zwischen ihnen und den Eltern. – *„Elterngespräche und fachliche Hilfe." – „Die Eltern haben die Begabung erkannt und unterstützen die Vorgehensweise der Erzieherinnen." – „Enger Austausch mit Eltern wegen eventueller Probleme oder Einschätzungsfragen."*
5. Anerkennung. – Ganz wenige Erzieher sagen ausdrücklich, dass sie den außergewöhnlich begabten Kindern Anerkennung zollen. – *„Die super Kenntnisse, Fähigkeiten würdigen." – „Die Beiträge der Kinder werden anerkannt."*
6. Sonstiges. – Andere Aussagen sind: *„Die Problematik stellt sich erst mit dem Eintritt in die Schule." – „Ausgleich durch Bewegung." – „Frühzeitig auf Schule vorbereiten."*

1.11 Die Zukunft der Kinder aus der Sicht von Walderziehern

„Welche Fähigkeiten brauchen Kinder Ihrer Meinung nach für die Zukunft am dringlichsten?"

In den Antworten auf diese Frage dominiert sehr deutlich die soziale Kompetenz, die man den Kindern angedeihen lassen möchte. Der Bezug zur Natur tritt hier gegenüber den personalen Qualitäten in den Hintergrund.

1. Soziale Kompetenz. – Sozialverhalten, Toleranz und Kooperationsbereitschaft sind hier gemeint. Für die Erzieherinnen ist die Fähigkeit zum Umgang miteinander und der Gemeinschaftssinn sowie die Sensibilität gegenüber Anderen für die Zukunft von großer Bedeutung. – *„Sozialverhalten.“* – *„Gemeinschaftssinn.“* – *„Freude am Miteinander.“* – *„Liebe zu anderen Menschen.“* – *„Sozialbeziehungen leben können.“* –*„Gemeinschaftsbewusstsein.“* – *„Kooperationsfähigkeit.“* – *„Gruppenfähigkeit (Helfen, Geben, Nehmen).“* – *„Freude an Gemeinschaft.“* – *„Empathie.“*
2. Selbstwertgefühl. – Selbstvertrauen, Eigenwahrnehmung und Selbstsicherheit sind bedeutende Faktoren für die Zukunft der Kinder. – *„Selbstvertrauen.“* – *„Innere Zufriedenheit.“* – *„Selbstwertgefühl.“* – *„Selbstbewusstsein.“* – *„Eigeninitiative.“* – *„Selbstsicherheit.“* – *„Standhaftigkeit.“* – *„Gefühle zeigen können und konstruktiv damit umgehen.“* – *„Große positive Selbstsicherheit und emotionale Stabilität.“* – *„Durchsetzungs- und Durchhaltevermögen.“*
3. Aufgeschlossenheit. – Gemeint ist u.a. das Interesse an neuen Dingen und der Mut, Unbekanntes zu wagen. Dies setzt ein hohes Maß an Offenheit voraus. – *„Flexibilität – Interesse an Neuem.“* – *„Vielseitigkeit.“* – *„Aufgeschlossenheit, Neugierde und Forschergeist.“* – *„Offenheit für die Welt.“* – *„Die Bereitschaft neue Situationen zu erkennen und sich darauf einzustellen.“* – *„Spontaneität.“* – *„Die Kraft Unbekanntes zu wagen.“*
4. Ausgeglichenheit. – Ruhe und Frieden werden hier als essentiell erachtet; das Gefühl der inneren Ausgeglichenheit aufrecht zu erhalten. – *„Innen- und Außenräume der Persönlichkeit zu kennen und gut gegeneinander abzugrenzen.“* – *„Stabilität.“* – *„Ausdauer – Durchhaltevermögen.“* – *„Kraft.“* – *„Emotionale Stabilität.“* – *„Fröhlichkeit.“* – *„Seelische Stabilität.“* – *„Sicherheit und Ruhe für sich.“* – *„Die Fähigkeit, sich Ausgleich für Belastungen zu schaffen.“*
5. Kreativität. – Kreativität, sowohl in spielerischer als auch in gestalterischer Hinsicht; außerdem Phantasie als ein entscheidender Faktor, um Schwierigkeiten und Aufgaben der Zukunft lösen zu können.

– „Schöpferische Phantasie, um auf unterschiedlichen Wegen zur Problemlösung zu gelangen.“ – „Kreativität.“ – „Eigenschöpferische Kräfte.“ – „Phantasie.“ – „Erfindungsgabe.“ – „Sie sollten eigenständige, kreative Persönlichkeiten sein.“

6. Bezug zur Natur. – Verantwortung für den Erhalt der Natur. – *„Verantwortungsgefühl für sich und ihre Umwelt im weitesten Sinne.“ – „Umweltbewusstsein.“ – „Achtung vor Natur, Tier und Menschen.“ – „Respekt vor Umwelt und Natur.“ – „Achtung vor Leben und Natur.“ – „Bezug zur Natur.“ – „Entwicklung eines naturverträglichen Lebensstils.“ – „Die Natur lieben und wertschätzen.“ – „Umwelt und Sacherziehung.“ – „Umweltbewusstsein.“ – „Natur als Quelle der Kraft entdecken.“ – „Kinder brauchen mehr Natur, da oft nicht vorbildlich damit umgegangen wird.“ – „Kinder sollten vom Konsum etwas wegkommen.“*

7. Selbstständigkeit. – Gemeint sind u.a. Eigenständigkeit und Entscheidungsfähigkeit, die als dringliche Fähigkeiten für die Zukunft gesehen werden. – *„Eigenständig denken können und eigene Standpunkte vertreten können.“ – „Eigenengagement.“ – „Recht auf Selbstbestimmtheit.“ – „Entscheidungsfähigkeit.“ – „Selbständiges Denken.“ – „Eigenständige Probleme bewältigen können.“ – „Eigenverantwortung.“ – „Handlungsbereitschaft.“ – „Eigeninitiative.“*

8. Kognitive Fähigkeiten. – Fähigkeiten, die sich auf das komplexe Denkverhalten des Menschen beziehen sind hier die wesentlichen Gesichtspunkte. – *„Wichtiges von Unwichtigem unterscheiden bzw. herausfiltern zu können.“ – „Artikulieren.“ – „Konzentrieren.“ – „Konzentrationsfähigkeit.“ – „Verbale Kommunikationsfähigkeit.“ – „Denken.“ – „Lernfähigkeit.“ – „Lernbereitschaft.“ – „Vernetzt denken können.“*

9. Bewegung. – *„Bewegung – sich ausleben können.“ – „Motorische Sicherheit.“ – „Motorische Fähigkeit.“ – „Grob- und Feinmotorik.“*

10. Sonstiges. – U.a. vielfältige Aussagen, das Leben betreffend: *„Die Fähigkeit sich ihren Lebensmut zu bewahren.“ – „Lebensbejahung.“ – „Das Leben immer mit Kinderaugen betrachten.“ – „Mit*

allen Sinnen leben, vertraut werden, neugierig bleiben." – „Sicherheit und Geborgenheit."

Die Grafik bringt es noch einmal deutlich zum Ausdruck: Nicht etwa Wissen dient nach Auffassung der befragten Walderzieher den Kindern zur Bewältigung ihrer Zukunft, sondern eindeutig die soziale Kompetenz. Der Waldkindergarten macht sozial – erklärt er den Kindern auch die Welt?

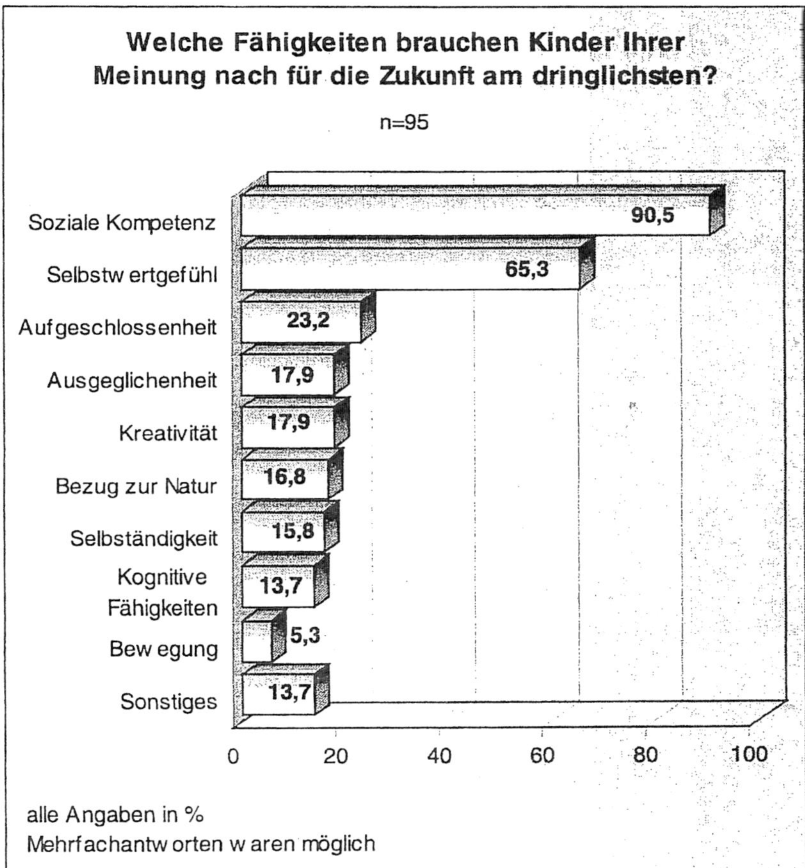

1.12 Die größten gesellschaftlichen und politischen Probleme

Es wurde schon gezeigt, dass es auch die Walderzieher „nicht so sehr mit der Politik haben.“ Wir fragten sie, welches nach ihrer Meinung „derzeitig die größten gesellschaftlichen und politischen Probleme“ seien. Aus den Antworten geht ein sehr großes Problembewusstsein gegenüber der Gesellschaft und der Welt hervor.

1. Negativer Wertewandel. – Die Zeit sei gekennzeichnet durch Egoismus, Neid, fehlende Zivilcourage, fehlende Solidarität, Individualisierung, Werteverfall, Orientierungslosigkeit, Desinteresse, so die Kritik der Befragten.– *„Kein Miteinander mehr.“* – *„Soziale Vereinsamung.“*
2. Wirtschaftskapitalistische Probleme. – Gemeint sind gesellschaftliche Probleme, die sich aus Materialismus, Kapitalismus und Konsumdenken ergeben. – *„Dass der immer schnellere technische Fortschritt nicht mit einem ebenso schnellen ethisch-moralischen Fortschritt einhergeht.“*
3. Arbeitslosigkeit.
4. Umweltprobleme. – Zerstörung der Natur, Ausbeutung der Natur, Umweltkatastrophen, Klimaveränderung, Umweltverschmutzung, Entfremdung der Natur, besonders die Atomenergie.
5. Zwei-Klassen-Gesellschaft. – Es entsteht eine immer größere Diskrepanz zwischen Armen und Reichen. – *„Schere zwischen arm und reich.“* – *„soziales Ungleichgewicht.“*
6. Frieden bzw. Kriege. – *„Kriege weltweit.“* – *„Bürgerkriege.“* – *„Rüstungsfragen.“*
7. Fremdenfeindlichkeit. – Diskriminierung von Ausländern, Intoleranz gegenüber Minderheiten, speziell „Fremdenhass“.
8. Globale Probleme und Gerechtigkeitsprobleme. – Armut, Hunger, Bevölkerungswachstum und Dritte-Welt-Fragen.
9. Jugendspezifische Probleme. – Jugendkriminalität, Bildungspolitik. – *„Zunehmender Medienkonsum bei Kindern und Jugendlichen.“* – *„Eltern haben keine Zeit für ihre Kinder.“*

10. Sinnfrage. – Fehlender Lebenssinn. – *„Die ständige Sucht nach neuen Kicks.“*

11. Sonstiges. – Andere Probleme: Unkontrollierte Zuwanderung von Ausländern, Rentenfrage, Verkehrspolitik, kein Mut zu Maßnahmen, die das Überleben auf diesem Planeten sichern.

Die folgende Grafik verdeutlicht, welches die größten Probleme sind:

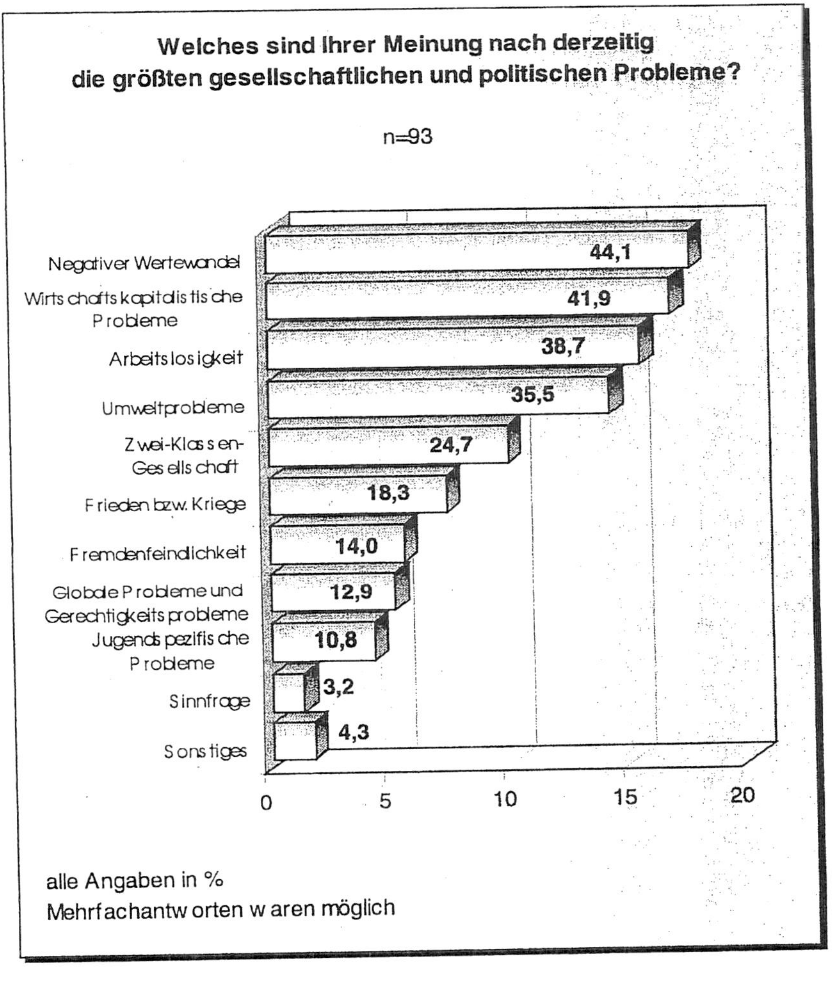

Angesichts des Problembewusstseins der Befragten, und zwar sowohl bezogen auf gesellschaftliche wie politische Schwierigkeiten, müsste auch ein besonderes Interesse an der Politik vorhanden sein. Wer sich für das kleine Kind engagiert, könnte es doch auch für die große Politik tun.

2. Bedeutung der didaktischen Ansätze im Waldkindergarten

2.1 Didaktischer Ansatz und dessen Bedeutung für den Waldkindergarten

Es soll zunächst geklärt werden, was gemeint ist, wenn im Kindergartenbereich die Rede von den sog. „didaktischen Ansätzen" ist. Die Diskussion um dieses Problem entbrannte erst vor wenigen Jahren.

Didaktischer Ansatz meint im Wesentlichen die Frage nach dem Arbeitskonzept der jeweiligen Einrichtung, die Frage, was den dort tätigen Personen besonders wichtig ist und worauf sie demgemäss bei der Arbeitsplanung und bei der Umsetzung im Alltag achten. Vielleicht versteht man am besten, was gemeint ist, wenn man sich vorstellt, didaktischer Ansatz sei so etwas, wie die „geistige Hausordnung", die die wesentlichen Vorgänge und Entscheidungen leitet.

Lange Zeit wurde die Relevanz der didaktischen Theorien für die Kindergartenarbeit entweder gar nicht erkannt oder viel zu gering eingeschätzt. Das ist auch derzeitig noch vielfach so. Dabei bildet aber in Wirklichkeit die didaktische Position das Kernstück aller Kindergartenarbeit. Die Erzieher handeln oft intuitiv in den Fragen und Bereichen, wo die didaktischen Ansätze reflektierte Fragen stellen und Antworten bieten. Die didaktischen Ansätze fragen vor allem danach, woran sich die Arbeit im Kindergarten zu orientieren hat und wie und wie stark sie zu planen ist. Das sind für alle Pädagogik und Bildungsarbeit die zentralen Fragen, die dem methodischen Vorgehen ihrer Natur nach sogar noch voraus liegen. Der Waldkindergarten müsste sich um die Frage nach der didaktischen Position besonders kümmern; denn er hat im Bewusstsein der Gesellschaft und der Kindergartenfachwelt noch keineswegs bei allen seine volle Anerkennung – insbesondere nicht als eine umfassende Bildungseinrichtung.

2.2 Zum Problem der Erfassung des didaktischen Ansatzes des Waldkindergartens

Wie soll man nun etwas erforschen, das der Beforschte evtl. gar nicht kennt? Oder evtl. doch kennt, aber anders benennt, als es der Forscher täte? Selbst wenn die Walderzieher alle didaktischen Positionen und Ansätze terminologisch genau beherrschen würden – „was" sollte man dann erheben? Will ich wissen, welche Didaktik sie theoretisch vertreten? Oder welche sie im Alltag praktizieren? Sollte man erforschen, wie groß evtl. die Diskrepanz zwischen dem vertretenen Ansatz und der Anwendung bzw. Umsetzung ist? Egal, was man hier erforscht: Immer hat man es mit dem Deutungsproblem zu tun, das lautet: Wer „versteht" was worunter? Das beste Beispiel für eine solche begriffliche Diffusheit, um nicht zu sagen „Verstehenschaos", wäre, wenn gefragt würde: „Arbeiten Sie nach dem Situationsansatz?" Kaum jemand würde sagen „nein", und jeder würde darunter etwas Anderes verstehen und etwas Anderes damit meinen. Eine solche Information wäre nicht viel wert. Wobei wir uns darüber im Klaren sein müssen, dass das Verstehensproblem im Sinne der grundsätzlichen hermeneutischen Schwierigkeit immer in gewisser Weise bleiben wird: Auch der Forscher „deutet" die Begriffe, die er verwendet und unterlegt ihnen insofern (seinen) Sinn.

2.3 Unser Forschungsinstrument zur Erhebung des didaktischen Ansatzes

Wie haben wir uns nun angesichts der angesprochenen Forschungsproblematik geholfen? Die von mir favorisierte partial-holistische Forschungsweise impliziert mehrere, u.a. auch geisteswissenschaftliche Erkenntniswege: Es wurde hier phänomenologisch-hermeneutisch-empirisch vorgegangen. Was heißt das?

Phänomenologisch forschen heißt u.a., unvoreingenommen den Gegenstand (z.B. Situationsansatz) sich selber darstellen lassen, und zwar so, wie er von ihm selbst her ist. Dazu braucht man „Texte", in denen etwas darüber steht.

Beginne ich, diese Texte verstehen zu wollen, dann „lege ich aus" – ich „interpretiere", indem ich nach dem Sinn suche, den der Verfasser der Texte in sie hineingelegt hat. Dabei bin ich, wissenschaftlich gesprochen, hermeneutisch tätig. Empirisch arbeite ich in unserem Beispiel, wenn wir dann der Frage nachgehen, inwiefern die Wirklichkeit, die tägliche Realität (empirische Forschung ist immer Wirklichkeitsforschung) im Waldkindergarten tatsächlich auch dem Anspruch gerecht wird. Soviel hier nur andeutungsweise zu diesem nicht gerade leichten Problem der Forschung (vgl. dazu Huppertz 1998).

2.3.1 Unser Erhebungsinstrument und die Ergebnisse

Wir geben hier den Teil des Fragebogens wieder, der sich auf die didaktischen und pädagogischen Ansätze bezieht:

	lehne voll ab	lehne eher ab	stimme eher zu	stimme voll zu	mir zu wenig bekannt
Mir ist in erster Linie daran gelegen, dass die Kinder bestimmte Fähigkeiten lernen, z.B. einen Stift exakt zu führen (Feinmotorik), gut sprechen zu können (Kommunikation) usw. **(Funktionsorientierter Ansatz)**	□	■	□	■	□
Ich schaue immer zuerst auf die Probleme, die die Kinder mit in den Kindergarten bringen und die sie beeinträchtigen, daran orientiere ich in erster Linie und in der Hauptsache meine gesamte Arbeit. **(Situationsansatz)**	■	□	■	□	■
Ich plane die Arbeit gründlich, und zwar orientiert an dem, was die Kinder für ihr gelingendes Leben brauchen. Pädagogische Ziele, wie z.B. Weltbürgerlichkeit, Naturschutz usw. sind mir das Allerwichtigste. **(Lebensbezogener Ansatz)**	□	■	□	■	□
Ich untersuche die Fächer (Musik, Biologie, Geographie usw.) und nehme daher die Themen und Inhalte für die Arbeit mit den Kindern. **(Disziplinorientierter Ansatz)**	■	□	■	□	■

Fassen wir die tendenziell zustimmenden Antworten zusammen, d.h. die Reaktionen mit „stimme voll zu" und „stimme eher zu", dann ergibt sich folgendes Bild:

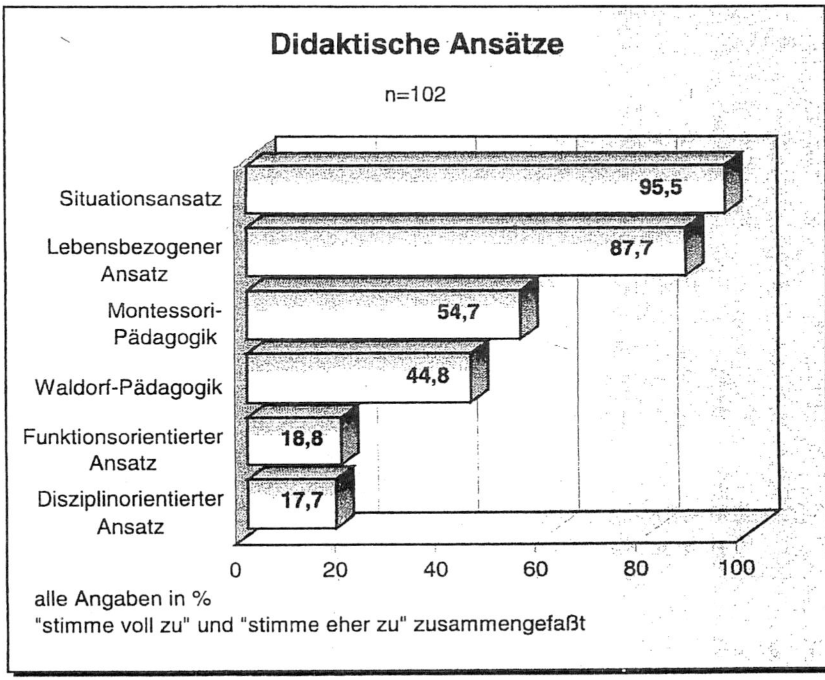

Situationsansatz und Lebensbezogener Ansatz stehen damit für den Waldkindergarten am höchsten im Kurs, während Montessori- und Waldorfpädagogik bei etwa jedem Zweiten tendenzielle Zustimmung finden. Funktions- und Disziplinansatz erfahren insgesamt gesehen bei Walderziehern eher Ablehnung. Die von uns gewählte Umschreibung dieser beiden (letzt genannten) Ansätze weisen deutlich in Richtung gezielten Lernens: Dieses, so zeigt sich auch hier, scheinen Walderzieher nicht zu mögen.

2.3.2 Die didaktische Position in Selbstaussagen – Wie die Walderzieher selber ihre Arbeit beschreiben

Dieser Teil meiner Studie gibt am Besten wieder, was das Wesen des Waldkindergartens ist. Die Befragten sollten auf folgenden Impuls reagieren: „Wenn ich es selbst formulieren sollte, würde ich die didaktischen Positionen für meine Arbeit im Waldkindergarten so umschreiben“. Die hierauf geäußerten Stellungnahmen bringen in äußerst klarer Weise zum Ausdruck, worauf es den Walderziehern in ihrer Arbeit ankommt. Die jeweiligen wörtlichen Aussagen sprechen für sich.

1. Naturorientierung. – Der größte Teil der Walderzieher/-innen gibt an, dass sie sich in der Hauptsache an der Natur orientieren: mit den Kindern in der Natur und von der Natur lernen, Pflanzen und Tiere wahrnehmen und kennenlernen. Die Kinder sollen die Natur „erleben“ – das „Naturerlebnis“ spielt eine wichtige Rolle. Einigen ist dabei der Aspekt des Umweitschutzes besonders wichtig. – *„Ich bin offen für alle Themen und möchte aber, dass die Kinder vor allem mit allen Sinnen die Natur wahrnehmen und lernen, mit ihr behutsam umzugehen.“ – „Ich möchte ihnen die Natur als Lebensraum vermitteln, der freudvolles und sinnvolles Tun ermöglicht und der, wie die Mitmenschen, mit Respekt behandelt und geachtet werden soll.“ – „Wir arbeiten mit dem und an dem, was die Natur am Tag uns bringt.“ – „Unseren Rahmenplan bestimmt die Natur.“ – „Mit viel Zeit in der Natur sein können, sie wahrnehmen und erleben, gemeinsam mit anderen Kindern in ihr spielen, lernen und Erfahrungen sammeln, ... Natur schätzen und schützen lernen.“*

2. Bedürfnisorientierung. – Ein oft genannter Begriff ist der des „Bedürfnisses“: Man will auf die Bedürfnisse der Kinder eingehen und ihnen gerecht werden. Allerdings wird der Begriff in keinem Fall mit Inhalt gefüllt – es wird nicht konkretisiert, was unter Bedürfnis verstanden wird. – *„...orientiere mich dabei an den Bedürfnissen der Kinder.“ – „ Den Bedürfhissen der Kinder gerecht werden... .“ – „Durch meine/unsere Beobachtung während des Vormittags im Wald schließe ich auf die Bedürfnisse einzelner Kinder bzw. der Gruppe.“ – „Allem voran richte ich mich aber nach den aktuellen*

Bedürfnissen der Kinder und ändere dann spontan den Tagesablauf."

3. Mischung verschiedener Ansätze. – Manche haben sich erst gar nicht auf die Frage eingelassen und statt dessen geantwortet, dass sich in ihrer Arbeit verschiedene Ansätze mischen. Andere geben an, dass sie nach verschiedenen Ansätzen arbeiten; sie wollen sich nicht festlegen. – *„In unserer Arbeit vermischen sich die pädagogischen Ansätze, so ist von allem etwas enthalten." – „Wir haben keinen fest umrissenen/fixierten Ansatz." – „Hier stellen sich täglich alle Ansätze ein, die nicht unberücksichtigt bleiben."*

4. Situationsorientierung. – Nicht wenige der Waldkindergartenerzieher/-innen antworten – mehr oder weniger – im Sinne des originären Situationsansatzes: Sie wollen Probleme und die gegenwärtige Lebenssituation der Kinder aufgreifen und „verarbeiten"'. Im Vordergrund steht also das Kind in seiner aktuellen, individuellen Befindlichkeit; von hier aus sollen Themen für die tägliche Arbeit gefunden werden. Die Erzieher/-innen sehen sich dabei als Begleiter/-innnen, als Helfer/-innen oder als Berater/-innen, mit der Aufgabe, die Kinder in der Entwicklung ihrer Persönlichkeit zu unterstützen, ihnen im weitesten Sinne auch „Selbsterfahrung" zu ermöglichen. – *„Der Kindergarten soll die Möglichkeit bieten, Erlebtes verarbeiten zu können ... Kindergarten ist eine ‚Entdeckungsreise' ins Leben, bei der ich begleiten möchte." – „An erster Stelle steht immer das Kind, mit dem was es mitbringt, jeden Tag, Waldkindergarten oder nicht!" – „Für mich ist es wichtig die jeweiligen Interessen und Probleme der Kinder zu erkennen, aufzugreifen und mit den Kindern zu verarbeiten." – „Planung und Organisation nach dem lebensbezogenen Ansatz, situationsorientiert in Gesprächen mit den Kindern, z.B. Umzug, Tod usw. Das Kind im Hier und Jetzt." – „Die Zielformulierung geht vom Kinde aus. Entscheidend ist, was das Kind z.Zt. beschäftigt und wobei es Unterstützung benötig." – „Helfer und Berater beim Finden eigener Wege, sowohl bei der individuellen Lebensbewältigung als auch beim Aufbau eigenständiger Gruppenstrukturen." – „Meine Position den Kindern gegenüber wäre optimalerweise ein Spiegel. All ihre Ideen und Phantasien aufzunehmen und sie bei der Ausführung zu unterstützen. Evtl. sie noch zu vertiefen*

und zu erweitern. Ich möchte den Kindern innerhalb gewisser Grenzen (äußere Gegebenheiten, Gefühle und Rechte des Einzelnen oder der Gruppe, Gesundheit usw.) die Möglichkeit geben, sich selbst zu erfahren." – „Die Kinder sollen Raum für die persönliche Entfaltung bekommen, sollen während ihrer Kindergartenzeit wachsen und reifen können." – „Ich sehe mich als Begleiterin/Unterstützerin der Kinder. Ich gebe Anregungen und nehme Situationen der Kinder auf, an denen wir projektmäßig weiterarbeiten können."

5. Entwicklungsgemäßheit. – „Das Kind dort abholen, wo es steht". Die Erzieher/-innen wollen hier zum Ausdruck bringen, dass sie versuchen die Kinder weder zu über- noch zu unterfordern. – *„Ich schaue wo die Kinder stehen, teste sie dort ab." – „..dass jedes Kind sich entsprechend seinem Entwicklungsstand einbringen kann." – „Ich versuche die Kinder da abzuholen, wo sie in ihrer Entwicklung stehen." – „Durch Kinderbeobachtungen ihren Entwicklungsstand einschätzen zu lernen und dementsprechend fördern und unterstützen."*

6. Interessen, Ideen und Anregungen der Kinder aufgreifen. – Mehrere Erzieher/-innen geben an, dass sie sich in ihrer Arbeit an den Interessen der Kinder orientieren und an deren Ideen und Anregungen. – *„Wir orientieren uns an den Stärken und Interessen der Kinder." – „Anregungen der Kinder aufgreifen und darauf eingehen." – „Gerne greife ich die Neigungen und Interessen, aber auch Fragen der Kinder auf." – „Im Freispiel sehe ich mich als Moderator und Beobachter, welcher die Ideen der Kinder aufgreift und hieraus später Angebote und Projekte ableitet."*

7. Ganzheitlichkeit. – Förderung der Wahrnehmung und der Sinne, aber auch umgekehrt: Lernen und Erleben soll möglichst mit allen Sinnen geschehen. – *„Ganzheitliches Wahrnehmen, Lernen und Erleben im gemeinschaftlichen Tun mit den Kindern." – „Durch eine ganzheitliche Förderung aller Sinne sowie der Förderung ihrer ‚Gesamtkompetenz' versuche ich, die Kinder auf ihre momentane und zukünftige Lebenssituation vorzubereiten." – „Der Naturkindergarten ist eine notwendige Alternative zum Regelkindergarten und die konsequente Form der ganzheitlichen, psychomotorischen und wahrnehmungsfördernden Erziehung."*

8. Selbständiges Problemlösen. – „Hilf mir es selbst zu tun!“ Einigen liegt sehr daran, Kinder zur Selbständigkeit zu erziehen und sie in die Lage zu versetzen, Probleme eigenständig und aus eigener Kraft heraus zu lösen. – *„Problemlösungsorientiert würde ich ihn umschreiben. Die Kinder stellen sich selber oder werden vor ein Problem gestellt, das sie bewältigen müssen. Das Kind soll nach Möglichkeit das Problem selber lösen, wenn es aber Hilfe benötigt, wird es unterstützt.“* – *„Wir greifen erst dann ein, wenn die Kinder auch nach längerer Zeit zu keiner Lösung kommen.“* – *„Kinder haben ein Recht auf Anregungen, Angebote, Vorbild, Vorleben, aber das Hauptaugenmerk sollte auf ‚Hilfe es selbst zu tun, zu erleben, zu erfahren' liegen.“*

9. Suchphase. – Einige Waldkindergärtnerinnen geben an, dass sie sich z.Zt. sozusagen noch in der „Suchphase“ befinden, z.B. weil der Kindergarten noch im Aufbau sei oder weil ein eigener didaktischer Ansatz für sich noch nicht „gefunden“ oder noch nicht formuliert werden konnte. – *„Wir sind auf dem Weg unseren didaktischen Ansatz zu finden, indem wir unsere Arbeit immer wieder kritisch hinterfragen.“* – *„Kann ich noch nicht formulieren, sind noch im Aufbau.“*

10. Erlebnispädagogik. – Für wenige Erzieher/innen spielt die Erlebnispädagogik eine Rolle in ihrer Arbeit. Sie soll den Kindern Grenzerfahrungen ermöglichen. – *„Erlebnispädagogik ermöglicht Grenzerfahrungen (auch eigene Grenzen).“*

11. Schulorientierung. – Erzieher/-innen orientieren sich u. a. auch an schulischem Lernen und den Anforderungen, die Schule allgemein stellt. Es ist anzunehmen, dass eine solche Haltung disziplinorientiertes Vorgehen impliziert, dass also oftmals Themen und Inhalte aus den Schulfächern gewählt werden. – *„Auch nehme ich öfters Themen aus der Biologie und Umweiterziehung heraus.“* – *„Ich gehe davon aus, dass die gesamte Kindergartenzeit Vorschulzeit ist und nicht erst das letzte Jahr vor der Einschulung.“* – *„Mir persönlich ist es aber auch wichtig, dass die Kinder in ihrer Entwicklung zur Schule hin etwas lernen, gut sprechen können, etwas wissen, kreativ sind, schöpferisch sind. Fragen dürfen, Antworten kriegen.“*

12. Funktionsorientierung. – Nur selten wird tendenziell im Sinne des Funktionsansatzes geantwortet. Man möchte den Kindern Fähigkeiten vermitteln, die sie im Leben benötigen. Es wird nicht näher darauf eingegangen, welche Fähigkeiten das sind. – „*...vergessen dabei aber nicht, welche Fähigkeiten ein Kind braucht, um sich später im Leben zurechtzufinden.*" – „*Funktions- und disziplinorientiertes Arbeiten fließt nur dann mit ein, wenn ich merke, dass die Kinder die Fähigkeit wirklich brauchen.*"

13. Ablehnung schulischen Lernens. – Manche Walderzieher/-innen lehnen schulisches Lernen ausdrücklich für ihre Kindergartenarbeit ab. – „*Kinder lernen durch Nachahmung auch das Leben selber. Fast wie von selber lernen sie Blumen und Tiere zu unterscheiden. Schulisches Lernen ist für Kindergartenarbeit unbedeutend. Feste Lernprogramme stören das spontane Tun und Lernen der Kinder und beeinträchtigen die Persönlichkeitsentwicklung.*" – „*Der Kindergarten ist keine Lehranstalt, sondern soll individuell die bereitliegenden Stärken der Kinder fördern, um ihnen Selbstvertrauen zu geben.*"

14. „Waldorfpädagogik", „Montessori-Pädagogik" und „Wild-Pädagogik" werden jeweils einmal genannt.

15. Ablehnung des Lebensbezogenen Ansatzes. – Eine Erzieherin lehnt explizit das oberste Ziel des Lebensbezogenen Ansatzes ab. Sie sagt, die Erziehung zur „Weltbürgerlichkeit" sei ihr zu „abstrakt" und für ihre Arbeit nicht relevant. – „*Weltbürgerlichkeit etc. ist für mich eine zu abstrakte bewusste Wirklichkeit.*"

16. Stärken und Schwächen der Kinder. – „*...sowie Schwächen oder Ängste der Kinder aufzuarbeiten, indem ich sie versuche zu animieren ‚über ihren Schatten' zu springen und Stärken hervorzuheben.*"

17. Freude am Leben vermitteln. – „*Die Freude und der Spaß am Zusammentreffen soll im Vordergrund stehen.*" – „*Ich versuche, den Kindern mit viel Spaß und Freude das auf ihren Weg mitzugeben, was sie brauchen.*"

18. Planung nach Beobachtung der Kinder. – „*Ich beobachte die Kinder und ihren Umgang miteinander möglichst genau und gebe dort Impulse bzw. setzte dort Grenzen, wo es mir in der gegenwärtigen Si-*

tuation notwendig erscheint.“ – *„Wir versuchen die Gruppensituation zu interpretieren um dementsprechend Themen zu entwickeln.“*

19. Sonstiges. – *„Jeder Tag ist voller Überraschungen und aufregend neu - das wünsche ich mir niemals zu vergessen.“* – *„Kinder sollen durch's Leben für's Leben lernen.“* – *„In erster Linie versuchen wir den Kindern Raum und Zeit zu geben, sich zu entwickeln, ohne sie gleich in eine von uns bestimmte Richtung zu drängen..“* – *„Zeit lassen - Zeit nehmen.“*

2.4 Kommentar und Anregungen

An die zwei Drittel der befragten Walderzieher gibt auf die Frage, „Arbeiten Sie in Ihrem Waldkindergarten nach einem bestimmten didaktischen Ansatz?“ die Antwort „ja“, ca. ein Drittel sagt „nein“, ganz wenige kreuzen an, davon keine Kenntnisse zu haben. Die detaillierten Aussagen wurden bereits dargestellt. Wie haben wir das alles zu bewerten, und welche Anregungen könnte der Waldkindergarten gebrauchen?

Die Walderzieher scheinen ihre didaktischen Überlegungen auf drei Aspekte zu konzentrieren: die Natur, das Kind und dessen aktuelle Bedürfnisse. Wer wollte dieses nicht als ein erfreuliches Ergebnis betrachten? Allerdings stellt sich sehr die Frage, ob das ausreicht. Ich meine, eher nicht. Ich gebe einige Anregungen:

1. Eine starke Kindorientiertheit gehört auf jeden Fall zu einer erfreulichen Pädagogik dazu. Der Waldkindergarten hat eine zu große Scheu vor aller Pädagogik im eigentlichen Sinne sowie vor einer Didaktik, in welcher der Bildungsgedanke vorherrscht.
2. Die Dominanz der Natur im Bildungsgeschehen ist zu stark. Andere Bildungsinhalte kommen wahrscheinlich zu kurz. Empfohlen wird eine gründliche Reflexion über kulturelle Inhalte und Themen.
3. In der Didaktik des Waldkindergartens gibt es zu wenig Intentionalität: Es bleibt zuviel dem natürlichen Zufall und der sich ergebenden Situation sowie den interpretierten Bedürfnissen überlassen. Mehr reflektierte Planung scheint angezeigt.
4. Überhaupt ist das Wissen und die Klarheit in Sachen didaktischer Ansätze anscheinend nicht stark ausgeprägt. Insofern empfiehlt sich hier Fort- und Weiterbildung o.ä.

5. Der Waldkindergarten wird auf Dauer seinem Auftrag besser gerecht, wenn man sich auf den Lebensbezogenen Ansatz stützt, da dieser dem Konzept nach die konsequenteste Anwendung von Natur- und Kulturpädagogik wäre.

Es reicht wirklich nicht aus, mit Kindern im Alter von drei bis sechs Jahren täglich ca. drei Stunden im Wald zu sein, die Fragen der gezielten kulturellen Bildung dabei aber nicht genügend zu bedenken – oder etwa dies alles dem Nachmittag zu überlassen – und das evtl. drei Jahre lang. Diese Anregungen sind förderlich gemeint.

3. Der Tagesablauf im Waldkindergarten

Im Folgenden werden die Tagesabläufe von einigen Waldkindergärten, wie die Erzieher sie selber schildern, wiedergegeben.

3.1 Tagesabläufe aus Konzeptionsschriften

Exemplarisches Beispiel A

Ein Tag im Waldkindergarten – erlebt von A. Heizmann

„1. Ankunft der Kinder, Begrüßung, Morgenkreis

Der Tag im Waldkindergarten beginnt am frühen Morgen um 7.45 Uhr. Bereits zu dieser Zeit beleben ein paar Kinder den Wald oder malen im warmen Bauwagen ihre ersten Bilder. Jedes Kind ist zweckmäßig und wetter- bzw. jahreszeitengerecht angezogen und trägt einen Rucksack mit Vesper und Getränk mit sich.

Etwa um 8.30 Uhr versammeln wir uns alle am Treffpunkt. Das ist in Haslach in der Schulstraße ein Waldweg, der verkehrstechnisch günstig am Waldrand zum Schänzle liegt. An der majestätisch groß gewachsenen Linde begrüßen wir „Frühgruppe", die Eltern mit ihren Kindern. Hier gibt es die Möglichkeit, Infos oder Ereignisse auszutauschen und kurz zu planen.

Wenn alle Kinder eingetroffen sind, ertönt die Flöte und alle „Haselmäuse" stellen sich im Morgenkreis auf. In diesem Kreis liegt ein hübsches Tuch, das von den Kindern mit Schätzen aus dem Wald geschmückt und gestaltet wurde. Alphabetisch wird entschieden, welches Kind die Kerze anzündet, die Kinder zählt und die Kerze wieder ausbläst.

Mit einem morgendlichen Singspiel begrüßen wir einander und beginnen gemeinsam den Tag.

Nachdem wir die Anwesenden gezählt und festgestellt haben, wer fehlt und warum das Kind fehlt, spielen wir noch ein Spiel, machen Fingerspiele oder singen Lieder. Zum Schluß besprechen wir, wohin wir an diesem Tag gehen wollen.

Im Morgenkreis nutzen wir die Gelegenheit, neues Belebungsmaterial einzuführen, zum Beispiel Chiffontücher oder Kasperlfiguren. Ein anderes Mal haben wir ein Geburtstagskind im Kreis, das wir gleich zu Beginn des Tages mit guten Wünschen beglücken.

„Wenn es regnet... nur regnet .... was dann?"

Regnet es bereits am frühen Morgen, suchen wir Schutz im nahegelegenen Pavillon und entscheiden dort nach dem Morgenkreis, welche Kinder im Bauwagen oder im Tipi sein möchten. Da unser Bauwagen sehr gemütlich ausgestattet ist und die Kinder malen, basteln oder kuscheln können, ist er ein beliebter Aufenthaltsort, um "Sauwetter" in einer netten Runde zu überbrücken.

Die andere Hälfte der Gruppe verbringt eine frohe Zeit im Tipi. Musikinstrumente, Bilderbücher oder Kreisspiele und Märchen laden ein zu einer lauschigen Morgenstunde im geräumigen Tipi, wo keiner naß wird und jeder sich am Feuer aufwärmen kann.

Dazu ist zu sagen, dass unsere Kinder den Bauwagen und das Tipi sehr schätzen, doch die Freiheit und Vielfalt des Waldes vorziehen.

2. Bedeutung des Morgenkreises

Ich möchte den Morgenkreis in meiner pädagogischen Arbeit als Erzieherin nicht mehr missen.

In dieser morgendlichen Runde nehmen wir uns alle gegenseitig sehr wahr. Es fällt der Name von jedem Anwesenden: wer ist heute da und wer fehlt und warum. Diese Erkenntnis stärkt ungemein das Gemeinschaftsgefühl und verbindet uns alle stark miteinander.

Der Morgenkreis ist ein „täglich wiederkehrendes Ritual" mit beständig bleibenden Inhalten, was den Kindern in der Weite des Waldes Vertrautheit und Geborgenheit vermittelt.

Erst das Ausblasen der Kerze sagt den Kindern: „Jetzt brechen wir auf".

3. Wir machen uns auf den Weg zu den Waldspielplätzen

Wenn alle Kinder fertig sind, marschieren wir los. Die Kinder laufen in ihrem eigenen Tempo zu den sogenannten „Haltestellen", die sich in gewissen Abständen befinden und die gesamte Gruppe immer wieder zusammenführt. Das ist zum Beispiel eine weiße Bank oder die nächste Kurve. Die Kinder wissen, dass sie aufeinander warten müssen, bis alle eingetroffen sind. Unterwegs machen die Kinder jede Menge Entdekkungen: sie sammeln Federn und Stöcke, verweilen an einer Wurzel, beobachten ein Eichhörnchen, das flink den Baum hochklettert usw.

Auf dem Weg zu den Waldspielplätzen geschieht sehr viel. Haben wir das Gefühl zu rasten, weil es für die Kinder heute an diesem Plätzchen besonders interessant ist, so bleiben wir und halten nicht an unserem vorgesehenen Ziel fest.

Der Schänzlewald, in dem wir uns am häufigsten befinden, ist für die Haselmauskinder ein zentraler Bezugspunkt, der ihnen das Gefühl gibt, in „ihrem Wald" zu sein. Nicht nur ein strukturierter Tagesablauf vermittelt Orientierung im Kindergarten „ohne Tür und Wände", sondern besondere Orte tragen ebenfalls dazu bei, sich im Wald heimisch zu fühlen.

Wir Erzieher machen oft die Erfahrung, dass Kinder an diesen besonderen Orten die Spiele, die sie zuletzt hier gespielt haben, sofort wieder aufgreifen. Das bedeutet Kontinuität und Zusammenhang. Durch seine besonderen Orte wird der Wald zum deutlich strukturierten Raum.

Was mich wieder fasziniert, ist, dass die Kinder diesen besonderen Orten selbst Namen geben. Es zeigt, dass sie einen besonderen Bezug dazu aufgebaut haben. Ein umgestürzter Baumstamm mit all seinen Verästelungen wird zum „Piratenschiff" benannt und so zu einem beliebten Spielplatz. Der abgesägte Baumstumpf verwandelt sich in ein gemütliches Wirtshaus, in dem ab und zu für uns Erzieher ein köstliches Mahl serviert wird. Eine Anhöhe mitten auf dem Berg, umrandet mit prächtigen Bäumen, gibt uns das Gefühl, auf einer Insel zu sein. Dann gibt es da noch das Haselnussschloss und die Ruinenstadt... und das Getreidefeld mit den Brotblumen... Die Distanz, welche die Kinder zwischen den Waldspielplätzen zurücklegen, ist nicht sehr groß.

4. Die Freispielphase

Sind wir alle am vereinbarten Waldspielplatz angekommen, dürfen die Kinder in Sicht- und Hörweite frei spielen und selbst entscheiden, mit wem, wo und was sie spielen wollen.

Das freie Spiel nimmt im Waldkindergarten einen großen Raum ein. Spielmaterial liegt überall bereit. Die Kinder klettern auf Bäume, spielen „Auto" oder „Mama, Papa, Kinder und Hund", bauen sich Hütten, suchen und finden Schätze, begegnen Schnecken und Käfern, gehen auf Jagd in den Urwald, sammeln Steine und bauen damit eine Ritterburg, aus morschem Holz wird Mehl zubereitet.

Während des Freispiels können sich die Kinder unbeobachtete Spielzonen schaffen, können für sich sein, kleine Grüppchen bilden und umbilden.

In dieser Phase kann ich die Kinder gezielt beobachten und im einzelnen Situationen pädagogisch lenken und unterstützen.

Fragen sowie Erlebnisse der Kinder können auf spielerische Weise aufgegriffen werden und evtl. in gelenkten Aktivitäten zum Thema werden.

5. Gezielte Angebote

Während der Freispielphase kann jedes Kind entscheiden, ob es an einem gezielten Angebot teilnehmen möchte, zum Beispiel bei einer Bilderbuchbetrachtung, beim Schnitzen und Sägen oder beim Tonen im Bauwagen.

Wir wollen auch Themen aufgreifen, die nichts mit dem Wald zu tun haben. Wichtig ist, dass sie an den Interessen der Kinder anknüpfen und vom Leben und Erleben des Kindes her betrachtet „und entschieden werden"

Wir haben im Waldkindergarten ein Tipi. Daraus entstand ein Projekt für ca. vier Wochen mit dem Thema: „Indianer heißen wir..."

6. Das gemeinsame Essen

Ein weiterer Fixpunkt im Ablauf eines Waldkindergartentages ist das gemeinsame Vesper. Sobald die Flöte erklingt, versammeln sich alle Kinder, und es werden erst einmal die Hände gewaschen. Ein Wasserbehälter mit warmem Wasser und Lavaerde sind täglich mit dabei.

Jedes Kind bekommt eine Isomatte zum Sitzen und packt seinen Rucksack aus, in dem sich ein Getränk und Vesper befinden. Nach einem kurzen Spruch lassen wir es uns gut schmecken.

Die Kinder genießen es, in gemütlicher Runde zu sitzen und sich zu unterhalten.

Im Winter dauert das Frühstück wegen der Kälte nicht so lange, es sei denn, wir sitzen im Tipi am Feuer. Am Feuer zu verweilen und zu essen, hat für die Kinder eine besondere Note.

7. Gruppenaktion

Nach dem Essen bleibt noch Zeit für eine Gruppenaktion. Ein neues Spiel wird eingeführt, eine vertraute Handpuppe erzählt lustige und spannende Geschichten oder wir musizieren.

8. Besondere Tage im Waldkindergarten

Besondere Tage im Waldkindergarten sind Feste und Ausflüge. Zu den Festen gehören die Geburtstage. Andere Feste, denen die Kinder entgegenfiebern, sind Ostern, der Nikolaustag oder Weihnachten. Auch der Sommer bietet Gelegenheit für ein großes Fest. Der Herbst ist die Zeit für Laternen- und Lichterfeste.

9. Rückweg

Bevor wir uns auf den Rückweg machen, verabschieden wir uns alle voneinander. Die „Spätdienstkinder“ bleiben im Wald oder gehen auf Wunsch in den Bauwagen.

Wenn wir am Ausgangspunkt angekommen sind, warten schon die Eltern, um ihre müden, schmutzigen und mit Schätzen beladenen Kinder in Empfang zu nehmen."

Exemplarisches Beispiel B

So, oder ähnlich, sieht ein Tag im Waldkindergarten Aurich aus:

„Ab 8.30 Uhr treffen wir uns mit den Kindern auf einem Spielplatz direkt im Wald. So sind die Kinder gleich vollauf beschäftigt und die Eltern haben noch Zeit für ein kurzes Gespräch.

Wenn die Eltern gegangen sind und alle Kinder da sind, begrüßen wir uns erst einmal gegenseitig im Morgenkreis mit einem Lied und zählen die Anwesenden. Dabei stellen wir gemeinsam fest, wer da ist und ob jemand fehlt. Mögliche Gäste werden begrüßt und stellen sich vor.

Außerdem spielen wir noch ein oder zwei Spiele oder singen Lieder, die die Kinder sich wünschen.

Dann nehmen alle ihre Rucksäcke, und wir marschieren los. Unterwegs sammeln wir mit unserer Müllzange ‚Schlampi' den Müll auf, den weniger umweltbewusste Zeitgenossen hier ‚verloren' haben.

Gleich nach der ersten Kurve machen wir schon wieder halt, weil es sich so ergeben hat und inzwischen auch zur festen Einrichtung geworden ist, dass hier auf einem Balancierbalken eine kurze Geschichte vorgelesen wird.

Unterwegs befinden sich in gewissen Abständen dünne ‚Haltebänder' d.h. hier wissen die Kinder, dass sie aufeinander warten müssen, bis alle da sind.

Inzwischen geht es weiter bis zur Kreuzung. Hier wird entschieden, wohin wir an diesem Tag gehen werden. Dazu stellen sich die Kinder in die verschiedenen Richtungen (Kleine Eierberge, große Eierberge, Bauwagen, Heidefläche) und es wird abgezählt, wo die meisten Kinder stehen. Somit haben wir auf demokratischem Wege unseren heutigen Zielort gewählt.

Der Weg dauert oft lang, weil die Kinder unterwegs jede Menge interessanter Dinge entdecken oder einen großen Ast mitschleppen oder auf einem Baumstamm balancieren oder Pipi machen müssen oder ein morscher Baumstumpf muss mit Stöcken angebohrt und auseinandergenommen werden. Oft finden wir schöne Blätter, Federn und Steine, die dann später stolz den Eltern präsentiert werden. Manches Mal müssen auch kleine Tiere unter die ‚Becherlupe' genommen werden.

Somit haben die Kinder schon einiges erlebt, wenn wir endlich am Zielort ankommen. Hier wird nun erst einmal gefrühstückt, nachdem die Hände gewaschen sind. Auch hierbei lassen wir uns und den Kindern viel Zeit zum Reden, Erzählen, Witze machen und natürlich auch zum Essen. Im Winter geht das etwas kürzer, weil uns sonst kalt wird. Im Sommer sitzen die Kinder aber manchmal bis zu einer halben Stunde, und es finden sehr intensive Gespräche statt.

Wer fertig ist mit dem Frühstück, geht, nachdem er seinen Rucksack wieder eingepackt hat, spielen. Dieses Freispiel nimmt den wichtigsten Raum im Waldkindergartenvormittag ein. Hier sind der Phantasie kaum Grenzen gesetzt.

Mit Sand formen, auf Bäume klettern, Rollenspiele, Aktionsspiele... das Spielmaterial liegt überall bereit, die Kinder müssen es nur als solches erkennen, und sie haben damit auch überhaupt keine Schwierigkeiten. Wir Erwachsenen staunen oft über die phantasievollen Ideen.

Kurz bevor wir uns wieder auf den Rückweg machen müssen, rufen wir die Kinder zusammen, um ein vorbereitetes Angebot zu machen. Dieses ist oft ein kurzes Theaterspiel mit kleinen Fingern auf dem Waldboden oder ein Bilderbuch oder ein neues Fingerspiel o.ä.

Danach machen wir uns auf den Heimweg, der oft am Kuschelbaum (einer mit Moos bewachsenen riesigen Buche) vorbeiführt, wo wir unseren Abschlusskreis mit Liedern und Spielen machen und uns für den nächsten Tag verabreden. Von da sind es nur wenige Meter bis zum Spielplatz, wo die Kinder von ihren Eltern nach und nach wieder abgeholt werden.

Im Sommer haben wir den Mittwoch als unseren Gartentag fest eingeplant. Wir dürfen beim Bauwagen einen kleinen Acker bewirtschaften.

Die festen Tagespunkte wie Morgenkreis, Frühstück, Abschlusskreis werden aber immer eingehalten, um dadurch den Kindern eine gewisse Sicherheit zu vermitteln.

Manchmal haben wir besondere Tage im Waldkindergarten, wie z.B. Geburtstag, Fahrzeugtag, Kuscheltiertag, Spielzeugtag, Werkzeugtag usw. Dann dürfen die Kinder ausnahmsweise einmal etwas von zu Hause mit in den Wald bringen. Solche Tage gleichen Festtagen, weil sie eben nicht alltäglich sind.

Ebenso ist es mit Festen und Feiern. Auch die werden im Waldkindergarten begangen. So machten wir z.B. einen Laternenlauf, und zwar abends im stockfinsteren Wald. Weihnachten ist es bei uns besonders besinnlich; wir achten darauf, dass wir die Kinder nicht mit zuviel Aktionen überfordern. Weniger ist auch hier mehr.

Geburtstagsfeiern, Karneval mit Schminken und Maibaum schmücken mit bunten Bändern, ein bisschen Ostern – wir wollen nichts vorwegnehmen, was in den Familien schon mehrfach angeboten wird (Osternester, Adventskalender, Geschenke und Naschorgien), darum fallen alle Feste bei uns eher bescheiden aus, was der Stimmung keinen Abbruch tut. Im Gegenteil!

All das wird erst richtig geschätzt, wenn es nur einzeln vorkommt.

Das größte Fest aber war wohl für alle die Übernachtung. Ohne Strom und fließendes Wasser in einem Zelt die Nacht im Wald verbringen, mit Eltern und Geschwistern – das ist Abenteuer pur!"

Exemplarisches Beispiel C: Wandergruppe

Der Waldkindergarten o.ä. hat inzwischen viele Gesichter. Z.B. gibt es zahlreiche Varianten in Regelkindergärten, u. a. Wandergruppen, Waldgruppen o.ä. Im folgenden ein Tagesablauf der „Wandergruppe" in der Kindertagesstätte Münchholzhausen (Wetzlar): „Unsere Kindertagesstätte hat eine Öffnungszeit von 7-17 Uhr und wird zur Zeit mit 90 Kindern im Alter von 3 Jahren bis zum Schuleintritt besucht."

„Der erste markante Punkt im Tagesablauf für jedes Kind ist der täglich stattfindende Morgenkreis um 9.00 Uhr in jeder Gruppe.

Die Kinder der „Wandergruppe", die nicht am Morgenkreis in unserem Haus teilnehmen, treffen sich dann wanderfertig im Flur, um ihren gemeinsamen Vormittag draußen zu verleben. Sie sind ausgerüstet mit zweckmäßiger Kleidung und Schuhwerk, Rucksack mit Isomatte und Picknick (Frühstück mit „Emilflasche"). Bei besonders schlechtem Wetter stehen für die Kinder Allwetterhosen bereit.

Los geht's...

Die täglichen Wanderziele sind ganz unterschiedlich und richten sich

- *nach den Bedürfnissen der Kinder*
- *nach dem Thema des Projektes (z.B. Spiele am Bach, Waldhüttenbau)*
- *nach Witterungseinflüssen*
- *....*

Gegen 10.00 Uhr sucht die Gruppe nach einem geeigneten Picknickplatz, macht einen gemeinsamen Morgenkreis und frühstückt anschließend. Das Motto eines jeden Tages lautet:

Der Weg ist unser Ziel.

Anschließend stehen Naturerlebnisse, Beobachtungen, Spielen und der Abschlusskreis auf dem Programm.

Voller Eindrücke und erschöpft kommt die Gruppe um 12.00 Uhr wieder in unserer Kita an. Die Kinder, die ganztags betreut werden, gehen dann zum Mittagessen und werden im Laufe des Nachmittags abgeholt. Die Kinder, die nur halbtags betreut werden, gehen nun nach Hause."

3.2 Der Tagesablauf in allen Waldkindergärten

Von besonderer Bedeutung ist die Frage, wie ein Kind im Waldkindergarten seinen Tag erlebt. Das hängt damit zusammen, wie der Tag im Waldkindergarten prinzipiell strukturiert ist. Wir baten die Erzieherinnen und Erzieher:

„Schildern Sie bitte (wenn möglich mit Zeitangaben) einen typischen Tagesablauf im Waldkindergarten!"

Man kann davon ausgehen, dass die Waldkindergärten eine gut vergleichbare Tagesstruktur haben, jedenfalls die allermeisten.

Die Kinder werden in den einzelnen Waldkindergärten, wie nicht anders zu erwarten, zu unterschiedlichen Zeiten gebracht, d.h. die Kindergärten haben verschiedene Anfangs- und Öffnungszeiten. Wir können aber, nach unseren Erhebungen, sagen, dass die Kinder immer in der Zeit zwischen 7.30 Uhr und 9.15 Uhr gebracht werden. Wir geben hier zwei Schilderungen aus unserer Befragung wieder.

Waldkindergarten A:

„Wir gehen mit den Kindern um 8.30 Uhr von der Kita los. Laufen ca. 1-1,5 km zu einem wunderschönen Wald. Dort angekommen, legen wir die Rucksäcke und Isomatten ab und bilden einen Morgenkreis. Im Morgenkreis begrüßen wir uns und singen, besprechen, raten Rätsel, lernen Gedichte etc. Anschließend frühstücken wir. Danach ist Freispiel. Die Kinder gehen zum Bach, schnitzen Boote, bauen Hütten, alles wonach sie Lust haben. Heute haben wir eine Geschichte zu Ende gelesen, für Kinder, die sie fertig hören wollten. Wenn sie beim Freispiel unsere Hilfe brauchen, helfen wir ihnen auch. An manchen Tagen machen wir mit den Kindern Aktivitäten, z.B. Stilleübungen, Gegenstände suchen, die nicht in den Wald gehören etc. Am Schluß machen wir noch einen Abschlusskreis, fragen die Kinder, was ihnen gefallen hat, und nehmen neue Ideen auf.“

Waldkindergarten B:

Die folgende Schilderung macht den Eindruck eines sehr exakten Timings, was vom Prinzip her wohl auch erforderlich ist:

„Ein Tag bei uns im Wald:

8.15 Uhr: Die Erzieherinnen kommen zum Bauwagen, packen den Bollerwagen und sprechen die notwendigen Dinge ab.

8.30 Uhr: Die Kinder trudeln ein. Wenn alle da sind, machen wir uns auf den Weg in den Wald.

8.40 Uhr: Im Morgenkreis begrüßen wir uns und überlegen gemeinsam, wer heute fehlt. Besonderheiten, z.B. eine Änderung des Tagesablaufs, eine besondere Aktion oder ein Besucher in unserem Kreis wer-

den angesprochen. Meist gibt es dann noch ein kleines Spiel oder ein Lied.

8.50 Uhr: Beim Freispiel in unserem „Lägele" können die Kinder sich innerhalb der abgesprochenen Grenzen frei bewegen und ihre Beschäftigung selbst wählen. Parallel dazu wird von den Erzieherinnen meist eine Aktivität angeboten.

10.00 Uhr: Eine Glocke oder ein Lied ruft die Kinder zu einem gemeinsamen Kreisspiel zusammen. Anschließend waschen alle ihre Hände. Dann setzen wir uns in den Vesperkreis. Mit einem kleinen Vers, Lied oder Fingerspiel beginnen wir unser Vesper.

10.45 Uhr: Nach dem Essen laufen wir oft ein kleines Stück und suchen einen anderen Spielort auf, wo eine weitere Freispielphase stattfindet.

11.50 Uhr: Wir setzen uns nochmals zum Kreis zusammen. Oft gibt es jetzt eine Geschichte, manchmal auch ein Spiel oder ein Lied. Auch Themen, die sich aus dem miteinander verbrachten Vormittag ergeben haben oder den nächsten Tag betreffen, können hier besprochen werden. Zum Schluß bekommt jedes Kind ein paar Nüsse und Rosinen in die Hand.

12.10 Uhr: Wir setzen unsere Rucksäcke auf und machen uns auf den Rückweg zum Bauwagen. Kurz bevor wir dort ankommen, bilden wir wieder einen Kreis und singen ein Schlußlied.

12.15 – 12.30 Uhr: Die Kinder werden beim Bauwagen abgeholt."

Wie sieht nun der Tag im Waldkindergarten aus, wenn man von einzelnen Berichterstattungen absieht und alle Waldkindergärten betrachtet? Der Ablauf des Vormittags gliedert sich, nach den Aussagen unserer ca. 100 Befragten, im Wesentlichen wie folgt, d.h. in neun Phasen:

1. Sammeln der Gruppe an einem bestimmten Treffpunkt
2. Begrüßung und Morgenkreis
3. Gang zum vorher abgesprochenen Platz
4. Erste Freispielphase, evtl. verbunden mit gezielten Angeboten
5. Frühstück bzw. Vesper
6. Zweite Freispielphase, evtl. verbunden mit gezielten Angeboten

7. Schlusskreis
8. Gang zurück zum Treffpunkt
9. Abholen der Kinder

Mit Begrüßung und Morgenkreis einerseits, sowie dem Gang zum Platz andererseits ist es in manchen Fällen so, dass sie umgekehrt erfolgen, d.h. man geht erst zum Platz und führt dort die Begrüßung und den Morgenkreis durch. Ebenso verhält es sich mit dem Schlusskreis und dem Gang zurück an den Ausgangs- bzw. Treffpunkt. Auch dabei kann es so sein, dass der Schlusskreis erst am Treffpunkt erfolgt. Das ändert aber nichts daran, dass der Tagesablauf in allen Waldkindergärten im Wesentlichen aus diesen neun Phasen besteht.

Die Kinder werden zur Mittagszeit abgeholt, wobei die genauen Abholzeiten unterschiedlich geregelt sind. Das Abholen erfolgt in der Zeit von 11.35 Uhr bis 14.00 Uhr. Ausnahmen bilden lediglich drei der von uns untersuchten Gruppen: Bei diesen gibt es Nachmittagsangebote. Einmal haben die Kinder die Möglichkeit, nachmittags von 14.00 Uhr bis 17.00 Uhr einen Regelkindergarten zu besuchen. In einem anderen Waldkindergarten trifft sich die Gruppe einmal in der Woche zusätzlich von 14.30 bis 17.00 Uhr. Schließlich noch ein Ausnahmefall: Hier essen die Kinder in der Gruppe zu Mittag und werden erst zwischen 14.00 und 16.00 Uhr, freitags um 15.00 Uhr, abgeholt.

3.3 Und bei „schlechtem" Wetter?

Eine der interessantesten Fragen, die dem Waldkindergarten mit am häufigsten gestellt werden, bezieht sich darauf, wie es denn nun bei „schlechtem" Wetter sei; ob da die Kinder nicht zu Hause bleiben müssten.

Wir haben in unserer Studie die Frage gestellt: „Wie gestaltet sich bei Ihnen ein Tag bei besonders widrigen Wetterverhältnissen?".

Im Folgenden die Antworten der befragten Walderzieherinnen.

1. Drinnen. – Ein Teil der Befragten sagte aus, dass ein Tag bei besonders widrigem Wetter in Räumlichkeiten abgehalten wird. – *„Drinnen-Tag."* – *„...benutzen Raum im Regelkindergarten."* – *„Wir ge-*

hen in den Bauwagen." – „Wir gehen ins Gemeindehaus." – „Ausweichraum."

2. Teilweise drinnen. – Manche Waldkindergärten ziehen es vor, sich bei schlechtem Wetter nur teilweise drinnen, in der Regel aber mit Hilfsmitteln (z.B. Planen) und Schutz suchend, im Freien aufzuhalten. – *„Frühstück im Bauwagen." – „Vesper im Bauwagen." – „Planen spannen." – „Wir nehmen Planen mit." – „Regenplane." – „Spannen Tap auf, Frühstück in der Hütte." – „gedeckte Örtlichkeiten aufsuchen."*
3. Generell draußen, entsprechend ausgerüstet. – Hier findet der Tagesablauf auch bei widrigem Wetter durchweg draußen statt. Die Gruppen benutzen Hilfsmittel (Planen und passende Kleidung) und suchen wettergeschützte Plätze auf. – *„angepasste Kleidung." – „Wind/Regen/Kälte: viel Bewegung, spannen Planen."*
4. Nur bei extrem schlechtem Wetter drinnen. – Manche Waldkindergärten verlegen ihre Aktivitäten nur bei extrem schlechtem Wetter, wie z.B. Sturm/Gewitter/extremer Kälte nach drinnen. – *„Bei Sturm und Gewitter sind wir nicht im Wald." – „Sind bei extrem schlechtem Wetter in der Schutzhütte." – „Starker Sturm gleich Hüttentag."*
5. Generell draußen. – In ganz radikalen Waldkindergärten bleibt man prinzipiell draußen. – *„bleiben draußen." – „draußen viel Abenteuer." – „gemeinsamer Spaziergang draußen." – „normal." – „mehr im dichteren Wald." – „versuchen das Beste draus zu machen."*
6. Angepasste, spezielle Aktivitäten. – Einige gaben an, durch spezielle und angepasste Aktivitäten und Bewegung dem Wetter etwas abzugewinnen und ihm zu trotzen. – *„Bewegungsspiel." – „Geländespiel." – „Abenteuerwege." – „Spiele werden Wetterverhältnissen angepasst." – „längere Wegstrecken." – „viel Laufen."*
7. Sonstige Regelungen. – *„Zeit wird verkürzt." – „Wir nehmen auf Empfindungen der Kinder Rücksicht." – „Die Kinder haben die Wahl."*

Tagesgestaltung bei besonders widrigen Wetterverhältnissen

n=97

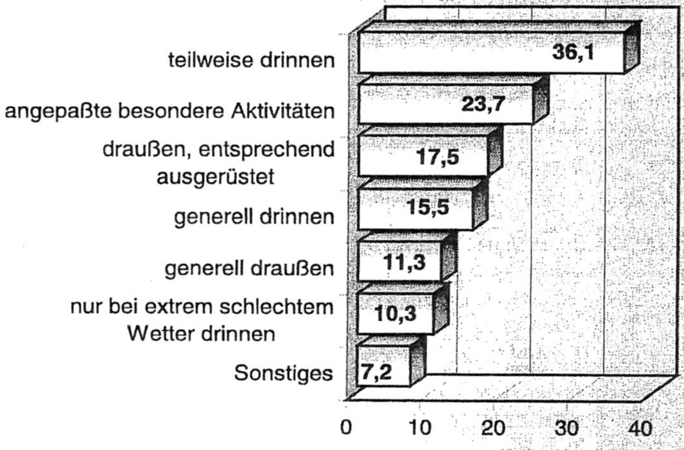

alle Angaben in %
Mehrfachantworten waren möglich

4. Bildung und Planung im Waldkindergarten

Insofern der Waldkindergarten den Anspruch eines regulären Kindergartens erhebt, muss er auch den Vorgaben nachkommen, wie sie dem traditionellen Kindergarten gegeben sind, u.a. etwa nach den Kindergartengesetzen und nach dem KJHG (Kinder- und Jugendhilfegesetz).

Dieses sieht die Aufgaben des Kindergartens im § 22, 2 in der Bildung, Erziehung und Betreuung der Kinder. Deshalb ist es sinnvoll der Frage nachzugehen, inwieweit der Waldkindergarten sich diesen Aufgaben verpflichtet sieht.

4.1 Kinder brauchen Bildung

4.1.1 Bildung als Diskussionsgegenstand

Der Begriff der „Bildung" gehört zu den strapazierten Wörtern der gesamten Pädagogik sowie auch der menschlichen Sprache im Alltag überhaupt. Besonders nach PISA 2000, der berühmt-berüchtigten Bildungsstudie (Programm for International Student Assessment), nach welcher die deutschen Schüler anscheinend „so schlecht" sind, hat der Bildungsbegriff in besonderer Weise Konjunktur – allerdings meist in dem Sinne, dass die für Bildung Verantwortlichen bei anderen die Schuld für die angebliche Misere suchen. Es geht meistens nach dem Motto: Die Bildung ist schlecht, und ich weiß genau, wer schuld ist: die Anderen – oft werden diese dann auch noch genannt, z.B. der Kindergarten. Das Wochenmagazin Focus (51/2001, S.40) bilanziert, indem es sagt: „In den meisten deutschen Kindergärten ist Bildung ein Fremdwort." Ein Hirnforscher wird dort so zitiert: „Die vorschulische Erziehung in Deutschland ist katastrophal." Ein weiteres Zitat aus demselben Fokus: „Ihre harsche Kritik an deutschen Kindergärten formuliert D. Elschenbroich: Ein Viertel der Erzieher leistet sehr gute Arbeit."

Ein CDU-Mann fordert „systematisiertes Lernen im Kindergarten" sowie eine Kindergartenpflicht im letzten Jahr vor der Schule". Ein SPD-Mann verlangt Sprachtests für alle Vierjährigen. – Da haben wir eine ziemliche Aufregung vor allem bei denjenigen, von denen vorher kaum ein Finger für die Bildung gekrümmt worden ist. Die meisten

Äußerungen sind vorschnell und übereilt, d.h. die Redenden sagen etwas, das sie aber vorher nicht gründlich bedacht haben und das vielfach wissenschaftlich nicht haltbar ist. Ob ihre Analyse, falls überhaupt eine vorliegt, richtig ist oder nicht, das schert sie nicht; ebenso wenig, ob sie mit ihren Angriffen „die Richtigen" treffen oder nicht.

4.1.2 Bildung als Bedürfnis – Was brauchen Kinder?

Wer über Bildung reden will, muss zunächst einmal über Kinder sowie kindliche Bedürfnisse nachdenken. Ich fasse den Bedürfnisbegriff hier genau, und zwar ist Bedürfnis etwas, dessen das Kind wirklich bedarf und ohne dessen Erfüllung es Schaden nimmt. Bedürfnis ist zu unterscheiden von Interesse bzw. Lust (vgl. dazu Huppertz 1995, S. 137 ff und ders. 2003, S. 21ff).

Demgemäss lässt sich im Zusammenhang mit den kindlichen Bedürfnissen sagen, was Kinder wirklich brauchen:

- Kinder, insbesondere junge Kinder, bedürfen der menschlichen Zuwendung – normalerweise zunächst durch ihre Eltern (Erfordernis des pädagogischen Bezugs; Notwendigkeit von Urvertrauen; Gefahr des Hospitalismus etc.)
- Sie bedürfen der sozialen Einbindung in eine stabile und überschaubare Gruppe, mit dem Alter zunehmend auch in eine Gruppe von Gleichaltrigen.
- Kinder bedürfen in angemessener Weise der anregenden Bildung durch Sachgegenstände und Themen, und zwar auch schon ab der ersten Lebenszeit.
- Jedes Kind braucht orientierende Führung – Erziehung -, damit sich z.B. sein Gewissen bilden kann und es zur Selbständigkeit gelangt.
- Kinder haben das Bedürfnis nach Anerkennung, und zwar ihrer selbst und ihrer Leistungen. Dazu gehört die erforderliche Haltung von Erzieherseite.
- Kinder müssen „etwas bewegen können", - im wörtlichen wie auch im übertragenen Sinne, z.B. müssen sie unbedingt Einfluss nehmen und Dinge in ihrem Sinne (um-) gestalten können.
- Das Kind braucht genügend Raum und Zeit.
- Kinder brauchen Essen, Trinken, Wärme und gute Luft.

Eines dieser Bedürfnisse betrifft also die Bildung. Wer nun die Defizite im Bildungsbereich beklagt, wie es so viele im Fahrwind von PISA tun, der täte gut daran, zu schauen, ob in unseren Sozialisationssystemen die übrigen Bedürfnisse der Kinder möglicherweise in besonderer Weise erfüllt sind, z.B. die Bereiche von Anerkennung, sozialer Einbindung usw.

4.1.3 Bildung – ein wichtiger Begriff

Bildung betrifft – im Vergleich zu Erziehung, wo es tendenziell eher um die gezielte Vermittlung von Werten und Normen geht – den inhaltlich-thematischen Aspekt. Bildung kann als Ergebnis, wie auch als Prozess verstanden werden. Sie darf kein Privileg bestimmter Gruppen und Schichten sein. Es geht dabei um Anregung durch Themen und Inhalte, die der Mensch sich, durch sich selber oder durch andere vermittelt, aneignet. Wenn wir von wirklicher Bildung sprechen, und damit tue ich eine normative Setzung, dann muss dabei ein Mehr an Humanität resultieren, und zwar durch besseres Wissen oder eine bessere Einstellung. Zu einem solchen Bildungsvorgang kann ein Kindergarten vielerlei beitragen.

4.1.4 Was alles bildet die Kinder?

An dieser Stelle kann lediglich einiges an „Bildendem“ aufgelistet werden:

a) Räume: Es ist nicht gleichgültig, wo die Kinder leben und lernen können - die Innenräume und das Außengelände „bilden“ mit. (Bäume, Sträucher, Tiere, Weite ....)
b) Die anderen Kinder: Was die anderen Kinder tun, wie sie miteinander sprechen und umgehen, wie viele von ihnen es sind usw. – alles das „bildet“ ein Kind. (geheime Miterzieher; verborgenes Curriculum usw.)
c) Die Zeit: Wie lange ein Kind in der Einrichtung ist und wie lange es sich dort mit etwas befasst, davon bleibt seine Bildung nicht unbeeinflusst.

d) Methoden: Auch das „Wie“, also die Methoden des Zusammenlebens und gemeinsamen Lernens, bildet die Kinder, dabei vor allem auch der Stil und die Atmosphäre.
e) Die Personen: Sie sind es ganz besonders, von denen die Bildung des Kindes abhängig ist. Was sie tun und wie sie sich geben. Jedem Kind wünscht man eine warmherzige und gebildete Persönlichkeit als seine Erzieherin.
f) Themen und Inhalte: Wenn für den Bildungsvorgang die Themen und Inhalte, also das, was die Kinder kennen lernen, so wesentlich sind, dann muss darauf auch besonders geachtet werden bei der Planung von gezielten Angeboten und Projekten. Insofern es für den Kindergarten (noch?) kein Curriculum und (noch?) keinen Bildungsplan gibt, liegt die inhaltlich thematische Entscheidung, also das zentrale und bedeutsamste Element von Bildung überhaupt, ganz in der Hand der jeweiligen Erzieherin. Sie trägt damit eine unendlich große Verantwortung – und zwar ganz allein. Will sie und wollen wir das eigentlich?

Bei dem, was den Kindern vermittelt wird – also bei den Inhalten – können wir von Bildung im engeren, bei allem anderen von Bildung im weiteren Sinne sprechen. Auf welche Weise (z.B. frontal und autoritär oder partnerschaftlich und selbst entdeckend) das WAS sich vermittelt bzw. vermittelt wird, das tangiert und prägt, wie erwähnt, den Bildungsvorgang erheblich und beeinflusst die Persönlichkeit des Kindes nicht nur in seinem Wissen.

Echte Bildungserfahrungen sind nachhaltige Bildungserlebnisse. Sie hinterlassen Spuren für das ganze Leben des Kindes.

4.2 Orientierung und Planung im Bildungsgeschehen des Waldkindergartens

4.2.1 Woran orientieren sich die Walderzieher?

Wer Bildung „durchführen“ möchte oder Kinder „bilden“ will, der überlässt dieses nicht dem Zufall, sondern überlegt sich Wege und Mittel, und zwar im weiteren wie im engeren Sinn. Zunächst spielen natürlich die pädagogischen Ziele die entscheidende Rolle sowie die damit verbundenen Werte (vgl. dazu Kap. 1).

Dann aber muss geplant und entschieden werden, und zwar über viele, viele Dinge, die dem pädagogischen und sonstigen Alltag mit den Kindern betreffen.

Hier geht es um die Frage, woran sich die Walderzieher orientieren, wenn sie ihre Arbeit planen und Entscheidungen treffen. Pädagogisch planen heißt immer auch für den anderen, hier das Kind, entscheiden, ja, das liegt geradezu im Wesen von Pädagogik, und insofern auch im Wesen von Bildung. Je sanfter und kindorientierter nun eine Pädagogik sein will, um so mehr wird sie bedacht sein, Kinder in die Planung mit einzubeziehen. Es gibt aber vielerlei Aspekte, die bei der Planung der Arbeit eine Rolle spielen können, und je nach Selbstverständnis und didaktischem Ansatz sollte dies auch recht unterschiedlich sein.

Wir stellten folgende Frage: „Uns interessiert, wonach Sie sich vorwiegend richten, wenn Sie ihre Arbeit im Kindergarten planen.“

Auf einer zehnstufigen Skala von 1 = nie und 10 = immer konnten zehn „Instanzen“ gewichtet werden, mit deren Hilfe herausgefunden wird, was bei den Walderziehern in ihren Entscheidungen die größere, und was die geringere Rolle spielt.

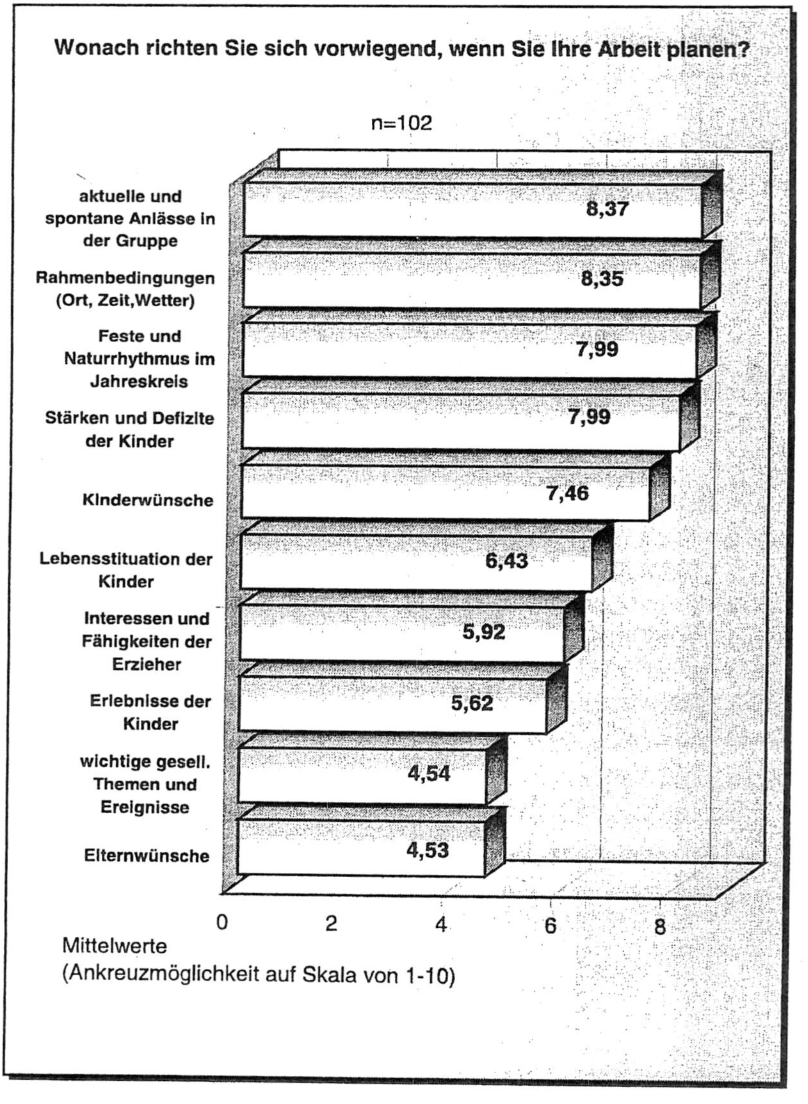
Wonach richten Sie sich vorwiegend, wenn Sie Ihre Arbeit planen?
n=102
aktuelle und spontane Anlässe in der Gruppe
8,37
Rahmenbedingungen (Ort, Zeit,Wetter)
8,35
Feste und Naturrhythmus im Jahreskreis
7,99
Stärken und Defizite der Kinder
7,99
Kinderwünsche
7,46
Lebensstituation der Kinder
6,43
Interessen und Fähigkeiten der Erzieher
5,92
Erlebnisse der Kinder
5,62
wichtige gesell. Themen und Ereignisse
4,54
Elternwünsche
4,53
0
2
4
6
8
Mittelwerte
(Ankreuzmöglichkeit auf Skala von 1-10)

Die Grafik spiegelt die Rangfolge der Instanzen wieder, die beim Planen der Arbeit eine entscheidende Rolle spielen. Wir sehen, dass an oberster Stelle die „aktuellen und spontanen Anlässe in der Gruppe" stehen, gefolgt von „Rahmenbedingungen, wie Ort, Zeit und Wetter". Ein relativ hohes Gewicht erhalten auch noch „Feste und Naturrhythmus im Jahreskreis". Stärken und Defizite der Kinder sowie deren Wünsche und Lebenssituation haben nur eine mittlere Bedeutung bei der Planung der Arbeit. Der Walderzieher selbst mit seinen Interessen und Fähigkeiten hat auch eine vergleichsweise geringe Bedeutung. Alles, was von außen kommt, „was die Kinder außerhalb des Kindergartens erleben" sowie „gesellschaftliche Themen und Ereignisse, die der Erzieher für wichtig hält" spielen vergleichsweise kaum noch eine Rolle, geschweige denn das, „was die Eltern wünschen". Ein aufschlussreiches Ergebnis, das wir hier vorliegen haben: Die Gruppe ist fern der Welt und bewegt sich in sich, u.a. sogar im Hinblick auf die Entscheidungen auf Seiten der Erzieher bei der Planung der Arbeit. Vorwiegend sind es eindeutig der Jahreskreis, die Zeit und das Wetter sowie die Gruppe. Der Waldkindergarten ist auch hier die welt- und gesellschaftsferne Idylle, nicht gestört durch bedrückende und bedrohende „Situationen" des Lebens, die es aufzugreifen gelte.

4.2.2 Für wie lange im voraus wird geplant?

Diese immer wieder in der Kindergartenpädagogik diskutierte Frage, für wie lange im voraus man planen solle – ohne sich und die Kinder zu verplanen -, ist noch keineswegs allgemein zufriedenstellend beantwortet.

Unsere Frage lautete: „Wenn Sie an das vergangene Jahr denken: Wie haben Sie überwiegend ihre inhaltliche, pädagogische Arbeit geplant?"

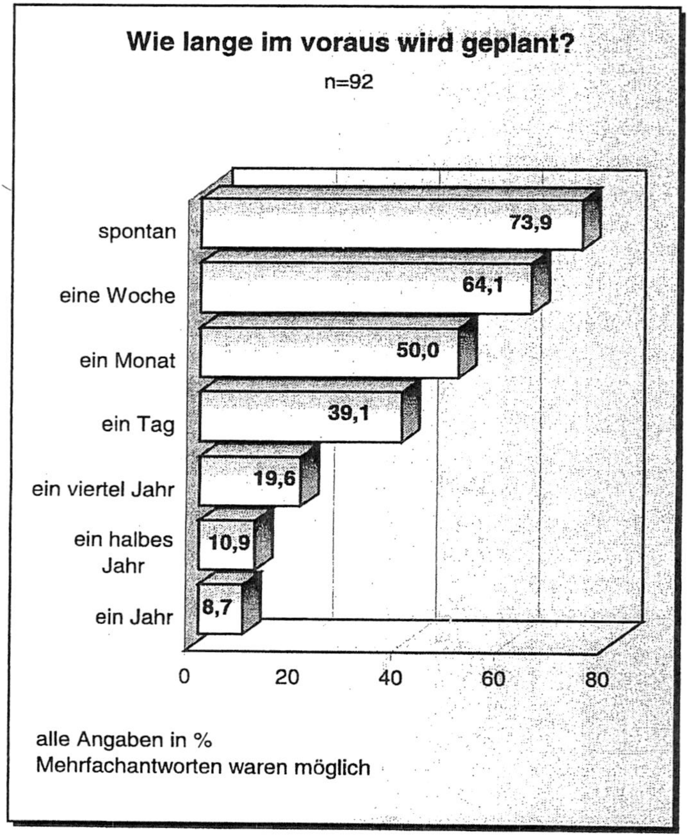

Die höchste Zustimmung erhält nicht die Planung für ein Jahr, ein halbes Jahr, ein viertel Jahr, einen Monat, eine Woche, sondern die meisten geben die Kategorie „spontane Planung" an – zwei Drittel der Befragten. Walderzieher sind wohl nicht besonders planungsfreudig, und eine Gefahr der Verplanung existiert somit schon einmal gar nicht. In diese Haltung passt auch, dass so viele Walderzieher das gezielte Angebot für ziemlich unwichtig halten; denn auch das hängt ja mit Planung zusammen.

4.2.3 Bedeutung und Gewicht einzelner Bildungsbereiche

Wenn Bildung besonders den Akzent auf die Themen- und Inhalte legt, mit denen sich die Kinder befassen, dann dürfte es aufschlussreich sein, wie die Walderzieher die einzelnen Bildungsbereiche im Vergleich zueinander gewichten; denn die Bildungsbereiche enthalten ja, wenn auch in sehr allgemeiner Form, bereits Bildungsthemen. Wir haben den befragten Walderzieherinnen 11 Bildungsbereiche vorgegeben und diese auf einer sehr differenzierten Skala gewichten lassen.

Die folgende Grafik gibt das Ergebnis wieder.

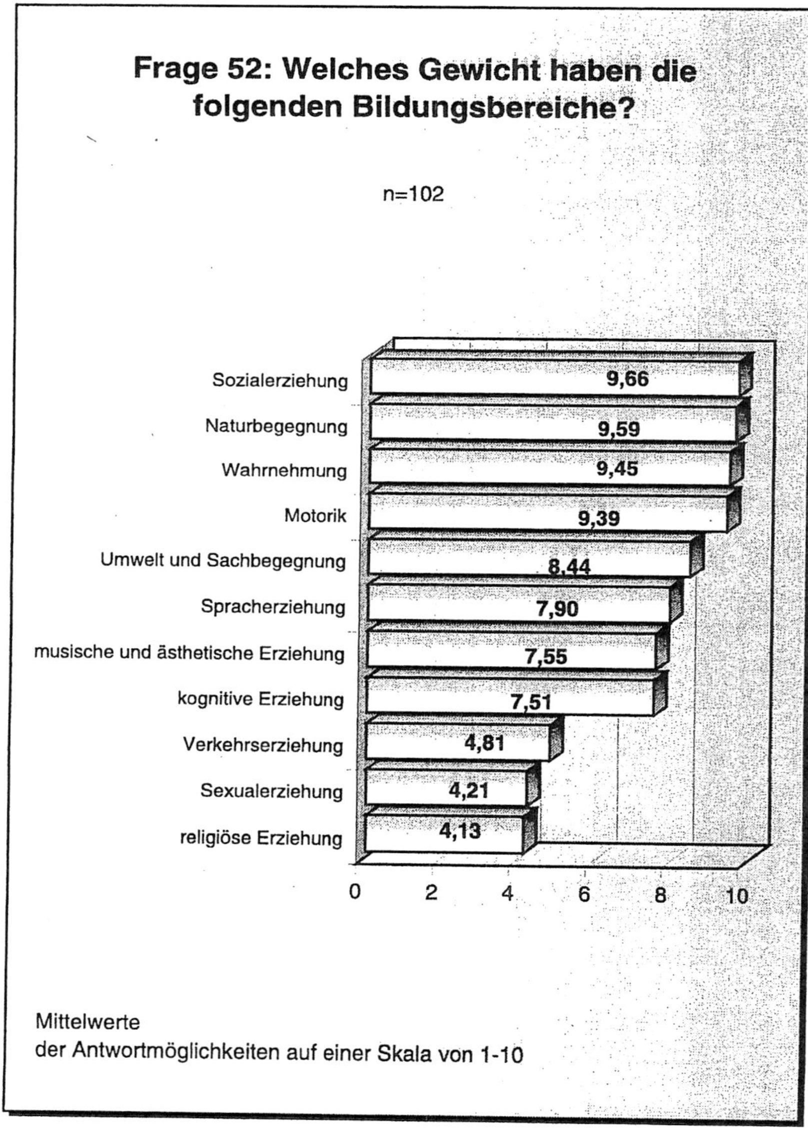

Man erkennt an dieser Grafik leicht, welche Bildungsbereiche im Waldkindergarten „tatsächlich" und „bei der konkreten Tätigkeit" (mit Absicht hatten wir so deutlich formuliert) ein hohes, und welche ein geringes Gewicht haben, welche also in Wirklichkeit stark und welche schwach ausgeprägt sind: Waldkindergarten ist Naturbegegnung und Sozialerziehung. Er schult die Wahrnehmung und die Motorik. Außerdem legt er noch auf die Umwelt- und Sachbegegnung relativ viel Gewicht – weniger dagegen auf die Spracherziehung, die musische und ästhetische Erziehung sowie die kognitive Dimension. Im Vergleich spielen so gut wie keine Rolle mehr die Verkehrserziehung, die Sexualerziehung und vor allem auf dem allerletzten Platz die religiöse Erziehung.

Walderzieher gestalten die Bildung nicht nach objektiven Notwendigkeiten, sondern nach ihren eigenen Positionen. Ein Bildungsprogramm, das ihnen etwas anderes vorschreiben würde, fände wahrscheinlich bei Ihnen kaum Akzeptanz; denn mit den hier vorgestellten Befunden korrespondiert ziemlich genau die persönliche Wertehierarchie der Walderzieher, die wir erhoben haben: Freundschaft, Partnerschaft, soziale Gerechtigkeit und soziales Engagement sowie allen voran der Umweltschutz – das sind favorisierte Werte, während andere Dinge, z.B. aktive Mitarbeit in einer politischen Partei, so gut wie keine Bedeutung im Wertebewusstsein der Walderzieher haben. (vgl. dazu Kap. 1)

Spätestens hier muss die Frage erlaubt sein, ob die Waldkindergartenpädagogik so unpolitisch und zurückgezogen sein will und sein muss.

4.3 Welche Themen und Inhalte bieten Walderzieher den Kindern an? – Lieder, Gedichte, Geschichten

Bildung – dies soll hier immer wieder unterstrichen werden – muss in erster Linie über die Themen und Inhalte erfolgen. Deshalb haben wir nicht nur an einer einzigen Stelle diesen Punkt thematisiert, sondern, gleichsam stützend und sichernd, mehrfach. U.a. stellten wir die Frage: „Könnten Sie Themen und Inhalte nennen, die Sie in den vergangenen sechs Monaten in ihrem Waldkindergarten den Kindern vermittelt haben?"

1. Pflanzen und Tiere.– Hier geht es um Pflanzen und Tiere, nicht nur im Wald. Zum Beispiel Vögel, Kriechtiere, Wassertiere, Landtiere, säen und pflanzen, vom Korn zum Brot. Es lässt sich eine enge Verbindung zu Natur und Naturmaterialien herstellen.
2. Jahreszeiten und jahreszeitliche Feste.– In der Hauptsache werden hier die Jahreszeiten Frühling und Winter behandelt. Die Erzieherinnen verbringen den gesamten Vormittag mit den Kindern im Freien. Die jahreszeitlichen Wechsel der Natur bieten ein besonders geeignetes Themenfeld. Die Kinder lernen die Kälte und Wärme kennen und sehen, wie sich das Kleid der Natur im Laufe des Jahres verändert. Feste, die jahreszeitlich bedingt sind, wie Fasching oder Muttertag, werden in der jeweiligen Jahreszeit besprochen und auch gefeiert.
3. Christliche Feste und deren Geschichte.– Weihnachten, Ostern, Pfingsten werden mit den Kindern gelebt und in den Tagesablauf im Waldkindergarten eingebaut.
4. Natur und Naturmaterialien.– Kinder lernen hier Naturmaterialien kennen und nutzen. Am Beispiel Holz erleben die Kinder den Weg vom Baum zum Holzspielzeug. Sie können selbst kreativ werden und somit wird ihr Selbstwertgefühl schon früh gesteigert. Außerdem zählt zu dieser Kategorie das „Hell und Dunkel", was ganz zwangsläufig zur Natur gehört.
5. Sozialverhalten und Präventionserziehung.– Hier geht es um das Gruppenverhalten wie um das Einzelverhalten der Kinder. Sie werden kindgerecht an schwierige Themen, wie Tod, Krankheit, Ängste, Trauer, Gewalt, Freundschaft und Hilfe herangeführt.
6. Andere Kulturen.– Im Wald lässt sich ohne große Probleme ein Indianertipi bauen. So lernen die Kinder spielerisch die Kultur der Indianer kennen. Sie sehen, was man beim Bau eines Tipis braucht und was zu beachten ist. Weitere fremde Kulturen und Gruppierungen, die behandelt werden: Moçambique, Zirkus, Spanier.
7. Elemente.– Naturgegebene Dinge und ihre Wirkung bzw. Gefahren: Erde – Wasser – Luft – Feuer.

8. Fantasie- und Märchengestalten.– Hier werden genannt: Gespenster, Feen, Zwerge und Trolle.

Deutlich haben auch hier Natur und Jahreszeit Priorität, aber auch andere Bereiche kommen zur Geltung. Die folgende Grafik bietet noch einmal einen Überblick.

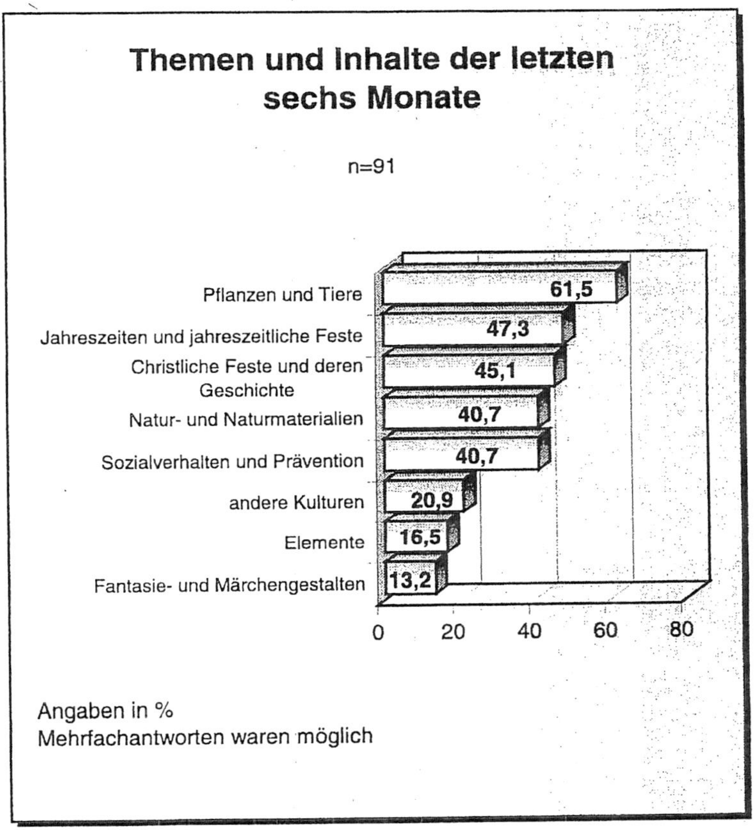

Wichtig scheint uns unter Bildungsgesichtspunkten auch die Frage, welche Rolle Lieder, Gedichte, Geschichten und Literatur im Waldkindergarten spielen. Unsere Frage lautete: „Wie häufig beziehen Sie folgende Dinge in Ihre Arbeit mit ein?“

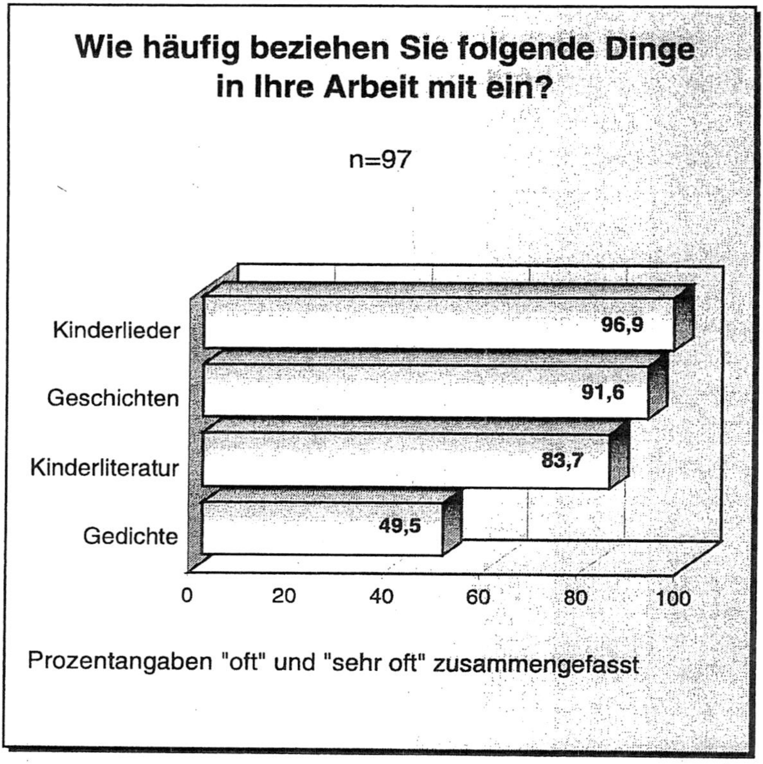

Im Waldkindergarten wird also wohl viel gesungen, und es werden auch Geschichten erzählt. Kinderliteratur, vor allem aber Gedichte, scheinen eine eher niedere Rolle zu spielen. Wie mag das kommen?

4.4 Sollen Kinder im Waldkindergarten Fremdsprachen lernen?

In Deutschland sind Kindergärten einsprachig, wie es auch die Grundschulen sind – von rühmlichen Ausnahmen einmal abgesehen. Erzieherinnen stehen dem Bildungsmoment Fremdsprache normalerweise aversiv gegenüber. Deshalb dürfte es interessant sein zu erfahren, ob es sich bei Walderziehern auch so verhält.

„Zunehmend kommen Kinder heute bereits im Kindergarten mit einer Fremdsprache in Berührung. Können Sie sich dieses auch im Waldkindergarten vorstellen?" – So unsere Frage. Sie wurde von 67 Personen mit „eher ja" (65,7 %), von 28 mit „eher nein" (27,4 %) beantwortet. Sieben Befragte gaben keine Antwort (6,9 %). Die hohe Zustimmungsrate spricht für ein ausgeprägtes Bildungsverständnis in diesem Bereich bei den Walderziehern. Die Begründungen der ca. 30 % Neinsager sprechen für sich:

1. Zu hohe Anforderungen. – Hier wird deutlich, dass die Befragten mit einer weiteren Aufgabe nicht zurecht kommen würden: Zu zeitaufwendig bzw. es liegen die Schwerpunkte woanders. – *„Das gehört in den schulischen Bereich."* – *„Der Umgang mit Fremdsprachen würde den Rahmen sprengen"* – *„Es gibt wichtigeres zu lernen."*
2. Mangel an Kompetenz. – Die befragten Erzieher/innen besitzen zu wenig Fremdsprachenkenntnisse. Es würde mehr Personal erfordern. – *„Erzieher beherrschen keine Fremdsprache."* – *„Bin nicht so sprachsicher."* – *„Personalfrage"*
3. Sonstiges.– Eine der hier genannten Antworten klingt nicht bildungsfreundlich.– *„Also gezieltes Lernen oder Fördern einer Sprache ist nicht unsere Aufgabe!"*

Wir befragten die Walderzieher auch nach der eigenen Kompetenz: „Sehen sie sich selbst auch in der Lage dazu?"

Die Frage wurde immerhin von 55 Personen mit „Ja" (53,9 %) und von 38 Personen mit „Nein" (37,3 %) beantwortet. 9 Personen gaben keine Antwort (8,8 %).

Die Gründe lauteten analog zu vorher:

1. Mangel an fachlicher Kompetenz. – *„Ich denke das sollte jemand machen, dessen Muttersprache die betreffende Fremdsprache ist."* – *„Ich habe nicht genügend Fremdsprachenkenntnisse."* – *„Spreche keine Fremdsprache fließend."*
2. Mangel an didaktischer Kompetenz. – Die Befragten wissen nicht, wie sie es den Kindern effektiv vermitteln können. Sie wollen dieses

zuerst selbst lernen. Zum Beispiel nach einer Fortbildung. – *„Ich wüsste nicht wie man eine Fremdsprache altersgerecht vermittelt."*

3. Sonstiges. – *„Weil ich nicht davon überzeugt bin, den Kindern schon im Kindergarten eine Fremdsprache beizubringen."* – *„Solche Dinge sollen Teil der (Grund)schule bleiben."*

Ich möchte an dieser Stelle noch einmal die erfreuliche Zustimmung und Bereitschaft der Walderzieher, jedenfalls bei einem recht großen Teil, gegenüber der Fremdsprachenbildung ihrer Kinder betonen. Allerdings ist von keinem einzigen Fall die Rede, wo im Waldkindergarten tatsächlich eine Fremdsprache vermittelt wird. Ich glaube, das muss sich ändern.

4.5 Religiöse Erziehung

Es wurde schon erwähnt, welche Bedeutung Walderzieher der religiösen Erziehung beimessen: Wir hatten gesehen, dass dieser Bereich im Vergleich an letzter Stelle steht. Die Walderzieher wurden aber auch noch einmal von uns explizit gefragt: „Führen Sie in Ihrem Kindergarten religiöse Erziehung durch? Dazu möchte ich sagen, ..." Mit Absicht wurde hier von uns nicht mit einer geschlossenen „Ja-Nein-Frage" gearbeitet. Es gab dennoch Befragte, die die Frage so auffassten. Zehn Prozent antworteten mit einem klaren „ja", viele aber auch mit einem klaren „nein". Im Einzelnen wurde Folgendes ausgeführt:

1. Feiern von religiösen Festen (35 Befragte). – *„...jedoch ohne explizite religiöse Erziehung durchzuführen, z.T. auch religiöse Elemente wie Tischgebet, Singen von religiösen Liedern."* – *„Beten und Gott danken ... jedenfalls bei uns ein Teil der Allgemeinerziehung."*

2. Vermittlung von Achtung vor der Natur und dem Leben (13 Befragte). – *„Religion wird nirgendwo spürbarer, als in der Natur. Mein staunendes Verneigen vor dieser Schöpferkraft ist mehr als regelmäßige biblische Geschichte."* – *„Dafür vermitteln wir den Kindern die Wertschätzung von Natur und Leben."* – *„...dass wir uns auf die Achtung vor der Natur konzentrieren, was auch religiöse Aspekte hat."*

3. Reden über Leben und Tod, Beantworten von Fragen (11 Befragte). – *„Insbesondere auch bei bestimmten Anlässen, religiöse Erziehung im eigentlichen Sinne findet nicht statt." – „Fragen der Kinder werden im Sinne von Toleranz und Glaubensfreiheit beantwortet."*
4. „nein" – nur „nein" als Antwort mit Erklärungen (15 Befragte). – *„...das sehe ich nicht als meine Aufgabe an." – „...dass wir diesen Bereich den Eltern überlassen." – „Nein, weil es vom Träger/Leitung vorgegeben ist. Schade."*
5. „ja" – nur „ja" als Antwort mit Erklärungen (9 Befragte). – *„...dass ich persönlich bewusst Christ bin und ich den religiösen Aspekt ganz normal hineinfließen lasse." – „Religion ist Bestandteil unserer Gesellschaft und Kultur und ich möchte den Kindern die Möglichkeit nahe bringen, an einen liebenden Gott zu glauben."*
6. Sonstiges (4 Befragte). – *„...mehr Ethik, doch multikulturell, nach Absprache mit Eltern.", „...anthroposophisches Menschenbild. Das beinhaltet religiöse Erziehung des Kindes (Religion: sich zurückbeziehen auf den göttlichen Ursprung allen Seins)."*
7. eher spirituell, Naturreligion (3 Befragte). – *„Nein, eher Naturreligion – Hervorheben von Mystik."*
8. Ethik (3 Befragte). – *„mehr Ethik", „Wir haben sie schon auf Ethik reduziert." – „jedes Thema berührt auch Moral und Ethik."*

In der Summe kann gesagt werden, dass unsere Waldkindergärten nicht areligiös sind, allerdings auch nicht explizit religiöse Erziehung praktizieren. Es herrscht eher eine Art Synkretismus vor, bei dem natürliche Elemente eine ausgeprägte Rolle spielen. Religiöse Feste werden aber durchaus gefeiert. Vermutlich liegt dem Verständnis der Walderzieher ein sehr weites Verständnis von Religiosität zu Grunde.

4.6 Rituale im Waldkindergarten

Rituale sind regelmäßig widerkehrende Begebenheiten, die einen tieferen Sinn implizieren können und außerdem unserem Leben Sinn, Struktur und Sicherheit vermitteln. Sinnvolle Rituale werden von Kindern gemocht; sie brauchen sie. Die Anlässe der Ritualisierung können recht verschieden sein. Wir möchten ihnen durch den Ritus den Charakter des Feierlichen, evtl. sogar des Religiös-Kultischen verleihen, z.B. den Beginn und Ende des Tages oder Beisammensein, den traditionellen Festen und Feiern (Geburtstag, Namenstag), dem gemeinsamen Essen usw. („Ritus" und „Ritual" stammen aus dem Lateinischen, wo sie die Bedeutung von „heiligem Brauch", Zeremonien, aber auch von Sitte, Gebrauch o.ä. haben.)

Im Waldkindergarten sind Rituale verbreitet und beliebt. Die Walderzieherin Gertrud Schnee beschreibt aus ihrer Praxiserfahrung die „Rituale bei uns im Waldkindergarten Märchenwald" so:

Der Begrüßungskreis

Bei uns im Waldkindergarten legen wir viel Wert auf den gemeinsamen Begrüßungskreis. Der Kreis ist etwas Kantenloses, eine geschlossene, harmonische, runde Form. In einem Kreis fühlt sich jeder geborgen, geschützt und aufgehoben. Anfang und Ende fließen nahtlos ineinander über. Der Begrüßungskreis symbolisiert nicht nur das gegenseitige Begrüßen, sondern auch das Begrüßen des neuen Tages. Um 9.00 Uhr, wenn alle Kinder eingetroffen sind, ertönt die Rassel, ein Zeichen, dass wir uns im Kreis zusammen finden.

Der Kreis hat eine Mitte – Gestaltungsmöglichkeiten

Die Mitte unseres Kreises wird je nach Monat, Jahreszeit, Festen oder Anlässen gestaltet. So haben wir einen bildhaften Mittelpunkt, um den wir uns sammeln. Dazu können Pflanzen, Blumen, Steine und sämtliche Naturmaterialien verwendet werden. Ganz unabhängig von der Jahrszeit, haben wir auch schon ein paar Zwerge, die uns ein freundliches Wesen in den Wald gestellt hat, in die Kreismitte aufgenommen. Die Kinder hatten wochenlang ihre Freude daran, unsere „Zwergenmitte" immer neu mitzugestalten. Somit sind der Phantasie, bei Kindern und Erzieherinnen gleichermaßen, keine Grenzen gesetzt.

Das Anzünden der Kerze, die immer ein Teil der Gestaltung ausmacht, ist ein Zeichen der Stille, des Sich-Sammelns, des gemeinsamen Ankommens.

Das Zählen – jedes Kind ist wichtig

Ein Kind wird ausgewählt und beginnt die anwesenden Kinder zu zählen. Durch das gemeinsame Überlegen, welche Kinder fehlen, verdeutlichen wir, dass jeder ein Teil des Gesamten ist und durch sein Fehlen eine Lücke entsteht. Jedes Kind, das selbst einmal nicht da war, weiß ganz genau, dass es im Begrüßungskreis genannt, geachtet und vermisst wird. Die Gruppe überlegt, wo die abwesenden Kinder sind, ob sie durch Krankheit, Ferien oder einen einzelnen Urlaubstag fehlen. Das Gefühl der Zusammengehörigkeit und der Gemeinschaft erfahren alle ganz bewusst. Jeder ist gut, so wie er ist, und genau so bringt er sich auch in die Gruppe ein, mit persönlichen Erzählungen, Ärger, Freude, Darstellung eigener Fähigkeiten, Mitbringseln und Entdeckungen aus dem Wald zum Anschauen und Zeigen.

Wenn es uns gelingt, eine vertrauensvolle, geschützte Atmosphäre aufzubauen, bietet dieser Kreis allen eine Möglichkeit, ihre eigenen Bedürfnisse anzusprechen, auszudrücken, einer großen Gruppe vorzustellen. Das ist jedoch nur möglich, wenn die anderen zuhören, wenn jeder jeden ernst nimmt und achtet. Jeden Tag eine neue Herausforderung für Große und Kleine.

Wir singen täglich ein Begrüßungslied und zum Abschluss des Begrüßungskreises besprechen wir mit den Kindern den Tagesablauf. An manchen Tagen stimmen wir mit den Kindern ab, wo wir hingehen oder ob wir am Stammplatz bleiben. Es kommt oft vor, dass die Kinder am Platz frühstücken wollen und danach erst einen Streifzug zu den näher gelegenen Plätzen vornehmen. Wir besprechen aber auch Aktivitäten, die wir geplant haben (Bastelaktionen, Gartentage, Ausflüge, usw.).

Das gemeinsame Frühstück

Bei uns im Waldkindergarten frühstücken wir immer gemeinsam. Entweder im Baumkreis, bei sehr niedrigen Temperaturen im Bauwagen, bei Regen auch mal in der Hütte, oder wir suchen uns irgendwo ein schönes Plätzchen im Wald oder auf dem Parkgelände. Immer woanders – aber immer gemeinsam. Wir kommen zusammen, wir kommen mitein-

ander ins Gespräch, und wir können aufeinander aufpassen, besonders im Sommer, wenn die Wespen unterwegs sind.

Nachdem alle Kinder die Hände gewaschen und den Rucksack ausgepackt haben, gibt es noch einen gemeinsamen Vesperspruch. Danach wird gegessen.

Der Abschlusskreis

Gegen 12.00 Uhr finden wir uns zum Abschlusskreis zusammen. Hier entstehen oft durch einzelne persönliche Geschichten richtige Erzählrunden, wo mehreren etwas dazu einfällt, so dass wir dann eine lebhafte Unterhaltung führen. Einige hören zu, einige reden, je nach Bedürfnislage. Manchmal ist es für die Kinder nicht leicht abzuwarten, bis sie selbst an der Reihe sind. Manchmal nehmen wir die Sprecheule zur Hilfe. Wer die Eule in der Hand hält redet, die anderen hören zu. Diese Kommunikationsfähigkeit, verbunden mit Rücksichtnahme, hilft uns dann auch weiter, wenn wir Probleme besprechen. Manche Situationen, die im Laufe des Vormittags auftreten, lassen sich nicht sofort lösen, da die Zusammenhänge nicht klar sind. Das besprechen wir oft noch mal im Abschlusskreis und versuchen, gemeinsam Lösungen zu finden.

An manchen Tagen legen wir dann auch eine Lobrunde bzw. einen Meckerkreis ein, wo alle die Möglichkeit haben zu sagen, was sie toll oder blöde finden.

Der Geburtstag

Zu Beginn des Kindergartenjahres haben wir mit den Kindern einen Geburtstagskalender neu gestaltet. Im Inneren des Bauwagens wurde ein Baum an die Wand gemalt, in dem eine große Eule sitzt. Die Namen, ein Photo und die Zahl für das Alter der Kinder wurden auf Holzscheiben befestigt und an den Baum gehängt .Das nächste Geburtstagskind wird von der Eule „gehalten“. Am Geburtstag wird die Jahreszahl ausgewechselt.

Die Kinder können erkennen, wer als nächstes „dran“ ist und erleben dadurch auch ihr eigenes Älter- und Größerwerden. Einige Tage vor dem Geburtstag bastelt das Kind seine Geburtstagstüte, in der es dann seine Geschenke nach Hause tragen kann. Nun weiß das Kind, dass der

Geburtstag immer näher rückt. Für die Vorfreude der Kinder fast schon unerlässlich.

Gemeinsam mit den Kindern haben wir eine Geburtstagsfahne gestaltet. Am Morgen eines Geburtstages wird die Fahne gehisst. Alle, die kommen, sehen gleich am Eingang des Waldplatzes: Heute ist es wieder soweit!

Während des Begrüßungskreises sitzt das Geburtstagskind auf dem Geburtstagsstuhl. Das ist allein deshalb schon etwas Besonderes, wir sonst im Wald keine Stühle haben. Die Geburtstagskerze mit der entsprechenden Jahreszahl steht in der Mitte. Das Geburtstagskind darf heute alles machen und auswählen: Es rasselt, es zählt die Kinder und sucht sich das Begrüßungslied aus. Danach wünscht es sich ein Geburtstagslied. Danach gratulieren alle Kinder. Das Geburtstagskind hat nun die Aufgabe, für jedes Lebensjahr einmal vom Stuhl zu springen. Und zum Schluss der Zeremonie lassen wir das Kind noch hochleben. Dann gibt es ein Geschenk aus unserer Geburtstagskiste, in der sich für jedes Kind ein passendes findet.

Das Geburtstagskind bringt zum gemeinsamen Frühstück etwas für alle Kinder mit: Kuchen, Muffins, Brötchen, Brezeln oder auch etwas zum Grillen. Vieles ist auch oder gerade besonders im Wald möglich. Den Geburtstag feiern wir in unserer Hütte, die eigentlich nur ein Unterstand ist. Wir sitzen an diesem Tag an Tischen und Bänken und essen nicht wie sonst, auf dem Boden sitzend. Auch das ist eine Besonderheit dieses Tages. Das Kind sucht sich aus, welche anderen Kinder links und rechts neben ihm sitzen. Nach dem Frühstück darf das Geburtstagskind über den weiteren Ablauf des Tages bestimmen, z.B.: auf den Spielplatz gehen, am Platz spielen, eine Geschichte hören, Kreisspiele machen, usw. – auch das Abschlusslied – und dann ist der Waldgeburtstag zu Ende.

Weitere Rituale im Jahreskreis

Nicht nur die Jahreszeiten selbst, auch viele Feste innerhalb des Jahreskreises prägen unsere Arbeit im Waldkindergarten auf ganz natürliche Art und Weise. Auch wenn wir manche Feste mit den Kindern erst einmal gefeiert haben, können wir schon von Ritualen sprechen.. Viele davon sind nicht von uns erfunden, sondern verankert in unserer Kultur.

Die Freude der Kinder an den Abläufen deuten darauf hin, dass wir diese auch wiederholen sollte: das Laternenfest, der Nikolaustag, die Fasnachtsparty, das Osterfrühstück mit den Eltern, der Schulanfängerausflug, das Sommerfest, der Abschied aus dem Kindergarten. All das sind Ereignisse, welche die Kinder kaum erwarten können. Die Kinder fühlen sich geborgen im Jahreskreis. Der Kreislauf der Natur - das Wachsen, das Kommen und Gehen - wird ganz bewusst erlebt und wahr genommen.

(Diese Beschreibung befindet sich in der Arbeit „Rituale", die im Rahmen der berufsbegleitenden Fachfortbildung der Naturschule Freiburg e.V. „Kindergarten im Wald" gefertigt wurde.)

5. Aktivitätsangebote, Projekte und Exkursionen

5.1 Gezielte Aktivitätsangebote im Waldkindergarten

5.1.1 Was heißt gezieltes Aktivitätsangebot?

Mit dem Begriff gezieltes Aktivitätsangebot ist hier im wesentlichen das gemeint, was in der traditionellen Pädagogik als „Beschäftigung" bezeichnet wird. Im Vergleich mit Freispiel und Projekt, also den beiden anderen wichtigen Bestandteilen aller Kindergartenpädagogik, hat das gezielte Aktivitätsangebot eher „Unterrichts- oder Lehrcharakter", vor allem was die Vorbereitung und den gezielten Einsatz anbetrifft.

Zur Vorbereitung eines Angebotes sollten die folgenden Fragen beachtet werden:

- Für wie viele Kinder ist das Angebot möglich bzw. gedacht?
- Was tun in der Zeit die anderen Kinder?
- Wo findet es statt und wie viel Zeit dauert es?
- Welche eigene Einarbeitung ist nötig? Was muss ich selbst durchprobieren?
- Welche Wiederholungen und Vertiefungen sind nötig?
- Welche Erlebnisse ergeben sich für die Kinder? Nehmen sie das Angebot wirklich mit Freude auf?
- Brauche ich Helfer für die Durchführung des Angebotes?
- Was geschieht mit den Werken der Kinder? Wo können sie aufbewahrt werden, und zwar würdigend für jedes einzelne Kind?
- Alle Angebote sollten jedem Kind genügend individuellen Spielraum lassen, um sein (!) Werk hervorzubringen. Nur wenn das Kind sein Werk hervorbringt, kann es seine Kreativität entfalten.

5.1.2 Beispiel eines Aktivitätsangebotes

Was mit Aktivitätsangeboten gemeint ist, illustrieren die beiden folgenden Beispiele, die wir dem Waldkindergarten „Die Trolle" in Gundelfingen bei Freiburg verdanken:

a) Baumringe

Die Erzieherin hat eine Baumscheibe in der Hand, die sie den Kindern zeigt. Nachdem die Kinder nicht gleich erfassen, was die Jahresringe auf der Baumscheibe bedeuten, beginnt die Erzieherin ihnen den Zweck der Ringe zuerst am menschlichen Beispiel zu veranschaulichen. Das menschliche Wesen ist ihnen vertrauter als ein Baum, hier können sie den Sinn erkennen und später auf den Baum übertragen. Nach der Frage, wo bei uns Menschen das Herz liegt, antworten die Kinder ganz richtig: „ganz da drin" und deuten auf die Stelle ihrer Brust, wo sie ihr Herz vermuten. Daraufhin erklärt ihnen die Erzieherin, dass das Herz des Baumes überall ist, „den ganzen Stamm hoch" und von der es umgebenden Rinde geschützt wird.

Anschließend spielen die Kinder den ‚anatomischen' Aufbau des Baumes nach: ein Teil der Kinder bildet den Kern, das Herz, außen herum finden sich die restlichen Kinder zu einer Rinde zusammen. Die Erzieherin zeigt nun den Kindern, was passiert, wenn der Baum durch verschiedene äußere Faktoren angegriffen wird. Zuerst spielt sie einen Borkenkäfer, der sich durch die Rinde bis in das Innere des Baumes durchfrisst. Danach zeigt sie, was passiert, wenn man mit einem Taschenmesser die Rinde des Baumes verletzt: nacheinander schneidet sie die einzelnen „Rindenkinder" vom Baum ab, bis nur noch das Herz übrig bleibt. Nun ist der Baum sehr verletzbar, da er keine schützende Rinde mehr um sich hat. Ein Borkenkäfer hat jetzt leichtes Spiel.

Ziele:

Sachkompetenz wird verlangt im Hinblick auf den Aufbau eines Baumes und dessen Wachstum.

- Durch die eigene Darstellung der Kinder soll der Bildungsinhalt besser begriffen werden und sich durch das eigene Tun gut im Gedächtnis einprägen.
- Jeder muss seinen Teil dazu beitragen, dass der Baum bildlich entstehen kann »Sachkompetenz, Kooperation.
- Umgang mit der Natur: eigenes Handeln soll reflektiert werden und die Kinder sollen erkennen, dass sie Verantwortung für die Natur tragen: verletzten sie die Rinde des Baumes mit einem Taschenmesser, wissen sie nun, dass er angreifbar für Käfer wird.

b) Tiere im Wald

Die Erzieherin beginnt ihre Projekteinheit mit einem Ratespiel: Sie beschreibt den Kindern die Eigenheiten eines bestimmten Waldtieres. Sobald die Kinder wissen, um welches Tier es sich handelt, sollen sie einen Finger an die Nasenspitze legen.

Nach dem Ratespiel zeigt sie den Kindern einen Fichtenzapfen, den sie mitgebracht hat. Gemeinsam wird beraten, um was für einen Zapfen es sich handelt. Sie erklärt den Kindern, dass Tannenzapfen als Ganzes gar nicht vom Baum fallen, sondern nur seine einzelnen Schuppen. Also muss es sich bei dem mitgebrachten Zapfen um einen Fichtenzapfen handeln. Sie erzählt, wie das Eichhörnchen auf einen Baum klettert, sich dort den Fichtenzapfen abbricht, um dann am Boden die einzelnen Schuppen abzubeißen. Bei dieser Gelegenheit kann sie den Kindern sowohl die einzelnen Schuppen, als auch die Fressgewohnheiten eines Eichhörnchens im Gegensatz zu einer Maus demonstrieren.

In diesem Moment hört man einen Raben krächzen. Das wird sogleich als Anlass genommen, zu klären, um was für ein Tier es sich hier handelt.

Als nächstes bekommt jedes Kind eine Frucht (z.B. Kastanie, Eichel, Zapfen, Buchecker, ...) aus dem Nahrungsbestand des Eichhörnchens in die Hand gelegt. Die Kinder sollen nun aufmerksam im Wald herumlaufen und wie ein Eichhörnchen nach „ihrem Futter“ Ausschau halten. Sobald sie es gefunden haben, sollen sie zu der Erzieherin zurückkehren.

Ziele:

Sachkompetenz zur Nahrungsaufnahme des Eichhörnchens, sowie das Unterscheidenkönnen zwischen Fichten- und Tannenzapfen.

- Sehsinn wird gefördert
- Gehörsinn wird gefördert: das Gekrächze soll einem Raben zugeordnet werden
- Vorbereitung auf die Schule: kein willkürliches Reinschreien, sondern Handzeichen
- spielerisches Lernen

5.1.3 Aus der Praxis der Waldkindergärten

Wir fragten die Walderzieher danach, wie viel Aktivitätsangebote sie in den vergangenen zwei Wochen durchführten. Anscheinend gibt es so gut wie keinen Waldkindergarten, in dem es keine gezielten Angebote gibt, wie die folgende Grafik zeigt:

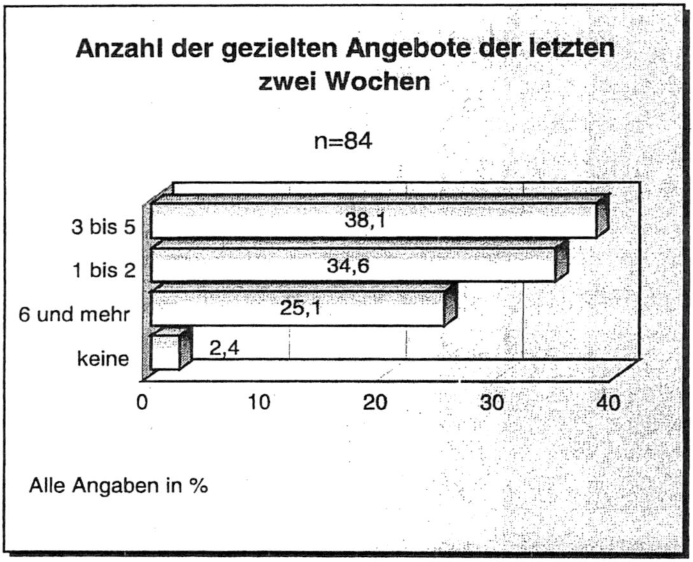

In den allermeisten Waldkindergärten ist es keineswegs so, dass die Kinder etwa täglich ein gezieltes Aktivitätsangebot erfahren. Nach eigenen Angaben der Walderzieher macht ein gutes Drittel (34,6%) von ihnen den Kindern innerhalb von zwei Wochen höchstens ein bis zwei gezielte Angebote. Es gibt aber offensichtlich auch Walderzieher, die gar keine Beschäftigungsanregungen solcher Art gaben (2,4%). Drei, vier oder fünf Angebote in zwei Wochen machte ein weiteres gutes Drittel (38,1%). Die übrigen Walderzieher machen den Kindern sechs und mehr Angebote in zwei Wochen. Es gibt einige wenige Kindergärten, die in etwa täglich eine Beschäftigung anbieten. Das ist die Faktenlage.

Dieses quantitative Ergebnis zu bewerten, ist nicht ganz leicht, und man muss achtsam sein, weil damit selbstverständlich noch kaum etwas über die Qualität der Arbeit als solche ausgesagt ist. Rein intuitiv und dem vordergründigen Eindruck nach halte ich die Anzahl der Angebote für gering – zu gering? Der Waldkindergarten darf darüber nachdenken, ob seine Arbeit nicht insgesamt etwas gezielter sein müsste, was auch immer dies dann im einzelnen Fall bedeuten mag.

5.1.4 Inhalte der Angebote

Auf welche Bereiche und Inhalte sich die Angebote bezogen, haben wir ebenfalls erhoben und geben die Bereiche im Folgenden wieder. Die allermeisten Angebote gehören in das Gebiet des kreativen Gestaltens und Werkens. Aber auch andere Bereiche sind oft vertreten, wie hier deutlich wird.

1. Kreatives Gestalten und Werken.– Diese Kategorie beinhaltet sämtliche Mal- u. Bastelangebote, sowie handwerkliche Tätigkeiten. Dabei sind nur jene Aktionen gemeint, bei denen die Kinder aktiv sind und etwas Materielles herstellen.– *„Webrahmen bauen, bespannen und weben."*– *„Nestbau aus kleinen Zweigen."* – *„Honig aus Fichtennadeln gekocht."* – *„Fingerpüppchen aus Filz."* – *„Papierschöpfen."* – *„Werken einer Pflanzenpresse."* – *„Schleifen von Holz."* – *„Bauen von Musikinstrumenten."*
2. Lieder und Bücher.– Diese Kategorie beinhaltet die Angebote Singen, Betrachten von Bilderbüchern, Vortragen von Gedichten und Vorlesen.
3. Soziales Lernen.– Hier sind alle Bereiche subsumiert, in denen demokratische oder soziale Umgangsformen zwischen Gleichaltrigen wie auch generationsübergreifend eingeübt werden sollen. Darüber hinaus sind hier auch die empathiefördernden und kommunikationsanregenden Tätigkeiten zusammengefasst.– *„Aufgaben von Müttern und Vätern kennen lernen."* – *„Große helfen Kleinen."* – *„Namensketten aufgefädelt."* – *„Besuch von Kindern aus einer Schule für Blinde und Sehbehinderte (lose Partnerschaft."* – *„fünf Gruppen à 2*

bis 3 Kinder müssen ein Haus fertig bauen." – „Großelternnachmittag mit Enkeln im Wald." – „mit 1 labilen und 4 stabilen Kindern zusammen klettern gegangen." – „Auseinandersetzung mit Fernsehsendung ‚Pokemon'."

4. Naturerfahrung und Naturbeobachtung.– Das sind Aktionen, bei denen die Kinder anhand von praktischen Beispielen die Flora und Fauna ihrer unmittelbaren Umgebung erkunden: Pflanzen mit Bestimmungsbuch bestimmen; Erleben und wieder in Besitz nehmen des Waldes.– *„Nistkastenbeobachtung." – „Nesthocker und -flüchter"*

5. Umgang mit Natur und Pflanzen.– Hier haben wir die Aktionen zusammengefasst, die sich mit der „Naturpflege", wie z.B. dem Anlegen eines Beetes, den Waldregeln oder dem Umgang mit Tieren befassen. Im Unterschied zu Naturerfahrung und -beobachtung steht hier nicht das Erfahren der Dinge an sich, sondern deren Funktion und Handhebung im Mittelpunkt. Schwerpunkt sind Kräuter und Blumen.– *„Kräuter sammeln." – „Heilkräuter – was wächst jetzt, wie kann man es verwenden?" – „Vogelfutterspiel." – „Pflanzen – was brauchen sie zum Leben?" – „Patenbäumchen und Garten pflegen."*

6. Psychomotorik und Bewegungsspiele.– Hier sind vor allem die Angebote zusammengefasst, bei denen der Akzent auf Bewegungsprozesse und nicht so sehr auf die kognitive Erfassung des Inhaltes des Angebotes gelegt wird. – *„Parcours aufbauen und durchführen." – „Lama reiten." – „Airtramp." – „Kreisspiel und Klatschtechnik (Schmetterling)." – „Waldrallye."*

7. Rollenspiel und Theater.– Aufführungen und Veranstaltungen, bei denen die Kinder etwas zuvor Eingeübtes vorspielen, meist vor Publikum.– *„Gestaltung eines Reigens (Rollenspiel: Die ‚Eisriesen im Mai')." – „Handgruppe Zauberer Furifezius begrüßt neue Kinder." – „Vögel bauen Nester – wir spielen es nach." – „Tischtheater ‚Die kleine Raupe Nimmersatt'."*

8. Exkursionen.– Hierzu führen die Befragten Aktivitäten aus, die an sich noch einmal eigens erhoben worden sind (vgl. Kap. 5.3).– *„Ausflug zum Hans-Eisenman-Haus (heimische Kräuter)." – „Frei-*

bad", „Theaterbesuch im Jugendzentrum." – „Besuch einer Igelstation." – „Bauernhofbesuch."

Die folgende Grafik verdeutlicht, welche Aktivitätsangebote stärker, welche weniger zum Tragen kommen. Immerhin erfahren neben dem kreativen Gestalten, welches sehr hoch im Kurs zu stehen scheint, Lieder und Bücher die zweithöchste Wertschätzung, wenngleich diese nur von 29 % der Erzieherinnen genannt werden – dies dürfte nicht gerade sehr viel sein. Muss der Waldkindergarten im Singen von Liedern, beim Vortragen von Gedichten und Reimen sowie beim Vorlesen nicht zulegen?

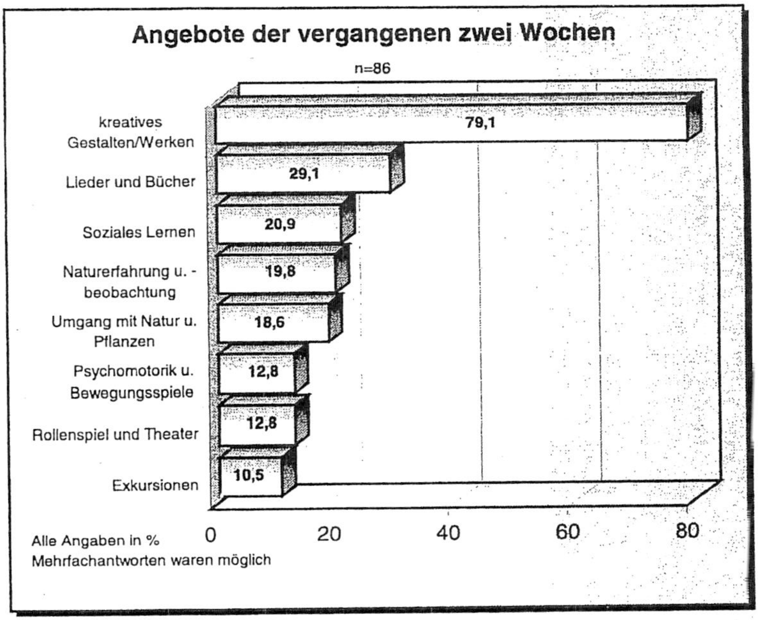

5.1.5 Reflexionsimpulse für das gezielte Angebot

1. Ist die Praxis des Angebotes stimmig nach: Anzahl, Art, Dauer etc.?
2. Streuen die Themen breit genug oder beziehen die Angebote sich einseitig nur auf Wald und Natur?
3. Werden die Angebote vorher ausreichend bedacht und genügend vorbereitet (s. Impulsfragen weiter oben)?
4. Wird dabei genügend auf das einzelne Kind (individualisieren!) eingegangen und seine (!) Förderung bedacht?
5. Angebote sollten ganzheitlich sein, indem sie möglichst viele Sinne der Kinder aktivieren.
6. Wie komme ich zu dem Angebot? Ergibt es sich aus dem Bildungskonzept – oder ist es evtl. nur ein Zufallsprodukt?
7. Ist das Aktivitätsangebot strukturell gut in die Arbeit und das Geschehen integriert – oder fühlen sich die Kinder evtl. aus ihrem freien Spielgeschehen herausgerissen?

5.1.6 Vorgefertigtes Spielmaterial

Der Wald bietet unendlich viel Material zum Spielen, und zwar natürliches. Was machen aber nun die Walderzieher, wenn Kinder von zu Hause „Unnatürliches“ mitbringen?

Unsere Frage lautet: „Bringen die Kinder manchmal vorgefertigtes Spielmaterial in den Waldkindergarten mit? Bei wie viel Prozent ist das der Fall, bei wie viel Prozent nicht?“ „Wenn ja, wie gehen Sie damit um“, so haben wir weiter gefragt.

Einige lehnen es grundsätzlich ab, dass die Kinder eigenes Spielzeug in den Kindergarten mitbringen. Sie begründen dies zum Beispiel damit, dass die Kinder in der Natur ihre Spielmöglichkeiten finden, dass es so untereinander keinen Neid gibt oder dass dabei nicht die Gefahr besteht, teures Spielzeug im Wald zu verlieren.

Kommt selten vor. – In einigen Waldkindergärten kommt es selten vor, dass Kinder ihre eigenen Spielsachen mitbringen. Somit sehen die Erzieher darin gar kein Thema. Die Anderen verhalten sich so:

1. Ausnahmen. – Zu den Ausnahmen gehört oft, dass neue, besonders kleine Kinder „in ihrem eigenen Teddy noch eine Stütze für den Tag finden!“, und ihn somit anfangs noch dabei haben dürfen. Oder es werden Ausnahmen gemacht, wenn „Werkzeug“ benötigt wird, wie kleine Schaufeln, Seile, usw. Weiter finden sich Ausnahmefälle an Schneetagen, an denen die Kinder Schlitten mitbringen dürfen.
2. Anfangs zeigen, dann wird es wieder weggepackt. – Viele Erzieher berichten, dass Kinder ihre Lieblingsspielzeuge oder auch neue Spielzeuge unbedingt den anderen Kindern zeigen wollen und dies auch dürfen. Danach werden diese Spielzeuge entweder von den Eltern gleich wieder mit heim genommen oder sie werden in den Rucksack weggepackt, damit sie nicht gleich im Wald verloren gehen oder schmutzig werden.
3. Kinder sind für ihr Spielzeug eigenverantwortlich. – Es kommt vor, dass Kinder ihr eigenes Spielzeug mit in den Wald nehmen, es dort aber letztendlich vergessen oder „verdrecken“ lassen – hinterher fließen die Tränen. Um dies zu vermeiden, ist es in einigen Waldkindergärten von Beginn an klar, dass, wenn die Kinder ihre Spielzeuge mitbringen, sie auch eigenverantwortlich damit umgehen müssen, damit nicht am Ende die ganze Kindergartengruppe nach einem verlorengegangenen Teddy suchen muss.
4. Spielzeugtag. – In einigen Waldkindergärten ist ein Spielzeugtag eingerichtet, wobei es große Unterschiede gibt, wie oft dieser Spielzeugtag veranstaltet wird. Während die einen Kindergärten diesen speziellen Spielzeugtag nur einmal im Monat veranstalten, gibt es auch Kindergärten, die zweimal die Woche einen Spielzeugtag haben.
5. Spielzeug wird nach kurzer Zeit uninteressant. – Manche Walderzieher sagen auch, dass, wenn die Kinder ihre Spielsachen mitbringen, diese zwar zu Beginn alle Aufmerksamkeit auf sich ziehen, doch dann sehr schnell alles Interesse verlieren, um dann letztendlich im Wald auf der Strecke zu bleiben.

6. Kinder müssen es mit anderen teilen. – Um Streitereien zu vermeiden wird von Anfang an die Bedingung gestellt, dass mitgebrachte Spielzeuge auch von anderen Kindern benutzt werden dürfen. Ausnahmen allerdings machen die Erzieher oft beim Lieblingsteddy oder bei Puppen, die die Kinder nicht aus ihren Händen geben wollen.
7. Keine Einschränkungen. – Manche ErzieherInnen sehen in eigenem Spielzeug keine Probleme und machen somit in ihrem Kindergarten keine Einschränkungen.
8. Begrenzung auf ein Spielzeug. – Um eventuelle „Materialschlachten" unter den Kindern im Wald zu vermeiden, geben manche Erzieher vor, dass jedes Kind maximal ein Spielzeug pro Tag mitnehmen darf.
9. Nur im Haus. – Um Dreck am Spielzeug oder auch den Verlust eines Spielzeugs zu vermeiden, dürfen die Kinder in manchen Waldkindergärten nur zu Beginn und am Ende des Tages im Haus mit ihrem eigenen Spielzeug spielen.
10. Sonstiges. – Ein paar Kindergärten haben ihre eigenen Regeln. So gibt es zum Beispiel einen, der einen Teddy für alle hat, den „Waldklaus". Ein anderer Kindergarten macht mit den Eltern aus, dass alle Spielzeugsachen, die im Wald vergessen werden, zu einem bestimmten Termin versteigert werden. Wieder andere beziehen mitgebrachte Spielzeuge in bestimmte Themen mit ein.

In der folgenden Grafik erkennen wir die Häufigkeiten der jeweiligen Reaktionsarten.

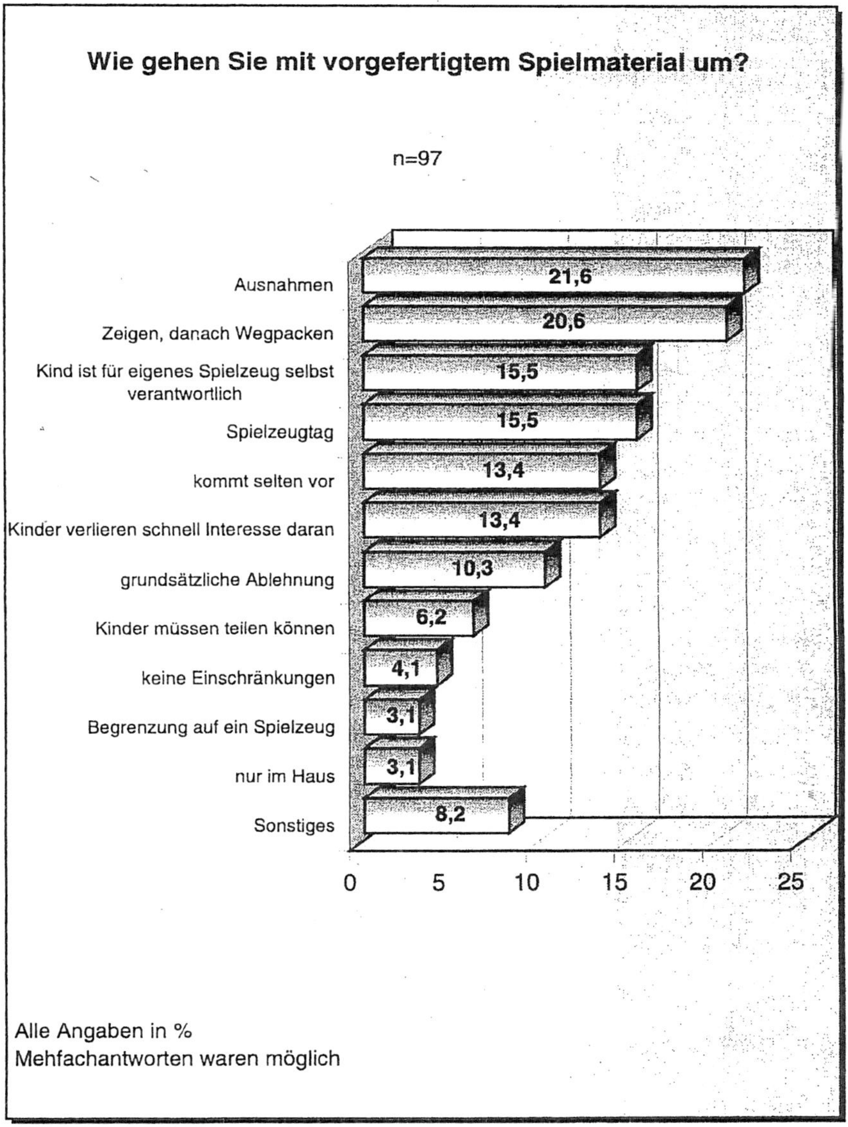
Wie gehen Sie mit vorgefertigtem Spielmaterial um?
n=97
Ausnahmen
21,6
Zeigen, danach Wegpacken
20,6
Kind ist für eigenes Spielzeug selbst verantwortlich
15,5
Spielzeugtag
15,5
kommt selten vor
13,4
Kinder verlieren schnell Interesse daran
13,4
grundsätzliche Ablehnung
10,3
Kinder müssen teilen können
6,2
keine Einschränkungen
4,1
Begrenzung auf ein Spielzeug
3,1
nur im Haus
3,1
Sonstiges
8,2
0
5
10
15
20
25
Alle Angaben in %
Mehfachantworten waren möglich

5.2 Projekte im Waldkindergarten

Im Sinne einer Lebensbezogenen Pädagogik gehört das Projekt unverzichtbar zur Arbeit des Waldkindergartens dazu. Der Projektbegriff kann aber unterschiedlich verstanden werden.

5.2.1 Was heißt Projekt?

Von einem echten Projekt kann nur gesprochen werden, wenn die folgenden Merkmale wenigstens zu einem großen Teil und bis zu einem gewissen Grad erfüllt sind:

1. Realitäts- und Handlungsbezug.– Im Projekt geht es um Erleben, sowie erfahrungs-bezogenes Lernen, d.h. ein echtes Projekt ist immer lebensbezogen. Praxis im weitesten Sinne hat Vorrang vor „Theorie", was keine generelle Theoriefeindlichkeit besagen darf. Die Projektbeteiligten „tun" (!) also etwas und machen erfreuliche, evtl. auch unerfreuliche Erfahrungen.
2. Etwas hervorbringen.– Kognitives Lernen und geistiges Arbeiten im herkömmlichen Sinne bringen zwar auch Resultate zustande, meist aber nur auf der geistigen Ebene. Im Projekt dagegen soll ein sichtbares, handfestes Produkt resultieren, von dem die Projektbeteiligten sagen können: „Das haben wir gemacht!"
3. Fächer- und Sinnenvielfalt.– Im Kindergarten sind wir nicht unbedingt fächerorientiert, wie z.B. in Mathematik und Musik, aber dennoch sollten solche Bildungsbereiche mit bedacht werden. Im Projekt sollen viele Dimensionen und Sinne der Beteiligten angesprochen werden und eine Rolle spielen. Kreatives Gestalten, Sprachen, Mathematik – Riechen, Schmecken, Hören, Tasten etc. – alles das soll nicht zu kurz kommen.
4. Thema und Zielsetzung.– Jedes Projekt hat ein Thema, einen Inhalt, etwas, „woran gearbeitet" wird und was gelernt werden soll. Das Thema kann auf sehr verschiedene Weise „gefunden" werden, z.B. aus dem geplanten „Lehrkanon",- evtl. auch situativ bei den Kindern oder durch ein besonderes Ereignis.
5. Zeitliche Begrenzung.– Ein Kriterium des Projekts ist der begrenzte zeitliche Rahmen, z.B. ein oder zwei Wochen o.ä. – je nachdem, was erreicht würde und wie die Motive der beteiligten Kinder sind.

Es sollte aber das Prinzip gelten, dass die Projektbeteiligten „dabei bleiben“, bis das Projekt zu Ende ist, wobei Ende und Ziel des Projektes eine gewisse Offenheit haben dürfen.

6. Personenvielfalt.– Projekte wirken in die Wirklichkeit, teils auch in die gesellschaftliche Wirklichkeit hinein und tangieren insofern durchaus auch andere Personen. Man sollte aber auch „andere“ als Experten, z.B. im Wald den Förster oder Holzfäller, gezielt einbeziehen.
7. Präsentation und Resonanz.– Das Ergebnis des Projekts kann sich selber darstellen, je nachdem was hervorgebracht wurde, man kann es aber auch auf andere Weise, z.B. durch eine Ausstellung, durch einen Bericht in der Zeitung o.ä., präsentieren. Erfreulich ist immer, wenn Projekte eine positive Resonanz finden.
8. Kosten und Finanzierung.– Es gibt teure und kostspielige Projekte, oft aber auch solche, die kaum etwas kosten – und trotzdem viel taugen. Pädagogisch sinnvolle Projekte hängen nur zum Teil vom Geld ab.
9. Zusammenarbeit und Erfolg.– Für die einzelnen Beteiligten ist es wichtig, dass sie persönlich lernen, und zwar sozial wie auch individuell, u.a. auch kognitiv (Wissenszuwachs, Erfahrungserweiterung). Projekte führen oft zu sogenannten Schlüsselqualifikationen, z.B. sich selber etwas erarbeiten können, mit anderen etwas produzieren können, gemeinsames Problem lösen usw.

5.2.2 Die Projektpraxis im Waldkindergarten

5.2.2.1 Ein Projektbeispiel – Bau eines Nistkastens

Das folgende Projektbeispiel stammt aus der Konzeptionsschrift der Wandergruppe in der Kindertagesstätte Münchholzhausen.

„Wir bauen einen Nistkasten“

Dieses über 14 Tage dauernde Projekt fand mit Elternunterstützung und unter Mithilfe des Vogelschutzvereins Münchholzhausen statt. Die weitere Betreuung und Pflege der aufgehängten Nistkästen obliegt der Projektgruppe, die aus 14 Kindern und 2 Erzieherinnen besteht.

1. Tag	*Wir beobachten Vögel in der Natur und benennen sie. 2 Nistkästen werden genauestens untersucht und gereinigt.*
2. Tag	*Der 1. Nistkasten wird unter Mithilfe desVereinsvorsitzenden des Vogelschutzvereins im Werkraum der Kita gebaut.*
3. Tag	*Mit den Eltern bzw. Großeltern bauen dieKinder ihre Nistkästen.*
4. Tag	*Die Namen der Kinder werden in die fertigenNistkästen gebrannt und es werden Bügel zum Aufhängen befestigt.*
5. Tag	*Der 1. Nistkasten wird unter Anleitung vom Vogelschutzverein aufgehängt.*
6. bis 10. Tag	*Alle Nistkästen werden nacheinander mit Elternunterstützung aufgehängt. Täglich finden Besuche der Nistkästenstandorte statt und die Kinder beobachten die Vögel, die die Nistkästen bereits bezogen haben.*

5.2.2.2 Häufigkeit der Projekte

„In welcher Häufigkeit führen Sie in der Regel im Waldkindergarten Projekte durch?“, so lautete unsere Frage an die Walderzieher. Sie konnten antworten mit „nie“, „einmal pro Woche“, „einmal im Vierteljahr“ oder „einmal im halben Jahr“. Die Grafik zeigt das Ergebnis.

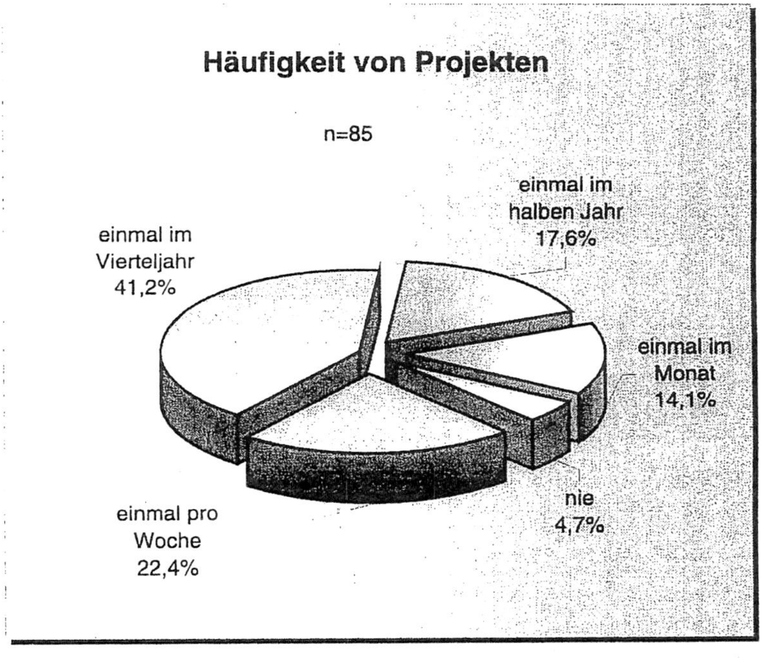

Ein gutes Ergebnis? Ist ein Projekt im Vierteljahr genug, zuviel oder zu wenig. Auch hier kann über den einzelnen Kindergarten nicht geurteilt werden. Im Ganzen scheint mir die Anzahl der Waldkindergärten, die nur ein einziges Projekt pro Viertel- oder Halbjahr anbieten, groß zu sein – zu groß? Wer verstanden hat, um was es beim Projekt geht und wie wertvoll es in einer Lebensbezogenen Pädagogik, insbesondere unter Bildungsgesichtspunkten ist, wird hier nachdenklich.

Die Dauer der Projekte ist recht unterschiedlich: Die meisten gehen länger als 1 Woche (64,2%), andere 4 bis 5 Tage (18,5%), viele auch nur 2 bis 3 Tage (13,6%) oder auch, wie bei ganz wenigen Walderziehern, nur 1 Tag (3,7%). Damit wird deutlich, dass den Kindern normalerweise mit der Projektarbeit eine schöne Möglichkeit geboten wird, sich mit einer Thematik länger und vertieft zu befassen.

5.2.2.3 Welche Projektthemen finden sich im Waldkindergarten?

Die befragten Walderzieher sollten uns „beispielhaft einige Projekte" nennen, die sie im letzten Jahr durchgeführt haben. Welch eine bunte Vielfalt an Themen und Aufgaben der Waldkindergarten aufzuweisen hat, zeigt die folgende Kategorisierung. An erster Stelle stehen Themen aus der nächsten Umgebung.

1. Erforschung und Wahrnehmung der Natur.– Hier geht es um das Kennenlernen der direkten natürlichen Umwelt des Kindergartens, den Umgang mit Tieren und Pflanzen und oftmals auch die Veränderung im Jahreszeitenlauf.– *„die Elemente Luft, Wasser und Erde."* – *„Tiere im Winter."* – *„Pflanzenwachstum."* – *„Frühlingserwachen."* – *„der Wald und seine Früchte."* – *„Bäume vergleichen."*
2. Kreatives Gestalten.– In dieser Kategorie sind alle Mal- und Bastelarbeiten sowie (selbst-) darstellerischen Übungen zusammengefasst.– *„Vorbereitung und Durchführung einer Zirkusvorstellung."* – *„Höhlenbau."* – *„Flötenschnitzen."* – *„Herstellung eines Herbariums."* – *„Vogelhäuser bauen."* – *„Bemalen des Bauwagens."*
3. Indianerprojekte.– Hierbei handelt es sich um sämtliche Projekte, die mit Indianern und deren Lebensweise zu tun haben.– *„Spuren von Tieren, Federschmuck."* – *„Tipibau."* – *„Indianer (Kleidung, Spiele, Lebensweise, Ernährung, Sprache).*

"

4. Exkursionen und Berufe.– Außer einmaligen ein- oder mehrtägigen Ausflügen beinhaltet diese Kategorie alle Projekte, bei denen es um das Kennenlernen verschiedener Berufe, die Besichtigung von Arbeitsstätten oder das Vorstellen eines Berufes im Waldkindergarten geht.– *„helfende Hände – Feuerwehr, Krankenhaus, Polizei."* – *„Äpfel zur Mosterei gebracht und Betrieb angeguckt."* – *„Besuch einer Kieskuhle."* – *„Försterbesuch, Waldarbeiter beobachten, Imkerbesuch."*
5. Soziales Lernen und Persönlichkeitsentwicklung.– Das betrifft all jene Projekte, die der Einübung von sozialen, demokratischen etc. Umgangsformen (zwischen Gleichaltrigen aber auch generationsübergreifend) oder der Förderung der empathischen und kommunikativen Fähigkeiten dienen sollen; außerdem Übungen, die der persönlichen Entwicklung der Kinder helfen sollen.– *„Zahnpflege – gesunde Ernährung."* – *„Kontakt zum heilpädagogischen Kindergarten, Briefe schreiben und Post bekommen, sich kennen lernen und zusammen spielen."* – *„Freunde."*
6. Märchen-Mystik-Übersinnliches.– Hier sind alle benannten Projekte gemeint, die sich mit Märchengestalten oder der Mystifizierung der Natur beschäftigen; außerdem die Themen mit christlichem Hintergrund.– *„Zwerge und Waldwesen."* – *„Weihnachtsfeier im Schafstall."*
7. Sport und Bewegung.
8. Wahrnehmung.– Alles zur Sinnesschulung, z.B. das Unterscheiden von Farben usw.

Die folgende Grafik vermittelt noch einmal einen Eindruck von der Themenvielfalt und davon, welche Inhalte favorisiert werden.

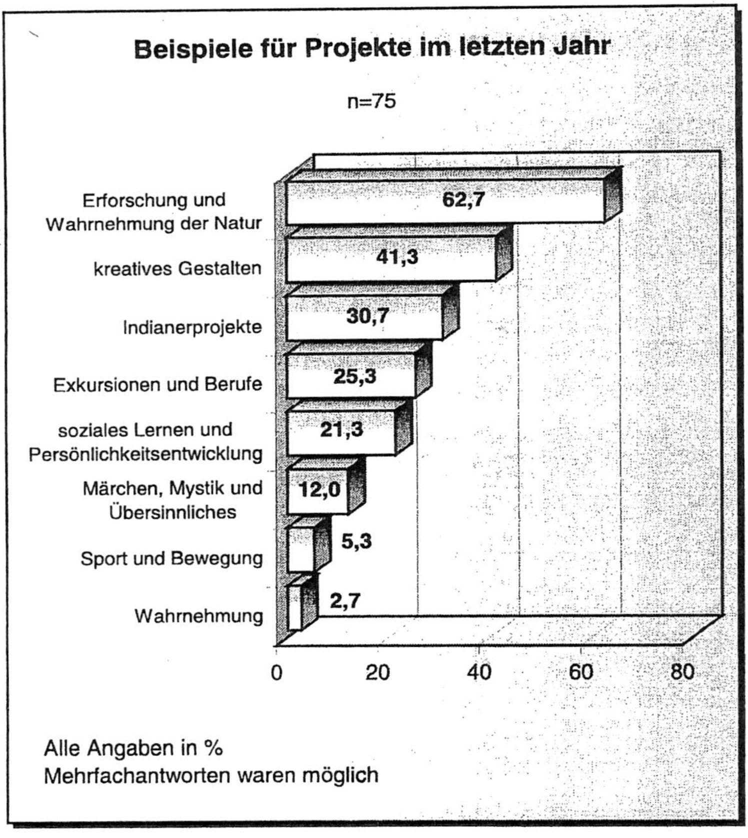

5.2.2.4 Bewertung und Kritik – Gut und schön, aber...

Der Waldkindergarten muss sicher weiter auf der Suche nach seinem Profil bleiben, zu dem – wie hier an der schönen Vielfalt der Projektthemen deutlich wird – die Natur, das Soziale sowie das Individuelle der Kinder gehört. Themen, die in den Projekten so gut wie nicht vertreten sind, betreffen das Fremde und das Globale; also Themen, die man weiter her holen muss, die aber unbedingt zu einer lebensbezogenen Bildung dazugehören. Gerade der Waldkindergarten läuft Gefahr, nur das an Themen aufzugreifen, was einem begegnet und gleichsam vor den Füßen liegt. Das ist zu wenig. Bildung – auch Kindergartenbildung – muss gerade darüber hinaus gehen. Kein Projektthema, wie z.B. Afrika, Dritte-Welt-, Frieden auf dieser Welt, Armut, o.ä. wird von einem Walderzieher behandelt. Bedenkenswert. Wer die Natur liebt, darf die Kultur, vor allem die fremde, darf auch die Probleme der Welt nicht vergessen.

5.3 Exkursionen – Wohin, außer in den Wald?

5.3.1 Anzahl der Exkursionen

Dieser kritischen Anfrage müssen sich alle stellen, die für den Waldkindergarten eintreten: Ist das nicht etwas einseitig – nur Wald und Natur? Deshalb stellten wir die Frage nach den Exkursionen, z.B. zum Bäcker, zum Bauernhof, zur Feuerwehr u.ä.

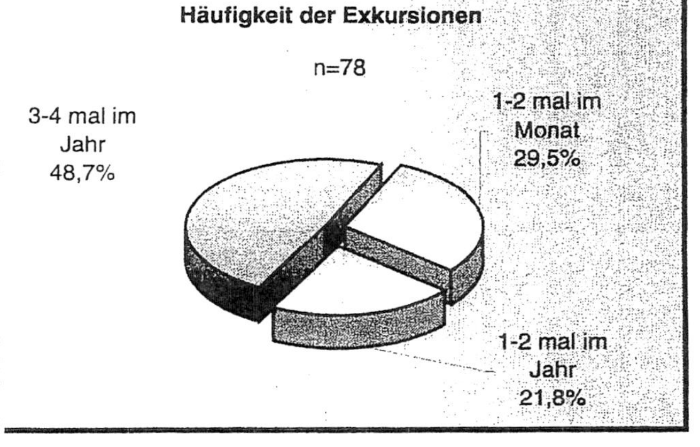

Die Grafik zeigt, dass die Anzahl der pro Jahr durchgeführten Exkursionen sich durchaus sehen lassen kann. Drei- bis viermal im Jahr führt jeder zweite Waldkindergarten eine Exkursion durch, gute 20% ein- bis zweimal im Jahr – und etwa 30% sogar ein- bis zweimal im Monat. Das ist wahrhaftig nicht gerade wenig. Die örtlichen Exkursionsziele werden im folgenden genannt.

5.3.2 Exkursionsorte

Die folgende Auflistung weist auf die Vielfalt der Exkursionsorte hin, zu welchen sich die Erzieher mit ihren Kindern begeben.

Kulturelle Veranstaltungen (12,5%) – Bauernhof (8,7%) – Polizei, Straßenmeisterei und Feuerwehr (8,1%) – andere Einrichtungen (6,7%) – Naherholungsgebiete (5,8%) – Bäcker (5,5%) – Handwerksbetriebe (4,7%) – Gesundheitswesen (4,4%) – Veranstaltungen (4,4%) – Bad, Hallenbad (4,1%) – Förster und holzverarbeitende Betriebe (4,1%) – Bücherei, Buchhandlung (3,5%) – Schäfer (2,6%) – Naturschutzeinrichtungen (2,3%) – Kelterei, Safterei (2,3%) – andere Familien (2,3%) – Einkaufen (2,0%) – Kirche (1,7%) – Eisdiele (1,5%) – Burg (1,5%) – Kraftwerke, allgemein (1,2%) – Stadt (1,2%) – Sonstiges (9,0%)

Die bunte Vielfalt spricht für sich und enthebt den Waldkindergarten in dem Punkt, der sich auf die Exkursionen bezieht, des Vorwurfes der Einseitigkeit „Nur Wald und Natur“.

6. Das Gelände des Waldkindergartens und das Freispiel

6.1. Das Gelände des Waldkindergartens

Die Beschaffenheit des Geländes spielt für die Qualität des Waldkindergartens eine besondere Rolle; denn das Gelände ist beim Waldkindergarten der eigentliche Raum, in dem sich die Kinder am meisten aufhalten.

6.1.1 Zufriedenheit der Erzieher mit dem Gelände

Wir fragten die Walderzieher nach ihrem Zufriedenheitsgrad mit dem Gelände und kamen zu einem durchaus erfreulichen Ergebnis. Auf unsere Frage „Wie sind Sie im Ganzen mit dem gesamten Gelände zufrieden?“ ergab sich das folgende Ergebnis:

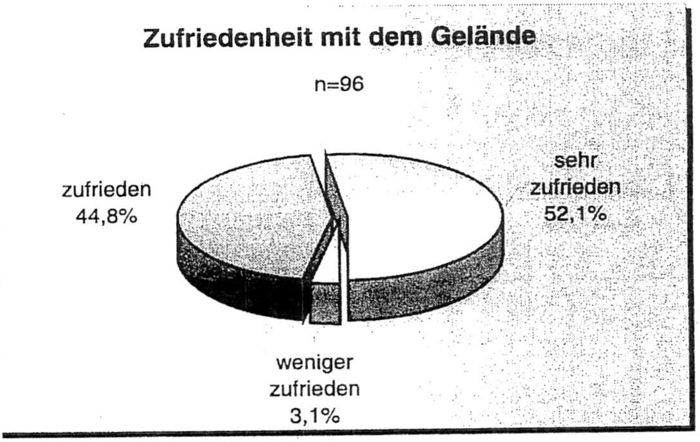

Obwohl auch die Antwortmöglichkeit „unzufrieden“ vorgegeben war, wählte sie kein einziger der Befragten. Mehr als die Hälfte der Walderzieher (52,1%) sind mit ihrem Gelände sogar „sehr zufrieden“, und etwas weniger als die Hälfte (44,8%) sind „zufrieden". Ganz wenige nur gaben „weniger zufrieden" an.

Die befragten Walderzieher haben, wie könnte es anders sein, weitere Wünsche im Zusammenhang mit dem Gelände.

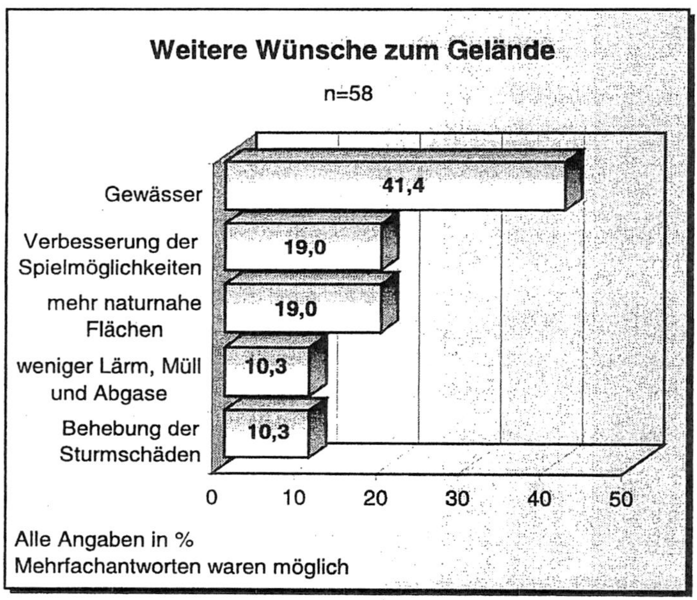

6.1.2 Ein geeignetes Gelände

Es ist die sog. „Seehöchte“, wo der Waldkindergarten Aurich sein Gelände hat. Welche Bedingungen es erfüllen sollte, um geeignet zu sein, geht aus dem folgenden Bericht hervor:

„Hier sind die Kinder des Waldkindergartens Aurich hauptsächlich unterwegs. Dieses Kerngebiet, das etwa 40 Ha groß ist, bietet eine Vielzahl unterschiedlicher Möglichkeiten. Der Boden ist eher sandig, wasserdurchlässig und damit größtenteils trocken. Das Gelände ist stark kuppiert und leicht hügelig.

Der Wald besteht überwiegend aus älteren Bäumen mit eingesprengten Verjüngungsflächen kleinerer Bäume. Er ist jedoch besonders geprägt durch seine außerordentliche Baumartenvielfalt (17 verschiedene Baumarten) und beeindruckende Solitärbäume (z.B. unser Kuschelbaum). Einzelbäume und Gruppen von sehr alten und sehr dicken Bäumen sind keine Seltenheit.

Unser Treffpunkt ist ein Spielplatz, der mit Hilfe von Spenden gebaut wurde. Er besteht aus zwei Rutschen, einer Wackelbrücke, zwei Schaukeln, einer Dreier-Turnstange, zwei Wippschaukelfiguren und einem Spielhäuschen. Außerdem befinden sich dort noch die Aufbauten für eine Seilbahn, die selbst aber nicht mehr vorhanden ist. Die Kinder benutzen diese gerne als Piratenschiffe und als zusätzliche Rutschen.

Der Spielplatz ist auch Ausgangspunkt für den Trimm-Dich-Pfad, der ebenfalls schon seit vielen Jahren dort besteht. Dieser Pfad bietet über eine Strecke von ca. 2,5 km unterschiedliche Turngeräte und Übungen an, die man an den aufgestellten Schildern ablesen kann, aber auch durch Zeichnungen dargestellt sind, die die Kinder animieren, diese Übungen nachzumachen. Diese Geräte sind etwa Balancierbalken, Stangen für Klimmzüge und Vorrichtungen für Hockwenden und zum Bockspringen, die von den Kindern aber nach deren eigenen Vorstellungen genutzt werden.

Unser am meisten genutzter täglicher Weg führt entlang eines Grabens, der angeblich als Schießstand im 2. Weltkrieg genutzt wurde. Dieser Graben ist inzwischen mehr oder weniger dicht bewachsen und wird von den Kindern Dschungel genannt und als solcher oftmals durch-

kämmt. Rechts und links befinden sich schmale Pfade in unterschiedlicher Höhe, die kreuz und quer und durch den Graben hinauf und hinunter führen. Dies ist ein herrlicher Spielweg und fordert sämtliche Bewegungsmöglichkeiten von den Kindern.

Der Graben endet in einem Bombenkrater, der einer der Lieblingsplätze der Kinder geworden ist. Hier können sie in weichem Sand spielen, die Bäume deren Wurzelwerk teilweise frei liegt, dienen sowohl als Kletterbäume als auch als Höhlen. Manchmal werden auch Seile an die Äste gebunden und man kann über dem ‚Abgrund' schaukeln.

Neben diesem Bombenkrater, den die Kinder ‚kleine Eierberge' nennen, befindet sich unser Hauptfrühstücksplatz. Hier haben wir auch unsere erste Weihnachtsfeier abgehalten. Es ist ein kleiner freier Platz, mit Gras bewachsen, das von uns flachgetreten wurde. Er ist von kleineren Bäumen und einem Hügel umgeben und sieht richtig einladend aus.

Von hier aus ist es nur noch ein kurzes Stück bis zu den sogenannten ‚Eierbergen'. Dies ist der Hauptanziehungspunkt für alle Kinder und Spaziergänger. Während der wärmeren Jahreszeiten meiden wir diesen Platz, weil er meist von anderen Besuchern besetzt ist. Bei den ‚Eierbergen' handelt es sich um historische, inzwischen bewaldete Binnendünen und ihre Ausläufer. Hier gibt es eine große freie Fläche, viele verschlungene Pfade und jede Menge Kletterbäume (vorwiegend Eichen), deren Wurzeln teilweise freigelegt sind und so ein recht bizarres Aussehen haben. Es gibt dort Gruben und viel totes Holz, das zum Höhlen bauen auffordert. Auch befindet sich dort noch ein Reitplatz mit extra weichem Sand, auf dem öfter Pferde bewegt werden.

Von den Eierbergen aus gelangt man auf eine relativ freie Heidefläche, die vereinzelt mit Birken bestanden ist. Auch durch dieses Gebiet führen viele verschlungene Wege.

Daneben führt ein weiterer ehemaliger Schießstandgraben schon beinahe wieder zum Ausgangspunkt zurück. Dieser Graben ist, ähnlich wie der andere Graben, rechts und links mit Bäumen und Wegen begrenzt. Unmittelbar parallel dazu verläuft eine Anpflanzung mit jungen Amerikanischen Eichen. Diese hängen derart über den Weg, dass wir diesen Flur getauft haben.

Wenn wir aus diesem Flur herauskommen, ist es nicht mehr weit bis zu unserem Kuschelbaum. Dies ist eine sehr große und dicke Buche, mit einer riesigen Baumkrone, die uns, wenn sie belaubt ist, einen mehrstündigen Schutz vor Regen bieten könnte. Seinen Namen hat der ‚Kuschelbaum' von seiner mit Moos bewachsenen Rinde.

Es gibt noch mehrere Bezugspunkte im Wald (das Schiff, die Treppe) die den Kindern die Möglichkeit bieten, sich zu orientieren."

6.1.3 Checkliste zur Prüfung eines geeigneten Geländes

An die Auswahl eines Geländes für den Waldkindergarten sollte man mit den folgenden Fragen herangehen:

1. *Größe des Gesamtgeländes:* Kinder legen pro Kindergartentag zwischen 2 und 4 km zurück; d.h. u.a., dass das Gelände so groß sein sollte, dass man sich dort ca. 4 Stunden aufhalten kann, ohne das Waldgelände verlassen zu müssen.
2. *Die Lage:* Es sollten Sonne und Schatten genügend zur Geltung kommen. D. h., dass eine Süd-Ost-Exponiertheit nicht falsch ist. Auch kältegeschütze Stellen sollten vorhanden sein.
3. *Relief:* Das Gelände sollte Ebenen und Hügel aufweisen, evtl. auch Mulden. Manche Waldkindergärten verfügen über ein so ideales Gelände, dass sie sogar einen Schlittenhang haben.
4. *Wasser:* Bäche, Teiche, Gräben, usw. können das Gelände für die Spiele der Kinder sehr bereichern.
5. *Nähe:* Das Gelände sollte relativ ortsnah gelegen sein, damit es leicht zu erreichen ist – einmal zum Bringen und Holen der Kinder, aber auch aus Sicherheitsgründen im eventuellen Notfall.
6. *Bodenbeschaffenheit:* Erfahrungsgemäß hat sich ein trockener Untergrund, evtl. sogar eher sandig, als vorteilhaft erwiesen. Es sollte dabei auch auf die Regenerierbarkeit des Bodens geachtet werden.
7. *Abwechslungsreichtum:* Dieser Punkt betrifft mehrere Aspekte, z.B. den Pflanzen-, Baum- und Tierbestand – sowie auch die gesamte Struktur.
8. *Bäume:* Ideal sind viele verschiedene Baumarten (möglichst keine Monokultur), sowie: alte Bäume, junge Kulturen, Totholz, Unter-

grund nicht zu dicht usw. (Hier kommt es besonders auf die richtige Mischung an.).

9. *Gefahrenquellen:* Gerade wegen der Freiheit, die Kinder im Waldkindergarten besonders genießen können, wird man bei der Wahl des Geländes auf bestimmte Gefahrenmomente achten, z.B. keine losen, gefährlichen Felsbrocken, gefährliche Bäume oder Äste o.ä.
10. *Abgrenzbarkeit:* Ebenfalls aus Gründen der Sicherheit sollte das Gelände übersichtlich und einsehbar sein – aber auch abgrenzbar.
11. *Stand der Hütte oder des Bauwagens:* Vorteilhaft ist, wenn „die Behausung" im Hinblick auf das Gesamtgelände einigermaßen zentral liegt und in der Nähe eines besonderen Spielplatzes der Kinder.
12. *Eignung für den Tagesablauf:* Dieses Kriterium impliziert mehrere andere; es betrifft einfach die Frage, ob die Tagesstruktur mit ihren einzelnen Elementen realisierbar ist, und zwar bezogen auf: Parkplatz, Treffpunkt, Morgenkreis, Weg, Freispiel, Rastplätze, Angebote, etc. Diese Kriterien kann man auch in eine Checkliste nach Gütepunkten bringen und damit das Gelände prüfen.

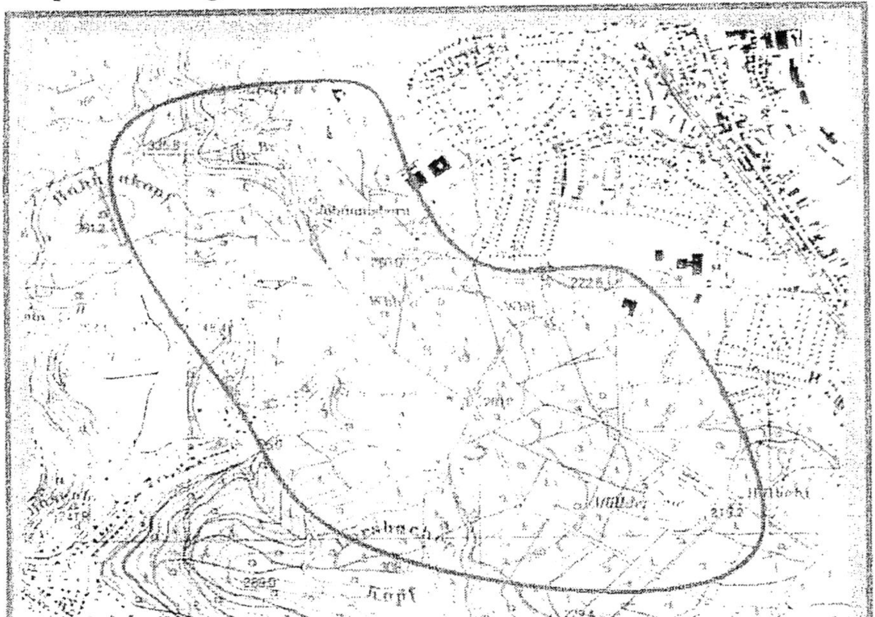

Checkliste zur Prüfung des Geländes

Gelände ist im Hinblick auf...	Sehr geeignet				Un-geeignet
	1	2	3	4	5
1. Größe	☐	☐	☐	☐	☐
2. Lage	☐	☐	☐	☐	☐
3. Schnitt	☐	☐	☐	☐	☐
4. Wasser	☐	☐	☐	☐	☐
5. Nähe	☐	☐	☐	☐	☐
6. Bodenbeschaffenheit	☐	☐	☐	☐	☐
7. Abwechslungs reichtum	☐	☐	☐	☐	☐
8. Baumbestand	☐	☐	☐	☐	☐
9. Gefahrenquellen	☐	☐	☐	☐	☐
10. Abgrenzbarkeit	☐	☐	☐	☐	☐
11. Stand der Hütte	☐	☐	☐	☐	☐
12. Tagesablauf, z.B. Wege und Plätze	☐	☐	☐	☐	☐
Qualitätspunkte durch Addition					

6.1.4 Soll man das Gelände wechseln?

Wer das Gelände und die Flächen betrachtet, wo sich Waldkindergärten befinden und die Kinder sich so bewegen, wie sie es wollen und sollen, der kommt schnell auf die Frage, ob von Zeit zu Zeit das Gelände zu wechseln ist. Es spricht einiges dafür, manches aber auch dagegen.

Tatsache ist, dass nur ein gutes Drittel der Walderzieher sich mit den Kindern „immer im selben Gelände" aufhalten, während die allermeisten das Gelände wechseln. Sie haben ihre Gründe.

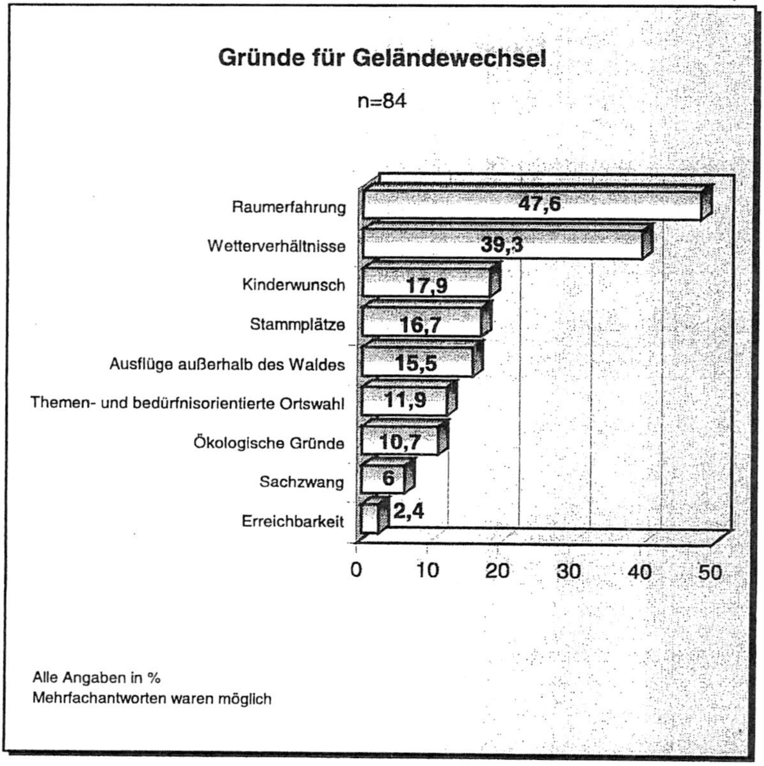

Im Folgenden die Erläuterungen zum Geländewechsel:

1. Raumerfahrung.– Darunter fallen alle Bestrebungen der Erzieherinnen, den Kindern durch einen Geländewechsel Grenzüberschreitungen und Raumerfahrungen zu ermöglichen. Denkbar wäre z.B. ein neuer Baum zum Klettern oder Schaukeln. Unterschiedliche Stellen im Wald bieten verschiedene Betätigungsmöglichkeiten für die Gruppe.– *„Die Vielfältigkeit, die Abwechslung, neue Möglichkeiten für die Kinder, jeder Ort, den wir anlaufen, hat unterschiedliche Reize für die Kinder.“* – *„Spontanes Interesse an bestimmten Begebenheiten der Umgebung, z.B. Kletterbäume, Lehmkuhlen usw.“* – *„Abwechslung, verschiedene Arten: dunkler Wald, Wiese im Tal, auf dem Berg, hügelig, eben, hoch, tief, hell, dunkel, weit, dicht, nass, trocken usw.“*

2. Wetterverhältnisse.– Im Wald ist die Gruppe mit allen Wetterlagen und -verhältnissen konfrontiert: Temperaturunterschiede zwischen Sommer und Winter, Stürme, Regen, Hagel etc. beeinflussen den Aufenthaltsort der Kinder. Auch besteht eventuell Gefahr durch Windbruch. Das Wetter beeinflusst auch die Beschaffenheit der Wege, evtl. werden schattige Plätze o.ä. gebraucht.– *„Im Winter bewegen wir uns auf einem anderen Weg, da dieser von der Laufleistung intensiver ist.“* – *„Bei Sturm gehen wir auf Wiesen und Felder am Waldrand.“*

3. Kinderwunsch.– Bei manchen können die Kinder sich einen Zielort wünschen bzw. er wird gemeinsam mit ihnen besprochen. Oft sind mehrere mögliche Zielorte von vorneherein festgelegt.– *„Die Kinder wollen andere Orte.“* – *„Die Mehrheit der Kinder entscheidet den anderen Weg.“*

4. Verschiedene Zielorte und Stammplätze. – Oft haben Kinder mit den Erzieherinnen verschiedene Stammplätze im Wald eingerichtet, die sie immer wieder aufsuchen. Diese Plätze haben i.d.R. eigene Namen und bieten unterschiedliche Geländeformen an.– *„Wir haben 12 Spielorte im Wald, denen wir Namen gegeben haben. Die Kinder wünschen sich beim Losgehen den Ort, den wir besuchen.“* – *„Wir haben im festgelegten Terrain 3-4 Plätze, die jeweils andere Vorteile bieten.“*

5. Themen- und bedürfnisorientierte Ortswahl.– Oft werden den Kindern Projekte angeboten oder themenorientierte Unternehmungen durchgeführt. Diese sind nicht selten durch die Jahreszeit bestimmt und machen so auch einen Geländewechsel nötig.– *„Bedürfnisorientiert: Das brauchen wir bezüglich anderer Aktivitäten etc."* – *„Wenn wir ein Waldgebiet mit Teich besuchen (Bach, Frösche, Enten etc.)."*

6. Ökologische Gründe/Schutz der Natur.– Von einigen werden ökologische Gründe für einen Geländewechsel als wichtig angesehen. Eine zu große Abnutzung bestimmter Plätze soll vermieden werden, Tiere brauchen Ruhe, o.ä. Sie sagen: *„Die Vegetation muss sich erholen."* – *„Um den Wald und seinen Bewohnern ‚Erholung' zu gönnen."*

7. Sachzwang.– Dazu gehören u.a.: das starke Auftreten von Zecken, Mücken und anderen Stechtieren, Waldarbeiten, Wildschweine (eventuell mit Jungtieren) – Zwänge also, die die Gruppe zu einem Ortswechsel veranlassen.– *„Sachzwang: Baumfällarbeiten, Wildschweinsule meiden, Frischlinge und Sau nicht stören."* – *„Zu viele Mücken im Wald."*

6.1.5 Praktische Hinweise für den Umgang mit dem Wald

Der Wald als Raum des Waldindergartens hat vielerlei Aspekte, die es zu beachten gilt. An dieser Stelle sollen einige Punkte kurz angeschnitten werden. Es handelt sich gleichsam um Tipps, die u.a. aus Fortbildungen rühren:

- Den Wald zwar bewohnen, ihn aber nicht „verwohnen". Spielen, Rennen etc. kann dazu führen, dass das Waldstück bald zertrampelt erscheint. Vieles spricht also wirklich für das „Wandern", sprich: Geländewechsel.

- Wissen und Bedenken, was der Wald alles ist (Erholungsraum für viele, Schutz- und Lebensraum für Tiere, Wasserspeicher, Sauerstofflieferant) und wer alles dort Rechte und Pflichten hat (Hundebesitzer, Spaziergänger, Förster, Reiter, Walker, Biker, Jäger).

- Beziehungen aufbauen und unbedingt pflegen, z.B. mit Förster, Eigentümer, Pächter, Jäger, Umweltgruppen (sind angeblich nicht immer Freunde des Waldkindergartens), etc. Der Waldkindergarten braucht bedeutsame Personen als Fürsprecher.
- Absprachen treffen, z.B. mit dem Förster, zu welchen Zeiten bestimmte Teile des Waldes (nicht) aufgesucht werden sollten.
- Klare Regeln über den sorgsamen und pfleglichen Umgang mit dem Wald mit den Kindern vereinbaren und durchsetzen, z.B. keine jungen Pflanzen zertrampeln, keine Pflanzen abreißen, nur mit Dingen spielen und hantieren, die auf der Erde liegen.
- Der Wald muss immer sauber verlassen werden (Imagepflege).

Auf andere Regeln wird man selber kommen – gesunder Menschenverstand ist gefragt. Vor allem müssen Walderzieher ihre eigene Sicht des Waldes bedenken und klären.

6.2 Zum Freispiel im Waldkindergarten

Wie es das Wort besagt, definiert sich „Freispiel“ durch „freies“, d. h. im Wesentlichen nicht pädagogisch gelenktes, „Spielen“ der Kinder. Dabei bestimmen sie selber, also prinzipiell „befreit vom Erzieher“, was, mit wem, wo und evtl. auch wie lange sie spielen. Es handelt sich neben Projekten und Angeboten um eines der wichtigsten Elemente im Kindergartenleben. Gerade der Wald und die Natur, damit überhaupt das ganze Konzept Waldkindergarten, sollten dem Prinzip Freiheit besonders dienlich sein.

6.2.1 Freispiel in der Konzeption

Das folgende Beispiel aus der Konzeptionsschrift der „Tiengener Waldspielgruppe Buntspecht“ zeigt die Bedeutung des Freispiels im Waldkindergarten auf.

Wir sehen dabei, dass das Freispiel im Waldkindergarten durch die immense Freiheit, die dieser „Raum“ an sich bietet, seinen besonderen Charakter erhält.

„Auf dem Weg zu unserem Ziel ist die Spielphase offen, d.h. ‚Freispiel‘. Das Kind bestimmt selbst mit wem und was es spielt. In dieser

Zeit kann es selbst Dinge entdecken, ausprobieren, gestalten und beobachten. Zusammen mit anderen Kindern lernt das einzelne Kind sich durchzusetzen oder zurückzustehen, einem anderen Kind zu helfen – selbst Hilfe zu erfahren, zu warten bis es dran ist, Rücksicht zu nehmen, andere auf etwas aufmerksam zu machen, alleine oder gemeinsam mit anderen bestimmte Lösungen zu finden.

Dazu ein Beispiel, das von zwei schon älteren Kindern erzählt:

Ein Kind möchte über einen kleinen Bach einen Zweig legen, um damit den Bach zu überqueren. Zuerst ist der Zweig zu kurz, und er reicht nicht aus. Es sucht sich einen längeren Zweig, wobei wiederholt das gleiche Problem auftaucht, dass er zu kurz ist. Doch nach dem dritten Mal reicht die Länge des Zweiges aus. Jetzt versucht es darüber zu gehen, doch leider knickt der Zweig gleich ab. Es sucht sich einen dickeren Zweig, der auch noch eine bestimmte Länge haben sollte. Einige Versuche schlagen fehl, denn die Zweige krachen immer, bevor es ganz drüben war. Nach längerem Suchen findet es einen dickeren Ast. Das Problem ist nun, dass das Kind den Ast nicht alleine tragen kann. Zuerst versucht es, ihn hochzuhalten, danach will es ihn hinter sich her ziehen, dann versucht es, ihn zu rollen, doch alle Versuche schlagen fehl. Jetzt macht es sich auf den Weg, um jemanden zu finden, der hilft. Zuerst sagt es nur: „Komm mal mit“. Das andere Kind will nicht, und so erzählt es ihm ausführlich von seiner Idee, woraufhin das andere Kind nun doch interessiert ist und mitgeht. Zu zweit schaffen sie es, den dicken Ast zum Bach zu tragen. Nun balancieren sie über den Ast auf die andere Seite. Sie schaffen es nicht immer. So steht erst einer neben dran und hält das Kind an der Hand, oder sie nehmen als Hilfsmittel einen dünnen Ast, mit dem sie sich abstützen.

Das Erfahrungs- und Lernspektrum, das sich Kindern hier bietet, ist enorm, und zwar nicht nur im motorischen und kognitiven, sondern auch im sozialen Bereich.“

Dieses eindrucksvolle Beispiel spricht für sich.

6.2.2 Freispiel in der allgemeinen Praxis

Die Walderzieher messen dem Freispiel im Vergleich zu allem, was es sonst an pädagogischen Aufgaben für sie gibt, den allerhöchsten Stellenwert bei: 95 % halten das Freispiel für „sehr wichtig"; die gezielten Aktivitätsangebote halten dagegen nur knapp 20 % für „sehr wichtig". Hier liegt allerdings nach meinem Dafürhalten ein Problempunkt.

Wir haben einige Aspekte des Freispiels genauer erforscht, z.B.: Dauer, Abgrenzung und evtl. Wechsel des Gebietes, Vereinbarungen, Aufsicht, Sichtweite, bevorzugte Materialien der Kinder, Anregungen durch die Erzieher.

6.2.2.1 Dauer, Abgrenzung und Stelle des Freispiels

• Dauer. – Wie lange soll das Freispiel im Waldkindergarten dauern? Wann sollte es evtl. beendet werden, und zu welchem Zweck?

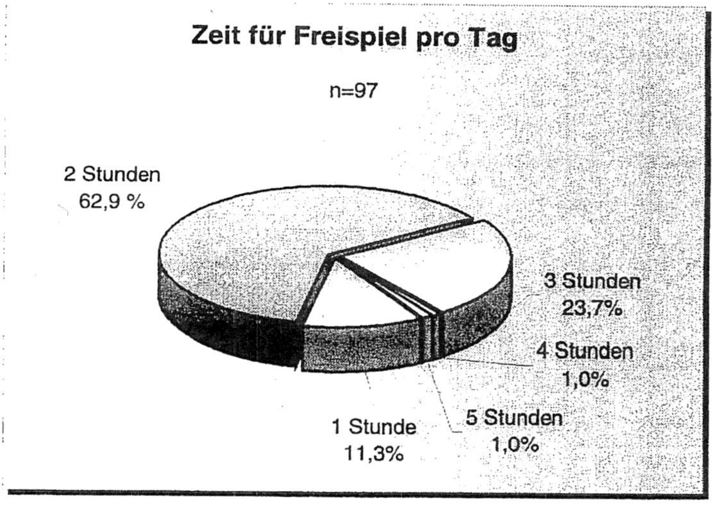

Die Grafik zeigt den großen zeitlichen Umfang des Freispiels.

Wir sehen, dass ca. 85 % der Walderzieher eine Freispielzeit von 2 bis 3 Stunden pro Tag angeben, wobei wenigstens zum Teil auch der „Hin-

und Rückweg“ mit gerechnet werden muss, zumal dieser im Waldkindergarten nicht einfach als Überwinden einer Entfernung anzusehen ist, sondern als ein originäres und eigentliches Er-lebens-element.

- Abgrenzung.– „Gibt es für den Waldkindergarten ein bestimmtes abgegrenztes Gebiet, das Sie immer nutzen können?“, das war unsere Frage. Die Hälfte (51,6 %) bejaht diese Frage, die andere Hälfte der Befragten (48,4 %) verneint sie.
- Dieselbe Stelle.– Ob das Freispiel „immer an der selben Stelle“ stattfindet, verneinen 86,5 %, bei 13,5 % spielen die Kinder immer an derselben Stelle.

6.2.2.2 Vereinbarungen mit den Kindern für das Freispiel

Es liegt auf der Hand, dass gerade beim Freispiel im Waldkindergarten mit den Kindern Vereinbarungen zu treffen sind. Diese beziehen sich auf mehrere Punkte:

1. Hör- und Sichtweite. – Die Kinder halten sich im optisch und akustisch noch wahrnehmbaren Bereich auf.
2. Verhaltensregeln. – Dabei handelt es sich um Regeln, die das Verhalten der Kinder untereinander und gegenüber den Erzieherinnen betreffen, und die miteinander abgesprochen werden.
3. Soziales Verhalten. – Diese Kategorie umfasst sämtliche Vereinbarungen, die das Verhalten des einzelnen Kindes in der Gruppe, z.B. bei Spiel und Sport, betreffen, einschließlich der Regelung von Konflikten.
4. Abmelden. – Die Kinder geben genaue Informationen an die Erzieher, wenn ein zeitlicher oder örtlicher Veränderungswunsch besteht.
5. Umwelt- und Naturbewusstsein. – Kinder sollen ein Bewusstsein im Umgang mit der Natur und Umwelt entwickeln und sich dementsprechend verhalten.
6. Gebietseingrenzung. – Hier geht es um genaue Erläuterungen vorgegebener Räumlichkeiten oder Flächen.

Die folgende Grafik zeigt die Häufigkeiten der Nennungen im Vergleich. Daran erkennt man, was den Walderziehern am allerwichtigsten ist.

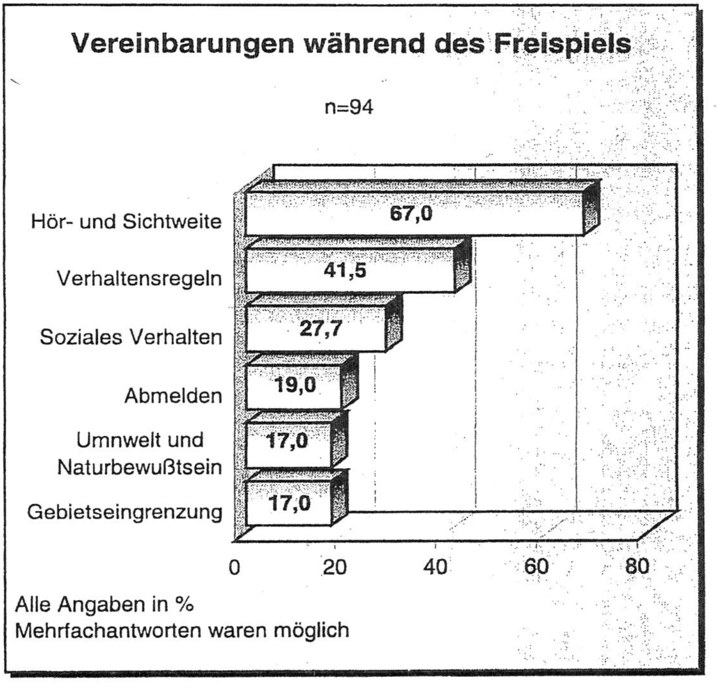

6.2.2.3 Regelung der Aufsicht

Die Erzieher müssen nicht nur mit den Kindern Absprachen treffen, sondern auch untereinander die Aufsichtsfragen regeln. Wie tun sie das?

1. Absprache.– Hier geht es um die Einteilung der Aufsicht durch die Erzieher untereinander, sowie deren Kommunikation. Dazu gehört z.B., wie viele Erzieher jeweils bei der Gruppe zu sein brauchen, ob Aufsicht zu mehreren notwendig, aber auch die Regelungen von Krankheitsvertretungen.

2. Beobachtung.– Die Erzieher beobachten stets aufmerksam ihre Kinder. Damit soll verhindert werden, dass sich Kinder unbemerkt von

der Gruppe entfernen und die Verletzungsgefahren zu groß werden. Die übernommene Verantwortung gebietet auch die Kontrolle der Kinder, die sich von der Gruppe entfernen.

3. Hör- und Sichtweite.– Die Erzieher fühlen sich verpflichtet, immer in Sichtweite der Kinder zu sein, damit sie immer zur Stelle sind, wenn die Kinder sie brauchen; mindestens jedoch müssen sie in Hörweite sein.
4. Grenzen stecken und einhalten.– Es geht hier um räumliche Grenzen wie auch Grenzen, die das Verhalten der Kinder untereinander und gegenüber den Erziehern betreffen: feste Verhaltensregeln, sowie Gebietseingrenzungen, die nicht überschritten werden dürfen.
5. Integration.– Zur Aufsicht gehört auch alles, was die Unterstützung von kleineren und schwächeren Kindern betrifft. Sie werden durch die Erzieher beschäftigt und im Einzelfall beim Spielen auch unterstützt.
6. Hilfestellung.– Erzieher helfen Kindern bei bestimmten Aktivitäten gezielt: Klettern oder Balancieren auf Baumstämmen verlangt oft Hilfestellung, ebenso der Umgang mit gefährlichem Werkzeug, wie Sägen, Bohrern, Hammer oder spitzen Messern. Die folgende Grafik zeigt wie wichtig die Absprachen sind.

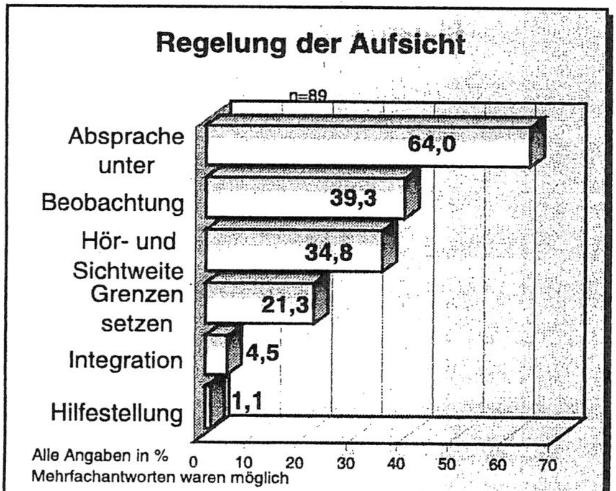

Die Aufsicht wird also in der Hauptsache durch Absprache geregelt, was auch sehr nahe liegen dürfte; denn wie auch in einem anderen Kindergarten bzw. wie im Familienleben ist es im Waldkindergarten ausgeschlossen, jedes Kind zu jeder Zeit in jedem Augenblick unter Kontrolle zu halten und zu sehen. Das geht schon rein technisch nicht, ist pädagogisch gesehen aber auch nicht sinnvoll und deshalb auch rechtlich nicht geboten. Allerdings müssen die Erzieher entsprechende Vorkehrungen treffen und ihr Möglichstes tun, „damit nichts passiert". Somit ist das, was aus der Praxis berichtet wird, genau in diesem Sinne:

- Absprachen untereinander und mit den Kindern treffen
- Beobachten der Kinder
- Kinder in Hör- und Sichtweite halten
- Herumgehen und Durchzählen

Wo feste Regeln vereinbart sind und die genannten Funktionen ausgeübt werden, kommt es in der Regel nicht zu Aufsichtsproblemen. Die pädagogischen Fachkräfte im Waldkindergarten sind sich allerdings darüber im klaren, dass ihnen in Sachen Aufsicht etwas mehr abverlangt wird, als es in einem sonstigen Kindergarten der Fall ist.

6.2.2.4 Dürfen die Kinder außer Sichtweite spielen?

Das ist gewiss für die Waldkindergartenpädagogen, besonders aber für die Walderzieher persönlich, eine der prekärsten Fragen. Zwei Drittel von ihnen lassen die Kinder auch alleine, d. h. außer Sichtweite, spielen, bei einem Drittel der Walderzieher ist das nicht gestattet. Beide haben ihre Gründe, sowohl die strengeren als auch die liberalen.

- **Gründe für die dauernde Beaufsichtigung**

Dürfen Kinder auch alleine, d.h. außer Sichtweite, spielen?

Nein, denn....

1. Aufsichtspflicht, Elternwunsch. – Diese ErzieherInnen möchten ihre gesetzliche Aufsichtspflicht nicht verletzen oder die Eltern bestehen grundsätzlich darauf, dass die Kinder immer in Blickweite sind. –

„Nein, denn das ist uns Erzieherinnen noch zu heikel." – „Nein, denn ich habe die Aufsichtspflicht gegenüber den Eltern."

2. Kinder sind zu jung. – Die Kinder können sich aufgrund ihres Alters nicht unbeaufsichtigt im Wald aufhalten; sind noch nicht mit dieser Situation vertraut. – *„Nein, denn die Kinder meiner Gruppe sind noch zu klein (3 und 4 Jahre alt)."*

3. Gefahren. – Der Wald birgt zu viele Gefahren für die Kinder, z.B. könnten sie sich verlaufen; Gefahr durch Wildtiere oder Waldfahrzeuge, großes Verletzungsrisiko. – *„Nein, denn es gibt Straßen, auf denen Waldfahrzeuge und Autos fahren und viele Tiere im Wald, mit denen die Kinder evtl. nicht alleine umgehen können (Pferde, Hunde, Füchse, Wildschweine)." – „Nein, zu gefährlich; Teiche, Traktoren..."*

4. Ist nicht nötig. – Das Spielen außerhalb der Sichtweite wird von den ErzieherInnen nicht als erzieherisch nötig oder sinnvoll angesehen, oder es wird von den Kindern nicht gewollt. Manchmal ist das Waldgelände auch sehr übersichtlich, und diese Situation ergibt sich nicht. – *„Nein, denn auch in Sichtweite können sie alleine und ungestört spielen." – „Nein, denn das Gelände ist eigentlich überschaubar."*

- **Gründe für die nicht-dauernde Beaufsichtigung**

Dürfen Kinder auch alleine, d.h. außer Sichtweite, spielen?

Ja, denn....

1. Nach Absprache. – Die Erzieherinnen erlauben (einigen) Kindern, sich nach vorheriger Absprache außerhalb ihrer Sichtweite aufzuhalten. Die Kinder müssen sich abmelden. – *„Ja, denn sie melden sich vorher ab und wir gehen zwischendurch nachsehen." – „Ja, denn wenn sie sich abmelden und zuverlässig sind, gibt es keine Probleme."*

2. Ältere Kinder. – Da ein Spielen außerhalb der Sichtweite der ErzierherInnen eine gewisse Selbständigkeit und Zuverlässigkeit voraussetzt, dürfen es nur die älteren Kinder. Diese Erfahrung wird als wichtiger Entwicklungsschritt gesehen. – *„Ja, bei Absprache, die Großen, auf die man sich verlasen kann." – „Ja, denn die angehenden Schulkinder brauchen diese Möglichkeit."*

3. In Hörweite. – Je nach Beschaffenheit des Waldgeländes können die Kinder schnell außer Sichtweite geraten. Sie müssen aber in Hörweite bleiben, um sich bei einer Gefahr oder bei Problemen bemerkbar machen zu können. Die Kinder halten sich offensichtlich an diese Verabredung. – *„Ja, denn sie sind in Hörweite und übertreten die Grenzen nie."* – *„Ja, denn sie hauen nicht ab, d.h. außerhalb der Hörweite."*

4. Bei ausreichendem Vertrauen und genügend Zuverlässigkeit. – Die Kinder dürfen außerhalb der Sichtweite spielen, wenn die ErzieherInnen ihnen vertrauen und sie zuverlässig mit Regeln umgehen. Die ErzieherInnen trauen den Kindern selbständiges Handeln zu. – *„Ja, wenn wir es ihnen zutrauen und sie verlässlich sind."* – *„Ja, denn wir haben viel Vertauen sowie die Erfahrung, dass keiner wegläuft."*

5. In Ausnahmefällen. – Hier ist das Spielen außerhalb der Sichtweite der ErzieherInnen kein fester Bestandteil und kommt eher selten vor. – *„Ja, Ausnahmeregelungen für 2 bis 3 Kinder um z.B. von einer anderen Stelle Zweige, Moos etc. zu holen; kommt selten vor."* – *„Ja, aber nur in der Bringzeit, wenn noch Planungsgespräche und Vorbereitungen stattfinden (3 Kinder)"*

6. In Gruppen. – Die Kinder dürfen sich nicht alleine, wohl aber in Gruppen außerhalb der Sichtweite der Erzieher aufhalten. – *„Ja, wenn sie mindestens zu dritt sind und wir sie hören."* – *,"Ja, denn bei genauer Absprache und je nach Kindern bzw. Anzahl."*

7. Für kurze Zeit, auf bestimmten Plätzen. – Die Kinder dürfen unter diesen Einschränkungen alleine spielen. – *„Ja, wenn sie sich abmelden für kurze Zeit."* – *„Ja, denn es gibt einen ganz vertrauten Platz, da dürfen die Kinder außer Sichtweite spielen. Weil es da interessante Stellen gibt."*

8. Wichtige pädagogische Erfahrung. – Manche Erzieher sehen das unbeaufsichtigte Spiel der Kinder als eine wichtige und unterstützenswerte Erfahrung für die Kinder, u.a. um ihre Selbständigkeit zu fördern. – *„Ja, denn Kinder brauchen unbeaufsichtigte Momente."* – *„Ja, denn Kinder brauchen Freiräume, man muss Vertrauen fördern."*

6.2.2.5 Tätigkeiten und Materialien der Kinder im Freispiel

Wenn das Freispiel als pädagogische Form in Bewusstsein und Wirklichkeit der Walderzieher einen so außerordentlich hohen Stellenwert hat, dann ist es von der Bildungsfrage aus gesehen von besonderer Bedeutung, welche Tätigkeiten die Kinder dabei ausüben und was ihre beliebtesten Materialien sind. Die folgenden Materialien und Aktivitäten interessieren die Kinder am meisten:

1. Naturmaterialien. – Dazu gehört alles, was im Wald zu finden ist, wie Stöcke, Blätter, Gras, Früchte, aber auch Steine, Erde und Lehm. Hinzu kommen noch „Naturmaterialien“, die nur in der jeweiligen Jahreszeit vorzufinden sind, wie Schnee, Eis, Früchte von Bäumen, Blumen etc.
2. Rollenspiele. – Kinder schlüpfen gerne in fremde Rollen. Dabei sind sie sehr kreativ. Die Natur bietet dabei die Kulisse und stellt die Requisiten. Beispielsweise werden Naturmaterialien, wie Steine, zum Kochen der Mutter für ihre kleinen Kinder verwendet, Stöcke werden zum Pferderücken, Baumstämme zu Hindernissen. Viele Kinder schlüpfen dabei in alltägliche Rollen, z.B. Vater, Mutter, Lehrer, Schüler, oder sie haben ihren eigenen Kaufladen oder spielen mittelalterliche Szenen nach.
3. Werkzeuge. – Die Erzieherinnen verfügen alle über Werkzeuge, manchmal auch über einen Werkzeugkoffer, der mit Bohrern, Sägen, Messern, Schnitzwerkzeugen, Hammer, Nägeln und Schraubenziehern ausgestattet ist. Damit können die Kinder dann ihre Kreativität ausleben und alle Möglichkeiten, die die Naturmaterialien bieten, ausschöpfen.
4. Sportliche Aktivitäten. – Hier sind alle Formen körperlicher Betätigung zusammengefasst. Dies ist für Kinder besonders wichtig, da sie einen intensiven Bewegungsdrang haben und somit auch ein großes Bedürfnis, diesen auszuleben. Der Wald bietet dabei viele Möglichkeiten, die sie in ihrer Wohngegend auf Plätzen in der Nähe von Straßen nicht haben. Bevorzugte Tätigkeiten sind Klettern, sich gegenseitig fangen oder auf Bäumen balancieren.

5. Kreative Tätigkeiten. – Dazu gehört Malen, Basteln, Bauen, Formen und Kneten. Die Kinder bekommen dazu Materialien, wie Stifte, Schere und weitere Bastelmaterialien.
6. Naturerforschung. – Da die Kinder sich nun in der freien Natur befinden, wird diese auch ausgiebig erkundet. Dazu gehört die Beschäftigung mit Pflanzen und Tieren des Waldes, sowie deren Bestimmung. So lernen die Kinder früh ihre Umgebung kennen, was ihnen später in der Schule von Vorteil sein kann. Dazu gehört aber auch, dass sie lernen, welche Pflanzen und Früchte giftig sind.
7. Sonstiges. – Hierher gehören: Schaukel, Bücher, Spiele, bzw. Springseile, Lupen oder Aktivitäten wie „sich gegenseitig vorlesen" oder „miteinander singen".

Die Grafik zeigt, welch eine herausragende Bedeutung die Naturmaterialien im Waldkindergarten haben.

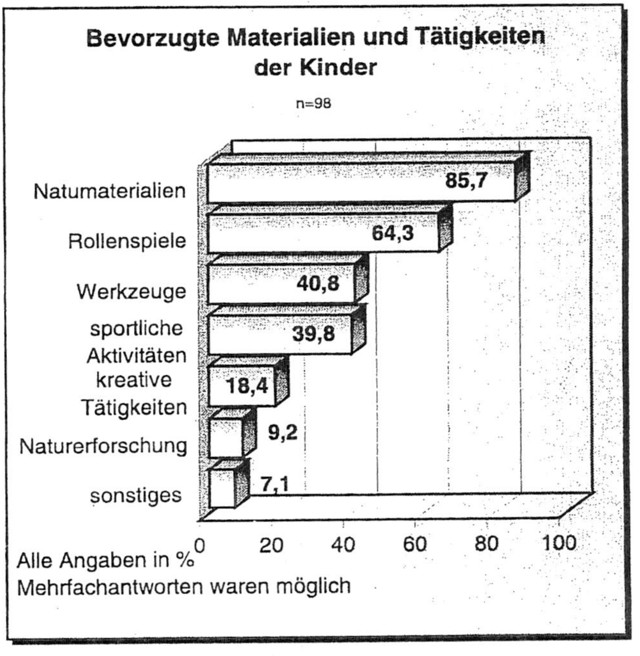

Die beliebtesten Materialien sind somit diejenigen, die die Natur bietet, und das begehrteste Spiel ist das Rollenspiel. Beides wohl ganz im Sinne der Waldkindergarten-Philosophie.

6.2.2.6 Anregungen und Impulse während des Freispiels

„Kommt es vor, dass Sie den Kindern während des Freispiels Anregungen und Impulse geben?“, fragten wir die Walderzieher. Damit ist die Rolle und Aufgabe angesprochen, die sie im Freispiel ausüben.

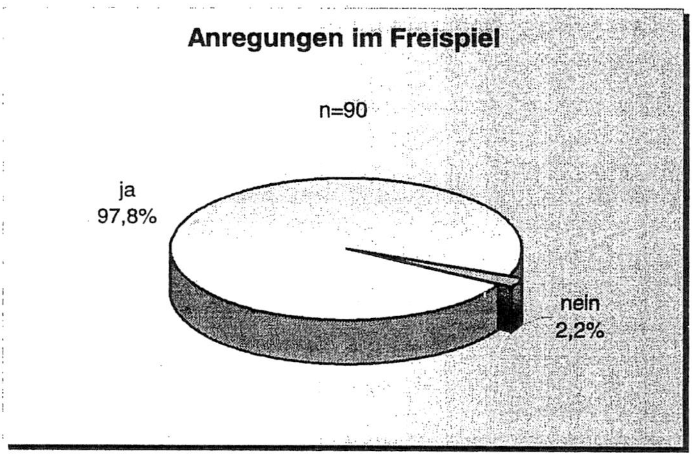

Das Ergebnis zeigt deutlich, dass die Walderzieher ihre Rolle und Aufgabe im Freispiel eher aktiv sehen: Sie sind jedenfalls nicht diejenigen, die sich auf den Standpunkt stellen, sie seien während der Freispielzeit nur für die Beobachtung da - es scheint bei ihnen genau umgekehrt zu sein. In einem gut durchgeführten Freispiel sollten Erzieher tatsächlich auch aktiv sein und, wo erforderlich, mittun. Walderzieher scheinen in diesem Punkt ihre Rolle qualitätsvoll auszuüben.

7. Der Waldkindergarten als Organisation und Betrieb

7.1 Der Träger

Waldkindergärten sind echte "Elternkindergärten". Auf diese Formel könnte man die Tatsache bringen, dass so viele Waldkindergärten nicht wie sonstige Kindergärten in konfessioneller oder kommunaler Trägerschaft sind, sondern sich in der Trägerschaft von Elterninitiativen und -vereinen befinden. Wie die Grafik zeigt, sind es lediglich wenige Prozente, bei denen Kirche oder Kommune als Träger fungieren. Diese Tatsache bringt wohl auch eine besondere Note in die Beziehung der Walderzieher zu den Eltern; denn die Eltern dürften den Waldkindergarten in viel stärkerem Maße, als es sonst üblich ist, als "ihren" Kindergarten betrachten, was gewiss mancherlei Vorteile haben kann.

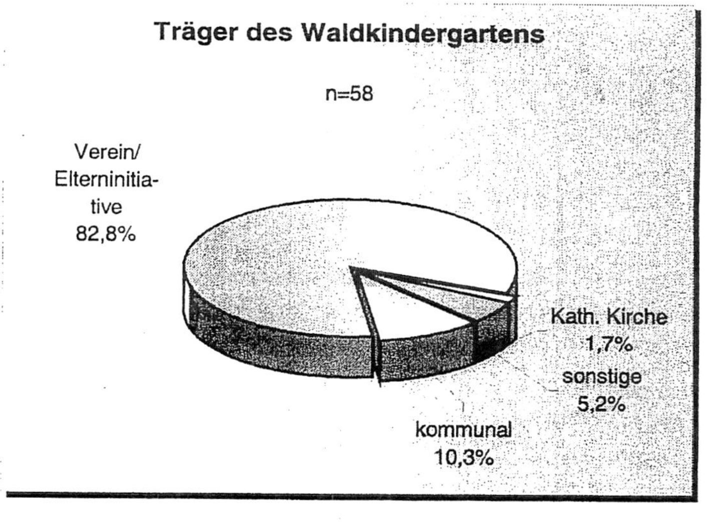

Erstaunlich hoch ist der Zufriedenheitsgrad der befragten Walderzieher mit dem Träger:

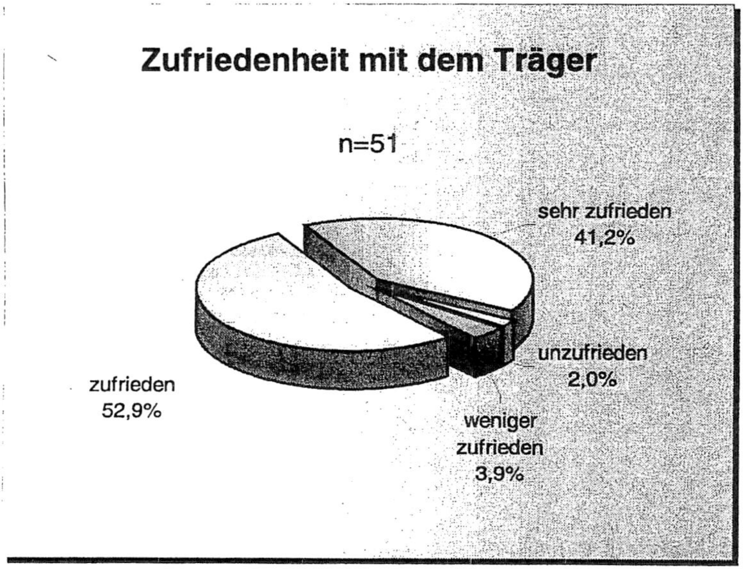

Es ist nicht anzunehmen, dass die Erzieherinnen traditioneller Kindergärten eine derartige Zufriedenheit im Hinblick auf ihren Träger äußern würden.

Die Träger des Waldkindergartens haben viel zu sagen, was gewiss damit zusammenhängt, dass es sich um die Eltern selber handelt: Eltern stellen eben im Waldkindergarten eine ganz andere Größe dar.

Auf die Frage: "Wie groß schätzen Sie die Entscheidungsbefugnis Ihres Trägers ein?" wurde so geantwortet: 31 % sehr groß, 59% groß, 6 % eher gering und nur 4 % gering.

7.1.1 Was entscheidet der Träger?

"Worüber kann der Träger nicht allein entscheiden?" Bei den Antworten auf diese Frage wird deutlich, von wie vielen Instanzen der Träger abhängig ist und wie stark im Grunde die Befugnisse auch der Erzieher gegenüber den Eltern sind.

1. Organisationsfragen.– Hier geht es um Grundstücksfragen (wo der Waldkindergarten "gebaut" wird), welche Kinder aufgenommen oder ausgeschlossen werden, wie groß die Kindergruppen sind, welche Feste und Projekte es gibt, wann die Öffnungs- und Schließzeiten sind (Ferien) und was in der Satzung und Kindergartenordnung steht. In der Regel werden anscheinend alle organisatorischen Fragen mit allen Betroffenen diskutiert.– *"(längere) Öffnungszeiten." – "Aufnahme der Kinder." – "Ausschluss von Kindern." – "Organisation des Kindergartenalltags." – "Schließzeiten im Sommer." – "Arbeitszeiten der Walderzieher." – "Ferien." – "Satzung, Betreuungsvertrag." – "welche Feste gibt es." – "Projekte." – "Kindergartenordnung." – "Standort." – "Nutzung des Grundstückes." – "Gründstücksfragen." –„Wald- und Parkgelände."*

2. Personalfrage.– Das betrifft die Einstellung, Kündigung und Anzahl von Erzieherinnen im Waldkindergarten.– *"Über neues Personal wird immer in Absprache mit der Leiterin entschieden (Vetorecht)" – "Personalfragen zusammen mit dem Elternbeirat" – "Stellenplan" – "Personalangelegenheiten" – "Fachkräfte, Praktikanten" – "Einstellung und Kündigung der Erzieher" – "zusätzliches Personal für Vertretungen" – "Personalentscheidungen"*

3. Inhaltliche/pädgogische Fragen.– Gemeint sind hier Antworten, die auf die Konzeption des Waldkindergartens sowie den Handlungsspielraum der Erzieherinnen bezogen sind.– *"Inhalte der Waldpädagogik." – "im pädagogischen Bereich, schlußendlich aber hat er als Träger die volle Dienstanweisung" – "Konzeption" – "pädagogische und praktische Arbeit."*

4. Finanzielle Fragen.– Das sind Punkte, die sich auf die Finanzierung des Waldkindergartens beziehen, die in der Regel von anderen Instanzen mitgetragen werden muss.– *"Kostenfaktor muss mit dem*

Zweckverband geklärt werden." – "Kommunale Zuschüsse." – "Entscheidungen sind auch von den Zuschüssen abhängig." – "Elternbeiträge." – "Mitgliedsbeiträge."

Insgesamt darf man den Eindruck haben, dass es sich beim Waldkindergarten um ein ausgeprägt partizipatives Arbeitsfeld handelt, bei dem Eltern und Erzieher gut zusammenarbeiten und sich in Fragen, die den jeweils Anderen betreffen, respektieren. Die kommunikativen Prozesse dürften teilweise sehr intensiv sein.

7.1.2 Der Vorstand

Im Durchschnitt finden etwa neunmal im Jahr Vorstandssitzungen statt. Allerdings gibt es bei den Waldkindergärten große Schwankungen:

So findet laut Befragung eine Vorstandsitzung pro Jahr in 5 Waldkindergärten statt, zwei Vorstandsitzungen in 4 Waldkindergärten, 3 Sitzungen in einem Kindergarten, 4 Sitzungen (4), 5 Sitzungen (2), 6 Sitzungen (5), 7 Sitzungen (2), 8 Sitzungen (1), 9 Sitzungen (2), 10 Sitzungen (2), 11 Sitzungen (4), 12 Sitzungen (8), 15 Sitzungen (1), 17 Sitzungen (2), 24 Sitzungen (1), 40 Sitzungen (1) und in einem Kindergarten finden 52 Vorstandsitzungen pro Jahr statt.

„Nehmen auch die Erzieherinnen an diesen Vorstandsitzungen teil?“, so fragten wir weiter.

75 % bejahen dies, davon geben 62 % an regelmäßig daran teilzunehmen, 38 % nur auf Wunsch.

7.2 Alter des Waldkindergartens

Wir fragten auch nach dem Gründungsjahr des jeweiligen Trägervereins. Dabei ergab sich, dass ca. 85 % der Waldkindergärten in der zweiten Hälfte der 1990er Jahre gegründet wurden, die restlichen ca. 15 % vor 1995. Zwischen 1995 und dem Jahre 2000 scheint die Waldkindergartenpädagogik einen regelrechten Schub erlebt zu haben.

Weiterhin wollten wir wissen, wann nach der Gründung des Trägervereins mit der pädagogischen Arbeit im Waldkindergarten begonnen werden konnte. Es vergingen bis dahin im Durchschnitt ca. neun Monate. Nur wenige Waldkindergärten konnten bereits im Gründungsmonat des Trägervereins ihre Arbeit aufnehmen. Vereinzelt wurde bereits vorher mit der praktischen Arbeit begonnen.

7.3 Finanzierung

"Wie setzt sich die Finanzierung zusammen?", dieser Frage nachzugehen scheint mir besonders wichtig, da man dem Waldkindergarten an den meisten Stellen nicht immer nur mit Wohlwollen, vor allem im Hinblick auf die finanzielle Unterstützung, begegnet.

Trotz der Schwierigkeit der Frage, dürfte es interessant sein - vor allem für Neugründungen von Waldkindergärten -, wie es bestellt ist mit den Finanzen. Wir geben die Ergebnisse wieder mit dem Hinweis, daraus nicht ohne weiteres Schlüsse für die eigene Situation zu ziehen. Die Zahlen bieten jedoch wenigstens ein paar Anhaltspunkte.

- Die jährlichen Zuschüsse des Landes betrugen im Durchschnitt pro Einrichtung ca. 21.120 € (Minimum: 3020 € ; Maximum: 56.320 €)
- Die jährlichen Zuschüsse der Kommune betrugen im Durchschnitt ca. 30.170 € (Minimum: 5030 €; Maximum: 138.300 €)
- Die jährlichen Zuschüsse des Trägers betrugen im Durchschnitt ca. 11.060 € (Minimum: 405 €; Maximum: 35.200 €)
- Der monatliche Elternbeitrag betrug im Schnitt ca. 75 € (Minimum: 7,50 €; Maximum: 175 €)
- Sonstige Zuschüsse betrugen im Durchschnitt 4020 € (Minimum: 0 €; Maximum: 3770 €)

Die pädagogischen Fachkräfte im Waldkindergarten sind mit der finanziellen Ausstattung zum Teil recht zufrieden, zum Teil aber auch nicht: Mehr als 30 % sind unzufrieden, etwas mehr als die Hälfte zufrieden, knapp 15 % sogar sehr zufrieden.

In der Summe scheint es wohl so zu sein, dass es manchem Waldkindergarten finanziell nicht schlecht geht, der Waldkindergarten im Ganzen aber noch keineswegs finanziell so bedacht wird, wie es nötig ist und wie er es bei der erbrachten Leistung verdient hat.

7.4 Anzahl der Plätze, der Kinder insgesamt und der Gruppen

Ein Waldkindergarten ist normalerweise eingruppig. Das ist bei 41 (75,9%) der von uns befragten Waldkindergärten so. Zweigruppig sind 12 (22,2%), dreigruppig ist lediglich einer. Die Anzahl der angemeldeten Kinder liegt bei den meisten bei 20 und darunter; im Schnitt hat eine Gruppe 16,7 angemeldete Kinder.

Ausländische Kinder: Einer der Waldkindergärten hat 13 (eine völlige Ausnahme), zwei haben drei, vier haben ein ausländisches Kind; alle übrigen kein einziges. Der Waldkindergarten ist also im Wesentlichen deutsch. Auch die Anzahl der Kinder mit Behinderung ist gering. Drei Waldkindergärten haben zwei, weitere drei haben ein behindertes Kind.

Die Anzahl der in unsere Studie einbezogenen Kinder beträgt insgesamt 1133 Kinder. Das Geschlechterverhältnis ist in etwa 1:1.

Wie jeder sonstige Kindergarten, so hat auch der Waldkindergarten „schwierige Kinder“. Im Schnitt geben die Befragten pro Kindergarten ca. vier (3,7) schwierige Kinder an. In „therapeutischer Behandlung“ sind im Schnitt drei (2,95) Kinder pro Einrichtung.

7.5 Personalsituation

Betrachtet man die Zahl der insgesamt in den von uns befragten Waldkindergärten beschäftigten Erzieher und Erzieherinnen (ca. 200), so errechnet sich ein Betreuungsschlüssel von etwa 6 Kindern pro Erzieher/in.

Von den im Waldkindergarten beschäftigten pädagogischen Fachkräften sind erwartungsgemäß die überwiegende Mehrzahl von ihrer Ausbildung her Erzieherinnen bzw. Erzieher (67,9%). Der Anteil der Sozialpädagogen macht lediglich 5,6% aus, der der Diplompädagogen etwa ein Prozent; 12% sind Praktikanten. Weiterhin arbeiten im Walkindergarten Kinderpflegerinnen, aber auch z.B. eine Lehrerin, eine Heilerziehungpflegerin – und auch Angehörige anderer Berufe, so z.B. Reinemachefrauen, Hauswirtschafterinnen, eine Sekretärin, sowie Ehrenamtliche. Die folgende Grafik verdeutlicht dies.

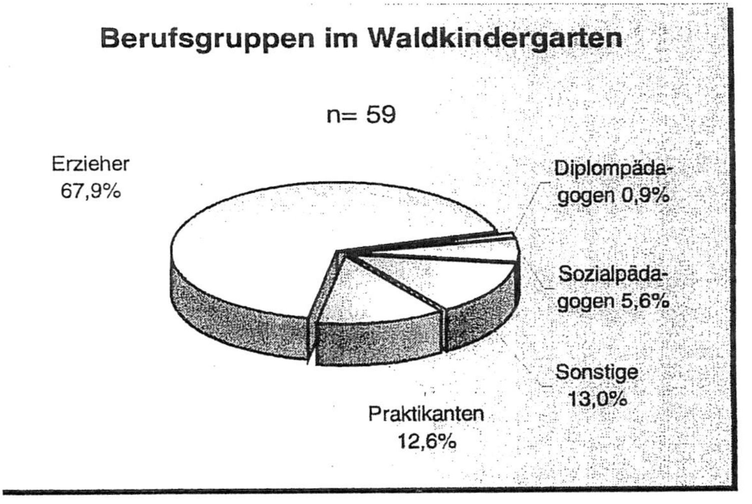

71,7% der Waldkindergärten haben eine Leitung, 28,3% arbeiten ohne.

7.6 Entscheidungsbefugnisse der Erzieherinnen und der Leiterin

Es war bereits die Rede von den Entscheidungsbefugnissen des Trägers. Worüber können Erzieher und Leitung auf keinen Fall entscheiden?

„Wie hoch schätzen Sie Ihre eigenen Entscheidungsbefugnisse im Hinblick auf Ihre Arbeit ein?“ Auf diese Frage antwortet fast die eine Hälfte mit „sehr hoch“ (47%), die andere Hälfte mit „hoch“ (46%) und lediglich einige (7%) mit „weniger hoch“ oder „gering“. Es gibt also weithin eine ausgeprägte Eigenständigkeit in der Durchführung der Arbeit auf Seiten der Erzieher in Waldkindergärten: Sie sind wohl in sehr starkem Maße ihr eigener Herr und der Herr im Haus.

Worüber sie auf keinen Fall entscheiden können, bezieht sich auf die folgenden Punkte:

1. Aufnahme von Kindern.– Es wird sehr deutlich, dass viele der Befragten keinen Einfluss auf die Aufnahme neuer Kinder in ihre Gruppen haben.
2. Finanzen.– Viele sagen auch, dass sie in finanziellen Fragen und Anschaffungen (über 50 €) nicht selbst entscheiden können.
3. Öffnungszeiten.– Auch auf die Öffnungszeiten haben Erzieher keinerlei Einfluss.
4. Pädagogische Inhalte.– Wenn einige Erzieher hier keinen Einfluss haben, ist das natürlich grundsätzlich gemeint und nicht im täglichen Detail.
5. Verwaltungsarbeit.– Auch die Verwaltungsarbeit liegt nicht in der Hand des pädagogischen Personals.

Viele Walderzieher wünschen aber auch weitergehende Entscheidungskompetenzen. Auf die Frage „Worüber möchten Sie zusätzlich noch entscheiden können?“ werden die folgenden Bereiche genannt:

1. Kooperation mit Kollegen.– Einige Erzieherinnen bemängeln, dass sie nicht im Team arbeiten können.– *„Ich wünsche mir Kooperation und Echtheit in Zusammenarbeit mit der Kollegin und regelmäßigen Trägerkontakt.“* – *„Mit meiner Kollegin zusammen über pädagogische Inhalte zu sprechen.“*
2. Zeiteinteilung.– Einige Antworten verdeutlichen den Wunsch nach mehr Eigenverantwortlichkeit in Bezug auf den zeitlichen Rahmen.– *„Über den Aufenthalt im Wald bzw. über die Dauer, da es eine Waldgruppe ist, die aus vier Kita-Gruppen zusammengesetzt ist. Da wir die Absprachen mit den anderen Kolleginnen treffen müssen.“* –

„Terminplanung.“ – „Wofür ich meine Verfügungszeit nutze, z.B. wie viele Elternabende, Feste etc. wir anbieten.“

3. Pädagogische Fragen.– Manche Befragte fühlen sich doch auch in ihrer pädagogischen Kompetenz eingeschränkt.– *„Besondere Maßnahmen, die die pädagogische Arbeit betreffen (z.B. Aufstellen eines Tipis nach dem Sturm Lothar, der das Betreten des Waldes unmöglich machte) und natürlich auch das Selbstverständnis eines Waldkindergartens streifen.“ – „Pädagogische Rahmenbedingungen.“ – „Gegenüber der Elternschaft in der pädagogischen Arbeit (keine Einmischung!) und welche Arbeiten zuerst erledigt werden müssen und welche weniger wichtig sind.“*
4. Transport/Organisation.– Aus der Sicht der Erzieherinnen gibt es hier und da Ungereimtheiten bezüglich des Transportsystems und der Organisationsstruktur.– *„Wie wir mit den Kindern in den Wald kommen. Wunsch: Mit 20-Sitzer-Bus, scheitert aber an der finanziellen Situation.“ – „Gruppeneinteilung.“ – „Ich würde gerne entscheiden dürfen, wen ich mitbringen bzw. hospitieren lassen darf.“ – „Aufnahme von Kindern.“*
5. Zufriedenheit.– Hier wird ersichtlich, dass die Erzieher mit ihren Entscheidungskompetenzen zufrieden sind.– *„Fällt mir spontan nichts ein. Unsere Entscheidungsstruktur erscheint mir, so wie sie ist, ganz sinnvoll.“ – „Ist o.k. so.“ – „Ich habe genügend Entscheidungsfreiheit.“ – „Bin zufrieden damit, wie es ist.“*

Einige konnten die Frage nicht begreifen: „Das ist für mich unverständlich. Alle Entscheidungen werden im Team besprochen und gemeinsam getroffen.“

Es dürfte ein Wunsch der Walderzieher sein, mehr im größeren Team arbeiten zu können, was selbstverständlich Vorteile bergen kann, aber evtl. auch mit Nachteilen verbunden ist. In der Waldpädagogik muss man sich darüber im Klaren sein, dass es sich im Wesentlichen um eine Zwei-Personen-Arbeit handelt. Ist das ein Team? Dieses Ensemble sollte auf jeden Fall Teamgeist verkörpern.

Auf die Frage „Wie sind sie mit ihrem Team zufrieden?“ ergab sich Folgendes:

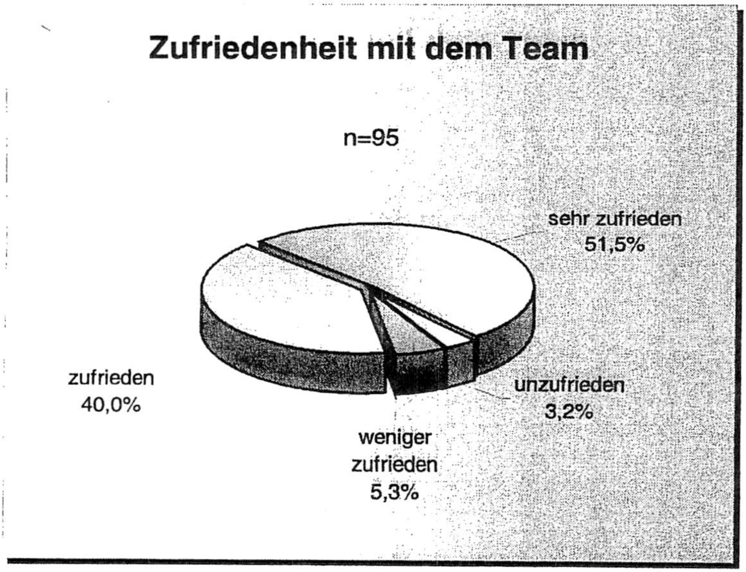

Wie zu sehen ist, ein ausgesprochen hoher Zufriedenheitsgrad, was die Teamerfahrung anbetrifft.

7.7 Zeitbudget

Bei einem Blick auf das Zeitverteilungsdiagramm wird deutlich, dass die vergleichsweise geringe Zeit der Erziehungskräfte zu über 70% in die pädagogische Arbeit investiert wird. Eltern- und Öffentlichkeitsarbeit nehmen mit jeweils gut 7% zusammen so viel ein wie die Verwaltungsarbeit, mit an die15%.

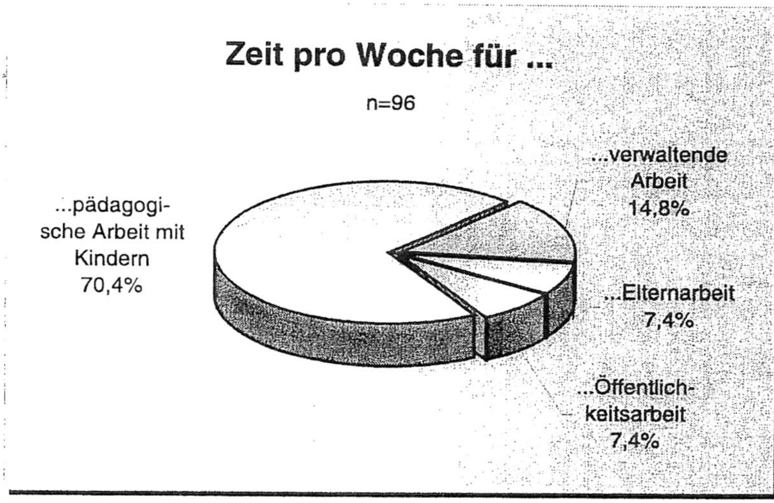

7.8 Fachberatung und Supervision

Jeder pädagogischen Fachkraft im Waldkindergarten wünscht man eine fundierte Fachberatung und, wenn es darauf ankommt, eine qualifizierte Supervision. Wie sieht das im Waldkindergarten aus?

Hier treffen wir auf ein ziemliches Manko; die Frage „Haben Sie für sich selbst die Möglichkeit der fachlichen Beratung (z.B. Fachberatung, Supervision)?“ wird so beantwortet:

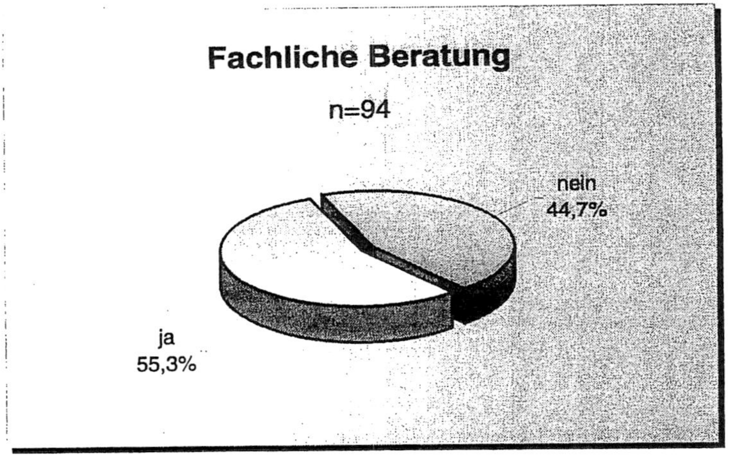

Wo fachliche Beratung vorhanden ist, wird sie in aller Regel vom Träger bezahlt, einige bezahlen sie selber.

7.9 Öffentlichkeitsarbeit

Wir hatten schon gesehen, wie gering der Anteil der Arbeitszeit bei Walderziehern für die Öffentlichkeitsarbeit ist. Wir fragten auch, wer in erster Linie für die Öffentlichkeitsarbeit zuständig ist. Es sind in den wenigsten Fällen die Erzieher selbst, bei mehr als einem Viertel der Verein bzw. der Träger und bei mehr als der Hälfte beide gemeinsam.

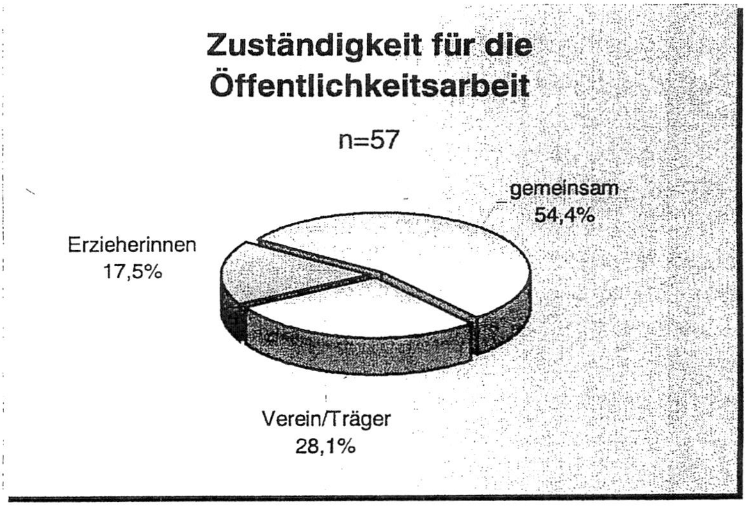

Viele der Waldkindergärten machen nach meiner Einschätzung bereits durchaus passable Öffentlichkeitsarbeit.

7.10 Kooperation mit anderen Institutionen

Der Waldkindergarten braucht viele Kooperationspartner, weil er sich sonst isoliert und als separiert betrachtet wird. Insofern ist eine vielseitige Vernetzung sinnvoll. Die folgenden Berichte zeigen die reichhaltigen Kooperationslinien der Waldeinrichtungen.

Sowohl mit anderen traditionellen Kindergärten, mit Vereinen, besonders aber mit der Schule, und evtl. noch anderen Instanzen kann und sollte eine fruchtbare Zusammenarbeit stattfinden.

1) Zusammenarbeit mit anderen Kindergärten

Einladung anderer Kindergärten in den Waldkindergarten.– Treffen zwischen sonstigen Kindergärten und dem Waldkindergarten. Diese finden je nach Einrichtung oft oder auch nur gelegentlich statt. Über die Häufigkeit der Besuche wurden selten genaue Angaben gemacht.

Zusammenarbeit von Leiterinnen verschiedener Kindergärten.– Das betrifft nur Veranstaltungen ohne Kindergartenkinder, z.B. Treffen auf

Verbands- und Kreisebene sowie Treffen von Leiterinnen einzelner Kindergärten, außerdem: Punkte wie Betriebsausflug, Vorträge, Fortbildungen, Arbeitskreise und Konferenzen.

Gemeinsame Aktivitäten.– Hier geht es um Aktivitäten, die die Kinder verschiedener Kindergärten zusammen unternehmen. Darunter fallen besonders Waldprojekte, Diavorträge, Mittagstisch, Besichtigungen von Einrichtungen (Grundschule, Altersheim).

Offizielle Veranstaltungen.– Dabei geht es um offizielle Veranstaltungen, die von den Kindergärten gemeinsam wahrgenommen werden, z.B. Gottesdienstvorbereitung und Feste.

Kein oder wenig Kontakt.– Hierunter fallen Antworten wie, *„kein Kontakt“* oder *„wenig Kontakt zu anderen Kindergärten“*. Des weiteren gab es die Antwort *„zufälliger Kontakt“*.

2) Zusammenarbeit mit anderen Waldkindergärten

Austausch mit anderen Waldkindergärten.– Hierunter fallen Treffen zwischen dem Waldkindergarten und anderen Waldkindergärten, bei denen die Kinder im Vordergrund stehen.

Austausch unter Kollegen.– Neben konkreten Angaben wie *„Hospitationen“* und *„Leiterinnentreffen“* gab es auch inhaltlich nicht konkretisierte Aussagen über den Austausch mit Kollegen, wie z.B. allgemein *„Austausch“*, *„Telefonate mit Kollegen“*, *„gegenseitige Besuche“* oder *„Infoveranstaltungen“*.

Überregionale Leiterinnentreffen.– Das sind Treffen zwischen Leiterinnen verschiedener Waldkindergärten, die nicht im „kleinen Kreis“, sondern in einem größeren Rahmen stattfinden. Spitzenreiter ist die Antwort *„Arbeitskreise auf Landes- und Bundesebene“* mit ca. dreißig Nennungen.

Gemeinsame Koordination.– Genannt werden hier gemeinsame organisatorische Tätigkeiten als Vorbereitung für Arbeitsgemeinschaften (z.B. in den Wald gehen). Außerdem: die moralische Unterstützung und Beratung zwischen den einzelnen Kollegen, nicht weiter konkretisiert.

Kein/wenig Kontakt.– Selten geben Waldkindergärten an: *“wenig Kontakt“* oder *„keine Zusammenarbeit mit anderen Waldkindergärten.“*

3) Zusammenarbeit mit Vereinen

Aktivitäten mit Naturschutzvereinen.– Das meint: Aktivitäten, Treffen und Austausch mit Vereinen, die sich dem Naturschutz verschrieben haben, wie BUND, Umweltakademie, Naturschutzgruppen und die Biologische Station.

Vereine zur Familienförderung.– Dies sind Vereine, deren Aufgabe es ist, sich um Kinder, ganze Familien, aber auch einzelne Familienmitglieder, zu kümmern, der Kinderschutzbund, der Bundesarbeitskreis Waldkindergärten, Wohlfahrtsverbände, Mütter-Zentrum und Jugendfarmen.

Ortsvereine.– D. h.: Verkehrsverein, historischer Verein, Jagdverein, Sportverein, Pfadfinder und Trägervereine der Kindergärten. Die Zusammenarbeit besteht darin, dass Vereine den Kindergärten Räumlichkeiten zur Verfügung stellen, aber auch darin, dass gemeinsame Veranstaltungen und Feste geplant und veranstaltet werden.

Keine oder wenig Zusammenarbeit.– Hier finden sich Aussagen wie *„keine Zusammenarbeit"*, *„wenig" oder „sehr wenig Zusammenarbeit"* oder Aussagen wie *„noch keine Zusammenarbeit"*.

Sonstiges.– Genannt sind Aktionen der Kindergärten, wie zum Beispiel Einladungen an die Bevölkerung zu Vorträgen über den Waldkindergarten.

4) Zusammenarbeit mit Schulen

Zusammenarbeit mit Grundschulen.– Bei der Zusammenarbeit mit Grundschulen findet im allgemeinen nur die Kooperation mit den Vorschulklassen statt: Besuche von Grundschullehrern in Kindergärten, Teilnahme der „Vorschüler" an einem ganz normalen Schultag, Eltern von „Vorschülern" nehmen an einem Elternabend der ersten Klassenstufe teil etc.

Zusammenarbeit mit Sonderschulen.– Es gibt sporadisch die Zusammenarbeit als regelmäßige gegenseitige Besuche der Schüler im Kindergarten, aber auch die gemeinsamen Feste o.ä.

Wenig oder keine Zusammenarbeit.– Es gibt nicht selten auch die Aussagen *„keine Zusammenarbeit"*, *„wenig" oder „sehr wenig Zusammenarbeit"* bzw. *„noch keine Zusammenarbeit"*.

5) Weitere Kooperationsinstanzen

Zusammenarbeit im Hochschul-/Bildungsbereich.– Hier findet sich die Zusammenarbeit mit Hochschulen allgemein, aber auch z.B. mit der pädagogischen Fachakademie. Studenten kooperieren dabei in den Kindergärten, um die Informationen und Erfahrungen in einer Zulassungs- oder Diplomarbeit auswerten zu können. Die Kategorie schließt auch den allgemeinen Bildungsbereich, wie Volkshochschule und Büchereien, mit ein.

Zusammenarbeit mit sozialen und Jugendeinrichtungen.– Gemeint sind Ämter, Kirchengemeinden, Arbeiterwohlfahrt und Einrichtungen anderer Träger, wobei sie z.B. Räumlichkeiten stellen, welche bei schlechtem Wetter genutzt werden können. Bei der Zusammenarbeit mit dem Jugendamt geht es vor allem um Fortbildungen, die dieses anbietet. Vom Sozialamt werden Möbel gestiftet und Informationsblätter verteilt. Frühförderstellen arbeiten mit den Kindergärten zusammen, indem sie ihre Konzepte vorstellen.

6) Zusammenarbeit mit medizinischen Einrichtungen

Die Zusammenarbeit der Kindergärten mit dem Gesundheitsamt betrifft z.B. die Zahnprophylaxe. Es gibt aber auch eine Zusammenarbeit mit Therapeuten und Logopäden.

7) Zusammenarbeit mit Behörden

Offenbar existiert eine enge Zusammenarbeit der Kindergärten mit den Gemeinden und Städten. Die Zusammenarbeit z.B. mit dem Landkreis konzentriert sich auf Rundbriefe an Kindertagesstätten sowie Beratung der Träger von Kindergärten.

8) Zusammenarbeit mit Natur- und Umwelteinrichtungen

Es gibt offenbar eine enge Zusammenarbeit zwischen Forstamt/Förstern und den Waldkindergärten. Mit Umweltamt und Naturschutzbund wird ebenfalls zusammengearbeitet.

8. Zur Qualität und Ausstattung des Waldkindergartens

8.1 Qualitätsdebatte im Waldkindergarten?

Die Qualitätsdebatte der letzten Jahre hat selbstverständlich auch vor dem Waldkindergarten nicht Halt gemacht (vgl. dazu das unter meiner Herausgeberschaft erschienene Buch von W. Scheuring, Qualität und Evaluation im Kindergarten – Beispiel Waldkindergarten, Oberried 2000).

Wir fragten in unserer Studie: „In der Kindergartendiskussion wird zur Zeit viel über Qualität, Qualitätsentwicklung und Qualitätsmanagement gesprochen. Kennen Sie diese Diskussion? Falls ja, wie schätzen Sie diese Diskussion im Hinblick auf den Waldkindergarten ein?"

Den meisten ist die Diskussion um Qualität nicht unbekannt, mehr als ein Drittel der Befragten scheint jedoch darüber kaum etwas zu wissen. Auf die Frage nach der Einschätzung ergeben sich folgende Gruppierungen:

1) Die Befragten halten die Diskussion für wichtig und notwendig.– *„Wir müssen uns diesen Kriterien verstärkt stellen..." – „Ich halte es für sehr wichtig, Kriterien für die Qualitätssicherung zu haben..." – „Der Waldkindergarten darf sich diesen Diskussionen nicht verschließen, ein ständiges Hinterfragen der Abläufe ist notwendig, um nicht auf's Abstellgleis zu rutschen."*

2) Qualität ist bereits vorhanden.– *„Der Waldkindergarten erfüllt bereits die Qualitätsrichtlinien." – „Der Waldkindergarten hat eine ganz besondere Qualität...." – „Der Waldkindergarten braucht sich nicht zu verstecken, er bietet Qualität." – „Die Konzeption ist Qualität an sich."*

3) Den Befragten ist es wichtig, dass die Öffentlichkeit über die Qualität des Waldkindergartens informiert wird.– *„Ich halte es für sehr wichtig, Kriterien für die Qualitätssicherung zu haben, besonders im Hinblick auf die Öffentlichkeit, die vielleicht bei Waldkindergärten daran zweifelt." – „Transparenz nach außen."*

4) Die Befragten zweifeln aus verschiedenen Gründen an dem Sinn der Diskussion.– *„Ich halte die Diskussion allgemein für sehr schwierig. Pädagogische Arbeit oft schlecht messbar.“* – *„Einerseits bedrohlich, andererseits...“*

Es gibt aber im Zusammenhang mit der Qualitätsdiskussion noch eine Reihe interessanter Aussagen von Seiten der befragten Erzieher, z.B.:

- Furcht vor Vereinheitlichung: *„Wir brauchen kein Gesamtkonzept. Jeder Waldkindergarten sollte in seiner eigenen Pädagogik flexibel bleiben können.“*
- Befruchtung durch den Waldkindergarten: *„Der Waldkindergarten zeigt m. E. auf, wie sich die Kindergartenarbeit positiv weiterentwickeln sollte. Ich denke, es wirken Impulse in die konventionelle Arbeit hinein.“*
- Konkurrenz für andere Kindergärten: *„Es gibt mangelnde Kenntnisse der anderen Kindergartenpädagogen über die Arbeit im Waldkindergarten. Man hält uns für Konkurrenten, die ihnen die Kinder wegnehmen.“*
- Bescheidene Überlegenheit: *„Wir wollen nicht die besseren sein, unsere Arbeit ist jedoch anders.“*
- Das Markensiegel „Waldkindergarten“: *„Es kann sich nicht alles Waldkindergarten nennen. Der Begriff wurde definiert und geschützt. Da der Waldkindergarten meist nur vormittags ist und nicht so viele Kinder hat, wird diese Diskussion vielleicht erst später interessant.“*
- Qualität aus Elternsicht: *„Wir arbeiten als Dienstleistungsbetrieb, und dieser betrachtet die Eltern als Kunden, d.h. sie haben mehr Mitbestimmungsrecht als in regulären Kindergärten.“* - *„Die Eltern werden einmal jährlich zu der Qualität der Kindergartenarbeit befragt. Ich erlebe dieses im Allgemeinen als Pluspunkt, weil die Eltern sich ernster genommen fühlen und das Team evtl. Anregungen und Verbesserungsvorschläge daraus erhalten kann.“* – *„Der Kontakt zwischen Erzieher und Eltern ist besser und produktiver.“*

8.2 Räumlichkeiten

Sein Raum ist der Wald, könnte zwar über den Waldkindergarten gesagt werden, allerdings reicht das nicht aus. Zum Einen braucht der Waldkindergarten Räumlichkeiten aus Gründen des Schutzes vor Wind und Wetter, zum Anderen jedoch auch, um seine pädagogische Arbeit im umfassenden Sinne durchführen zu können.

8.2.1 Die tatsächliche Art und Ausstattung der Räume im Waldkindergarten

Wir erforschten nicht nur den Zufriedenheitsgrad der Erzieher mit der Ausstattung, sondern wir untersuchten auch die tatsächlichen Gegebenheiten. Allerdings können unsere Aussagen hier nicht abschließend sein, da wir mit offenen Fragen gearbeitet, und nicht explizit gefragt haben, ob der jeweilige Waldkindergarten verfügt über, z.B.:

- Tische, Bänke, Stühle
- Heizung
- Regale und Schränke
- Strom
- Wasser
- Garderobe
- Küche
- Kuschelecke
- Abstellraum
- Technische Geräte
- WC

Alles das geben Waldkindergärten an als ihre Ausstattung.

Unsere Ergebnisse lassen darauf schließen, dass die Räumlichkeiten der Waldkindergärten äußerst unterschiedlich ausgestattet sind, dass sie aber wohl das Nötigste zur Verfügung haben.

„Um die Gebäudeart" der überdachten Räumlichkeiten geht es im Folgenden. Welche gibt es?

- Bauwagen
- Hütte
- Fremder Raum
- Regelkindergarten
- Zelt
- Gruppenraum
- Schutzraum
- Regendach
- Container
- Fremde Hütte/Haus

Aus der folgenden Grafik geht die Verteilung hervor:

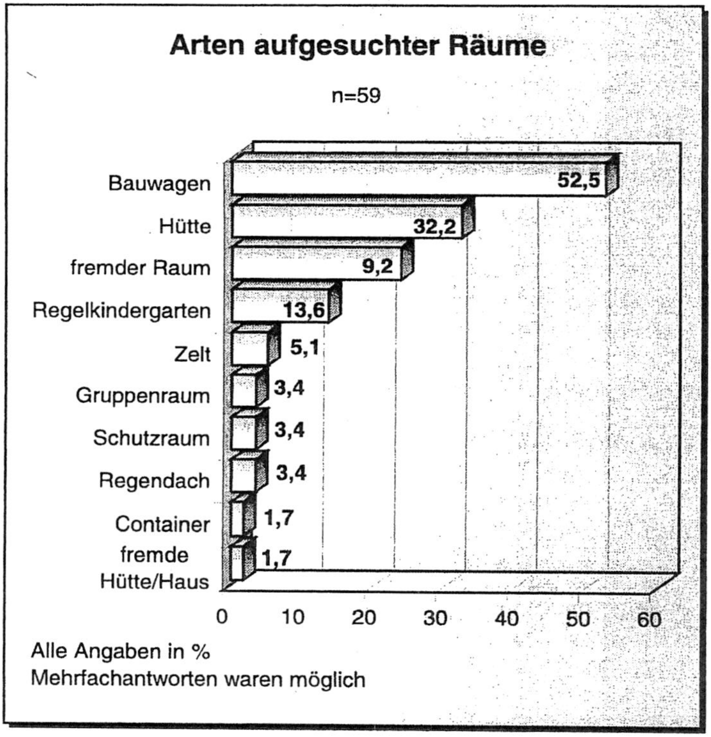

Die Überdachungen dienen als Schutz vor Regen und Kälte, lassen sich aber auch für kleinere Aktivitäten (Morgenkreis, Schlusskreis, Vesper, u.ä.) bei widrigen Wetterbedingungen nutzen. Die einzelnen Räumlichkeiten können wir grundsätzlich nach der äußeren Form (Bauweise) sowie nach deren ursprünglichem Verwendungszweck unterscheiden. Wie man sieht, haben die meisten Waldkindergärten einen Bauwagen bzw. eine Hütte zur Verfügung. Es gibt aber auch eine Reihe von anderen Varianten.

Fremder Raum meint eine von der Gruppe nutzbare Räumlichkeit, die jedoch sanitäre Anlagen hat und ansonsten von anderen Gruppen (z.B. Vereinen) mitbenutzt wird.

Regelkindergarten meint den Waldkindergarten, der die Möglichkeit hat, die Räumlichkeiten eines normalen Kindergartens mitzubenutzen.

Ebenfalls sehr einfach ist die Überdachung in Form eines Zeltes. Dieses kann eine vorübergehende Einrichtung sein oder das ganze Jahr über einen festen Bestandteil des Kindergartens bilden.

Mit *Gruppenraum* ist gemeint, wenn eine Waldkindergartengruppe einen eigenen Raum besitzt, der frei gestalt- und einrichtbar ist.

„Schutzraum" meint eine Räumlichkeit, die im Notfall von der Gruppe benutzt werden kann, jedoch keine eigene Einrichtung darstellt.

Eine sehr einfache Variante ist das Regendach. Dieses ist keine kindergarteneigene Einrichtung, sondern meist eine im Wald befindliche Überdachung, die öffentlich ist und von sämtlichen Personen benutzt werden kann.

Container sind wohl speziell für den Waldkindergarten beschafft bzw. umgebaut.

Ganz ähnlich ist die Nennung *fremde Hütte/fremdes Haus*, wobei es sich hierbei um eine größere Räumlichkeit handelt.

Wir können davon ausgehen, dass die Waldkindergärten ihre Kinder genügend schützen, wenn es darauf ankommt. Worauf gewiss auch die Eltern gemeinsam mit der Erzieherin achten. Auf die Frage „Haben Sie die Möglichkeit, mit ihrer Waldkindergartengruppe eine überdachte Räumlichkeit aufzusuchen?" antworten 100 % der befragten Einrichtungen mit „ja".

Walderzieher haben natürlich auch Wünsche und Vorschläge, was die Räume anbetrifft.

8.2.2 Vorschläge und Zufriedenheit bezüglich der Räume

Die von den Befragten geäußerten Ideen und Vorschläge im Raumbereich beziehen sich auf die folgenden Punkte:

1. Größe des Raumes. – *„Unser Bauwagen könnte größer sein."* – *„Ausreichend große Hütte bzw. Bauwagen."* – *„größeres, festes Gebäude."* – *„Bauwagen könnte 2-4 m^2 größer sein."*
2. Standort. – Der Wunsch nach einem anderen Standort wird mehrfach geäußert: *„Zu weit weg vom Wald."* – *„Es wäre schön, wenn die Hütte näher im Waldgebiet wäre bzw. mitten drin."* – *„Ausweichraum in der Nähe des Waldes."*
3. Verfügbares Material. – *„Mehr Schnitz – und Handwerksmaterial."* – *„Mehr Regale."* – *„Mehr Lagerraum."* – *„Mehr Musikinstrumente und Fachbücher."* – *„Mehr Ausstattung z.B. Seile, Lupen, Spiegel, Tücher."*
4. Räumliche Gegebenheiten. – *„Eigener Internetanschluss."* – *„Größeres Regenauffangbecken."* – *„Zelte müssten beheizbar sein."* – *„Nicht ausreichend Sitzplätze."* -*„Solarheizung und Licht."* – *„Schlechte Akustik."* – *„Gebäude mit Wasser, Strom und Heizung."*
5. Eigene oder neue Räumlichkeit. – Hier äußert sich der Wunsch nach einer neuen wie auch nach einer eigenen Räumlichkeit: *„Bauwagen ist sehr alt – neuer wäre Wunsch."* – *„Mein Wunsch wäre ein Bauwagen oder Unterstand."* – *„Blockhaus im Wald."* – *„Hütte oder Höhle wäre prima."* – *„Festes Haus."*

Die Ausstattung der Waldkindergärten ist also noch keineswegs rundum zufriedenstellend, allerdings zeigt sich im Ganzen ein recht passabler Zufriedenheitsgrad.

„Wie sind Sie mit Ihrer Räumlichkeit (Hütte, Bauwagen etc.) zufrieden?“ Auf diese Frage erhielten wir ein durchaus erfreuliches Ergebnis:

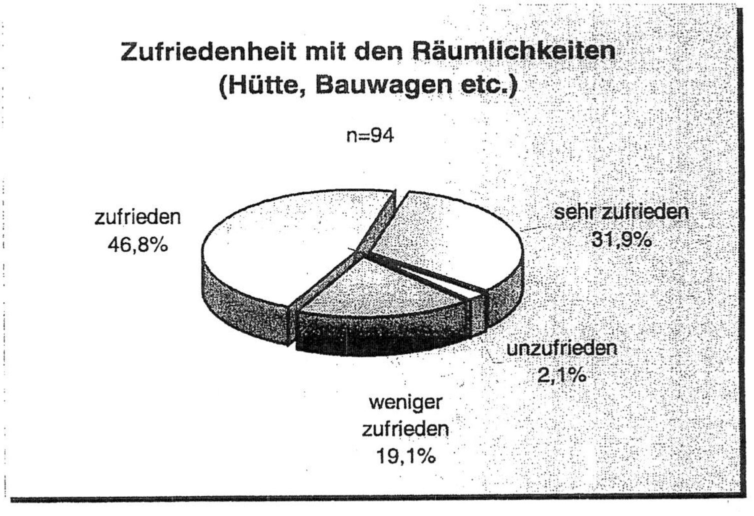

Lediglich ein Fünftel der befragten Erzieher scheinen mit der räumlichen Ausstattung nicht ganz zufrieden zu sein.

8.2.3 Anlässe zum Aufsuchen der Räume

Wann werden im Waldkindergarten die vorhandenen Räume aufgesucht? Im Wesentlichen gibt es zwei Gründe: Das Wetter sowie bestimmte Aktivitäten. Das wird durch die folgende Grafik deutlich.

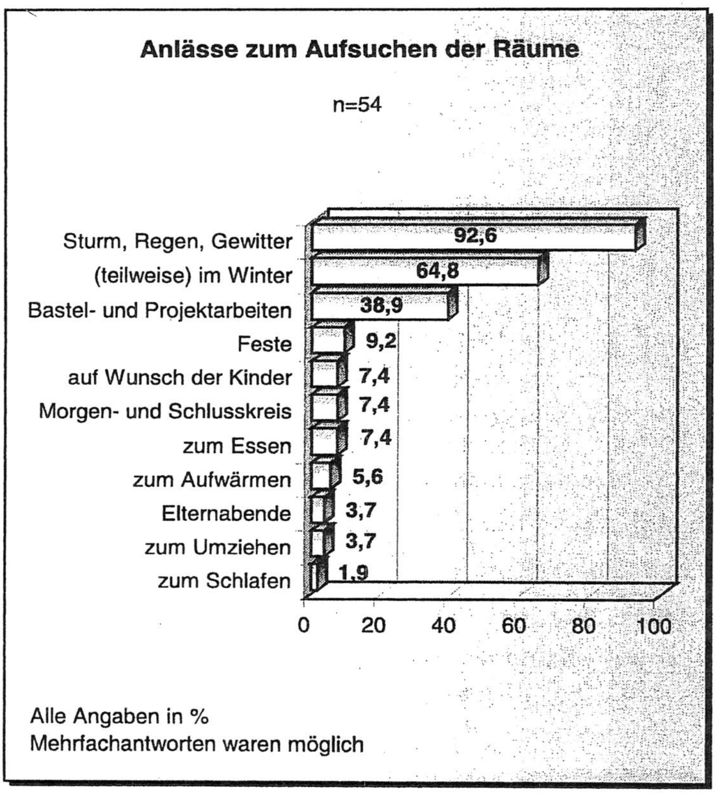

In den Raum geht man also hauptsächlich nur bei „Sturm, Regen und Gewitter", „Schlafen" oder „zum Umziehen" werden nicht häufig genannt. „Auf Wunsch der Kinder" wird auch kaum genannt. Gut ein Drittel nennt Basteln oder Projekte.

Die Raumfrage ist unter Walderziehen ein Diskussionspunkt. Es gibt diejenigen, die gerne den gesamten Wald mit seinen Vorteilen hätten – und dazu die optimale Hütte. Anderen wird das dann schnell zu zivilisiert.

8.3 Zeitfrage

Qualität ist in der pädagogischen Arbeit nur möglich, wenn auch Zeiten für Vor- und Nachbereitung zur Verfügung stehen. Darum wurde in den vergangenen Jahren und Jahrzehnten im Kindergartenbereich ziemlich gekämpft. Einige Erfolge konnten errungen werden. „Wieviel Zeit steht Ihnen zur Vor- und Nachbereitung pro Woche zur Verfügung (Verfügungszeiten)?", so lautete unsere Frage.

Eine Stunde Verfügungszeit haben 3 Waldkindergärten, zwei Stunden stehen ebenfalls 3 Kindergärten zur Verfügung, drei Stunden 6 Kindergärten, vier Stunden 5, fünf Stunden 10, sechs Stunden 6, sieben Stunden 4, acht Stunden 4, 10 Stunden 5 und 15 Stunden stehen einem Waldkindergarten zur Verfügung.

Es sind äußerst ungleiche Zeiten, die das pädagogische Personal für die Waldkindergartenarbeit zur Vor- und Nachbereitung hat. Die Einrichtungen mit den besonders geringen Zeiten dürften kaum eine ausreichend qualifizierte Bildungsarbeit aufweisen können. In diesem Punkt müssen Standards erarbeitet werden, damit derlei Ungleichbehandlung ein Ende hat. Wer täglich vier Stunden mit Kindern konkret und praktisch arbeitet, benötigt dazu mindestens zwei Stunden für die Vor- und Nachbereitung – täglich, d. h. 10 Stunden Verfügungszeit pro Woche. Das ist aber bei 85 % nicht der Fall. In 5 Fällen wird sogar explizit angegeben, dass man gar keine Verfügungszeit hat. Keine gute Voraussetzung. Meine Forderung nach adäquater Verfügungszeit setzt allerdings echte Bildungsarbeit voraus – nicht nur spazierengehen. Es ist auch interessant zu sehen, wie sich das Zeitbudget der Walderzieher für die verschiedenen Aufgaben darstellt (vgl. dazu Kap. 7.7).

8.4 Öffnungszeiten und Mittagsessen

Öffnungszeiten sind in der Waldkindergartendiskussion nicht selten ein Streitpunkt. Vor allem ist oft und rasch Kritik an der Halbtägigkeit der Waldkindergärten zu hören. Wir fragten nach Öffnungszeiten, Mittagessen und Schließzeiten in den Ferien.

8.4.1 Öffnungszeiten

Die folgende Übersicht gibt genauen Einblick, welche Typen von Waldkindergarten im Zusammenhang mit Öffnung und Mittagessen es gibt.

Öffnungszeiten	Anzahl der Waldkindergärten
vormittags (ohne Mittagessen)	45
vormittags (mit Mittagessen)	3
ganztags (mit Mittagessen)	2
ganztags (ohne Mittagessen)	2
3-tägig vormittags (ohne Mittagessen)	2
morgens und einmal nachmittags (ohne Mittagessen)	2
sehr differenzierte Öffnungszeiten	2

Es wird deutlich, dass der Waldkindergarten im Grunde nach wie vor ein Halbtagskindergarten geblieben ist, dass es aber andererseits auch

Waldkindergärten gibt, die den Versorgungsaufgaben, u.a. Mittagessen und Nachmittagsbetreuung, eine andere Bedeutung beimessen.

Was machen nun berufstätige Eltern?

Bei einer Analyse der täglichen Öffnungszeiten der Waldkindergärten wird deutlich, dass die meisten der befragten Kindergärten (77,6%) vormittags geöffnet sind und kein Mittagessen anbieten. 5,2% der befragten Waldkindergärten sind nur vormittags geöffnet, bieten aber dennoch ein Mittagessen an. Die übrigen (ganztags mit Mittagessen, ganztags ohne Mittagessen, dreitägig vormittags ohne Mittagessen, vormittags und einmal nachmittags ohne Mittagessen, differenzierte Öffnungszeiten) umfassen jeweils 3,4% der befragten Waldkindergärten.

Daraus kann man schließen, dass die Eltern der Waldkindergartenkinder meistens nicht beide berufstätig sein können, oder aber eine dritte Person (z.B. eine Tagesmutter) die Zubereitung des Mittagessens bzw. die Betreuung am Nachmittag übernehmen müsste.

Generell lässt sich sagen, dass viel Flexibilität und Engagement der Eltern, sowie eine gute Zusammenarbeit zwischen Eltern und Waldkindergarten die Voraussetzung für ein gutes Gelingen ist.

Oftmals müssen längere Anfahrtswege in den Wald in Kauf genommen werden. Die teilweise späte Bring- und frühe Abholzeit setzt voraus, dass zumindest ein Elternteil nicht berufstätig sein kann.

Zudem haben einige Waldkindergärten in der Sommerzeit andere Öffnungszeiten als im Winter. Auch hier wird Flexibilität von den Eltern verlangt.

Bei den wenigen Fällen, wo Waldkindergärten ein Mittagessen anbieten, wird dieses entweder von Hauswirtschaftskräften zubereitet oder von Eltern gemeinsam mit Kindern oder man kann im Gemeindekindergarten zu Mittag essen.

8.4.2 Schließzeiten in den Ferien

„Zu welchen Zeiten haben Sie den Kindergarten aufgrund von Ferien geschlossen?" Die Antworten auf diese Frage zeigt die folgende Übersicht.

Schließzeiten in den Ferien	Anzahl der Waldkindergärten
1 Woche	2
3 Wochen	2
4 Wochen	10
5 Wochen	10
6 Wochen	9
7 Wochen	8
8 Wochen	2
10 Wochen	1
wie Schulferien	8

Auch hier zeigt sich eine breites Spektrum und wiederum ein sehr heterogenes Bild der Einrichtungen. Mehr als die Hälfte hat sechs Wochen und darunter Ferien, aber immerhin auch 40% darüber. Acht Waldkindergärten gleichen sich sogar den Schulferien völlig an.

8.5 Ausstattung – u.a. Materialien, Tiere etc.

Üblicherweise werden Kindergärten in ihrer Qualität u.a. danach beurteilt, ob sie über eine reichhaltige Ausstattung mit Materialien, welcher Art auch immer, verfügen. Deshalb ist es für Waldkindergärten keine leichte Sache, hier den richtigen Weg zu finden. Wissen Sie selber, was der richtige Weg ist? Will und soll der Waldkindergarten ein absolut spielzeugarmer Kindergarten sein?

Wir haben eine Liste mit „Materialien“ gebildet und die Walderzieher gefragt, ob diese in ihrem Kindergarten zur Verfügung stehen. Die folgende Übersicht gibt die Antworten.

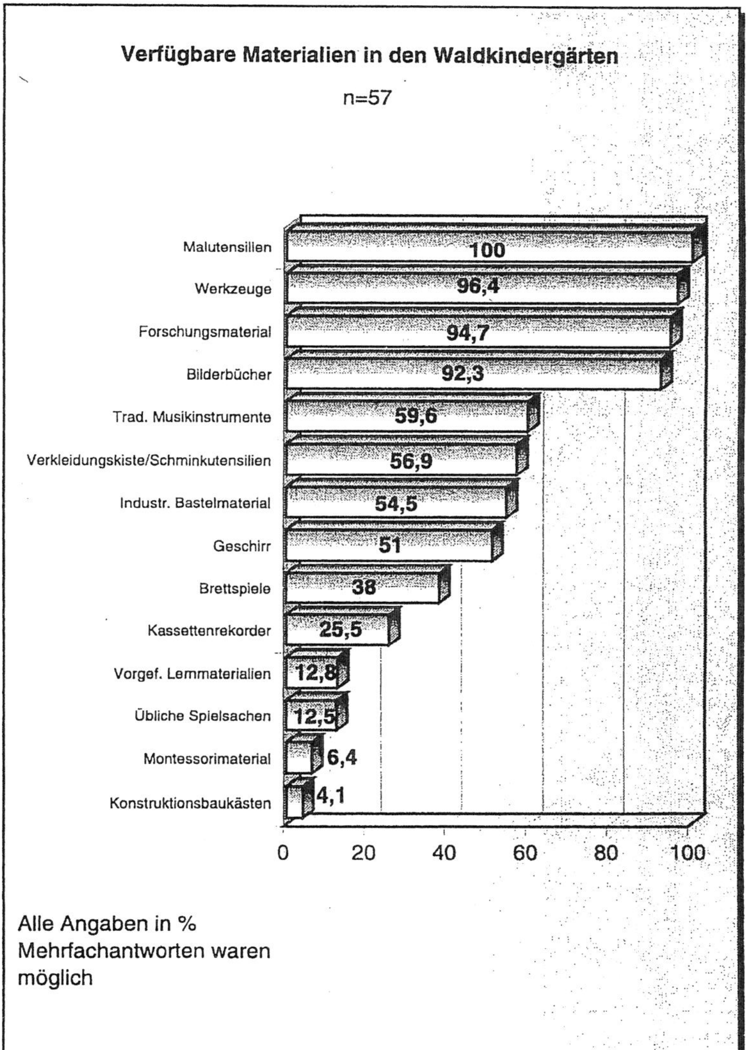

Was besagt dieses Forschungsergebnis?

Waldkindergärten sind „arme“ Kindergärten, allerdings, wenn man so will, im positiven Sinne. Ganz ihrer Zielsetzung entsprechend, sind sie nicht von der Spielzeugtechnik beherrscht, sondern was die Spiel- und Förderungsmaterialien anbetrifft, dominiert die Natur, begleitet von Forschungsmaterialien, wie Lupen u.ä. und Werkzeugen (Hammer und Zange). Eine Absage erteilen die Waldkindergärten dem Kassettenrecorder (mit Recht), wie auch den Konstruktionsbaukästen sowie den üblichen Spielsachen (Puppen, Autos), wie überhaupt den vorgefertigten Lernmaterialien. Alles das gibt es in Waldkindergärten nur im Ausnahmefall. Malutensilien und Bilderbücher schätzt und hat man im Waldkindergarten, über Montessorimaterial verfügt fast keine Einrichtung. Auch traditionelle Musikinstrumente stehen nicht sehr hoch im Kurs. Daraus zu schließen, es gäbe für die Waldkinder nur „Naturbildung“, scheint mir kurzschlüssig. Vermutlich geschieht die „Kulturbildung“ (oder zivilisationsorientierte Bildung?) wohl eher am Nachmittag.

Erwähnenswert bleibt noch, dass einige wenige Waldkindergärten eigene Tiere haben, z.B. einen Hund, einen Hasen, einer sogar zeitweise Pferde und einen Esel. Einer hat ein Wildgehege auf dem Gelände.

8.6 Mitgeführte Dinge – Was ist immer dabei?

Was sollten Walderzieher dabei haben, wenn sie mit ihrer Gruppe losziehen? „Bitte nennen Sie uns die wichtigsten Dinge, die Sie im Wald immer bei sich führen."

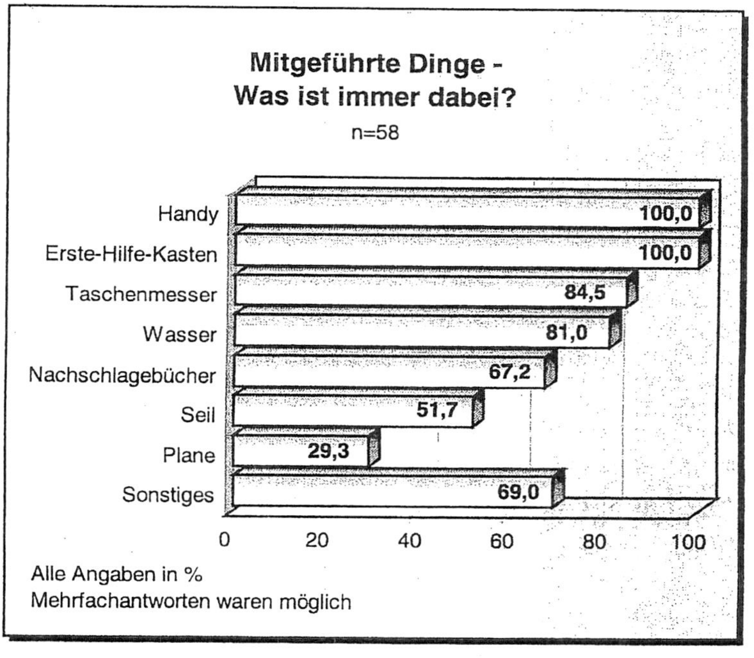

Wir sehen, dass das Handy sowie der Erste-Hilfe-Kasten im Wald für die Erzieherinnen und Erzieher ein absolutes Muss darstellen. Außerdem gehören Taschenmesser und Wasser sowie Nachschlagebücher fast immer dazu, sowie oft auch das Seil und die Plane.

Die Walderzieher nennen aber auch andere Dinge, die immer dabei sind und sich so gliedern lassen:

- Hygiene (Seife, Klopapier, Handtücher, Spaten/Schaufel, Taschentücher, Lavaerde, Nagelbürste, Windeln)
- Gesundheit (Ersatzkleidung, Isokissen, Anti-Zecken-Öl, Decke, Hautöl)

- Sicherheit (Adressen- und Telefonliste, Anwesenheitsliste)
- Forschungsmaterial (Fernglas, Vergrößerungsgläser)
- Unternehmungsmaterial (Wolle, Schnur, Draht, Eimerchen zum Sammeln, Strickleiter)
- Werkzeug (Schälmesser, Schere, Schnitzmesser, Stopfnadel)
- Kulturelles (Stifte, Papier, Bilderbuch, Flöte, Spielmaterialien, wie z.B. Fingerpuppen, Murmeln)

8.7 Fortbildungsfrage

Im Waldkindergarten weiß man, wie wichtig es ist, sich ständig fortzubilden. Allerdings haben im Befragungsjahr viele an keiner Fortbildung teilgenommen.

Themen von besuchten Fortbildungen

Ob sie im vergangenen Jahr an Fortbildungen teilgenommen haben, beantworteten von 100 Befragten 68 mit „Ja" und 32 mit „Nein" (Etwa ein Drittel war also bei keiner Fortbildung.).

Die Themen waren:

1. Natur- und Waldpädagogik. – Fort- und Weiterbildungen im Bereich der Natur und des Waldes lauteten z.B.: *„Bienen, Insekten und Blumen."* – *„Waldpädagogik."* – *„Naturwerkstatt."* – *„Naturspiele."* – *„Naturkundliche Fortbildung."*
2. Waldkindergartenpädagogik. – Eine der besuchten Veranstaltungen zur Waldkindergartenpädagogik ist der *„Bundesarbeitskreis – alle Fragen zu Waldkindergarten in Deutschland."*
3. Kindergartenpädagogik. – Diese Kategorie umfasst: *„Sozialmanagement im Kindergarten."* – *„Konzept für einen Kindergarten auf der Jungendfarm."* – *„Qualitätsmanagement im Kindergarten."* – *„Leiten von Kindergärten."*
4. Diverse Pädagogiken. – Z.B. *„Erlebnispädagogik."* – *„Gestaltpädagogik."* – *„Religionspädagogik."* – *„Montessori-Pädagogik."*

5. Elternarbeit. – Z.B. *„Elterngesprächsführung.“* – *„Strukturen in Elterninitiativen.“* – *„Elternarbeit.“*
6. Erste Hilfe. – Die Befragten erwarben Kompetenzen in Erster Hilfe.
7. Rechtliche Grundlagen. – Z.B.: *„Arbeits- und Tarifrecht.“* – *„Beurteilung von Zeugnissen.“* – *„Schreiben von Beurteilungen und Zeugnissen.“*
8. Sonstiges. – Diese Kategorie umfasst folgende Fortbildungen: *„Konzeptentwicklung.“* – *„Neurophysiologische Therapie.“* – *„Netz für Kinder: Meine Mami gehört mir.“* – *„Raum, Zeit und Stille – Meditation mit Kindern.“* – *„Jugendgruppenleiterschein.“*

Welche Themen werden gewünscht?

Wir fragten: „Welche Fortbildungsthemen und –inhalte halten Sie für Ihre Arbeit für besonders wichtig?“ Genannt wurde folgendes:

1. Natur- und Umweltpädagogik. – Die Erzieher wünschen sich vor allem eine Fortbildung über die pädagogische Umsetzung naturkundlicher Themen für den Kindergartenalltag. – *„Themen, die eine Umsetzung der Pädagogik in der Natur ermöglichen bzw. Ideen geben, z. B. Puppenspiel im Wald, Workshops.“* – *„Praktische Bereiche wie Angebote in der Natur, Spiele...“* – *„Kreatives im Wald.“* – *„Umweltpädagogische Themen.“* – *„Anregungen für Spiele und Lieder mit Bezug zur Natur.“* – *„Einführung zum Thema Wald und Naturpädagogik.“*
2. Biologie-Kenntnisse. – Biologische und naturkundliche Inhalte sollen in der Fortbildung Berücksichtigung finden. – *„Kennenlernen von Pflanzen und Tieren des Waldes.“* – *„Erkennen und Benennen von Insekten, Pflanzen und Pilzen.“* – *„Fortbildungen, die das Naturwissen erweitern.“* – *„Natur, wie alles zusammen gehört.“* – *„Lernen und Verstehen von Tieren und Pflanzen sowie darüber hinausgehende Zusammenhänge.“* – *„Fuchsbandwurm, Zecken.“*
3. Öffentlichkeitsarbeit. – Der Bereich Öffentlichkeitsarbeit muss in Fortbildungen stärker berücksichtigt werden. – *„Hilfen und Darstellung für die Öffentlichkeit.“* – *„Lobby.“* – *„Ideen für die Öffentlich-*

keitsarbeit und Sponsorenpflege." – „Sponsoring." – „Spendengelder woher?"

4. Elternarbeit. – Mehr Berücksichtigung des Themenbereiches „Elternarbeit" im Rahmen der Fortbildungen. – *„Umgang mit Familien und Eltern." – „Neue Formen der Elternarbeit." – „Umgang mit auffälligen Eltern." – „Elternarbeit im Waldkindergarten." – „Konfliktbewältigung mit Eltern und im Team."*

5. Austausch mit anderen Waldpädagogen. – Dieser Kategorie wurden Aussagen zugeordnet, in denen der Wunsch nach Austausch mit anderen Waldpädagogen zum Ausdruck kommt. – *„Austausch v.a. über Spielideen, Projekte etc." – „Treffen mit anderen Waldpädagogen und dabei Erfahrungen austauschen und voneinander lernen." – „Austausch mit Natur- und Waldkindergärten."*

6. Psychosomatik. – Die Befragten halten eine Fortbildung im Themenbereich „Psychosomatik" für besonders wichtig. – *„Psychosomatik im Wald." – „Psychomotorische Aspekte." – „Psychomotorik (Theorie und Praxis)."*

7. Verhaltensauffälligkeiten. – Es wird Fortbildung im Bereich „Verhaltensauffälligkeiten bei Kindern" in Bezug auf Theorie und Praxis gewünscht. – *„Förderung/Hilfe für verhaltensauffällige Kinder." – „Umgang mit schwierigen Kindern bzw. Aggressionen."*

8. Rechtliche Grundlagen. – Einige Befragte sprachen sich für eine Behandlung rechtlicher Fragen in der Fortbildung aus. – *„Rechtliche Grundlagen v.a. arbeitsrechtliche", „Rechtslage." – „Rechtliche Fragen speziell zum Kindergarten (z.B. Kind verschwunden)."*

9. Sonstiges. – Diese Kategorie umfasst folgende Fortbildungen: *„Konzeptionsarbeit und deren praktische Umsetzung." – „Qualitätssicherung." – „Erste Hilfe-Kurs." – „Wie sollte ein Verein Waldkindergarten funktionieren?"*

Erstaunlich und kritikwürdig erscheint mir, dass die konzeptionellen und didaktischen Fragen und Probleme nicht in stärkerem Maße gefordert wurden. Gerne verweise ich auf die Fachfortbildung „Kindergarten im Wald" von der Naturschule Freiburg e.V.

Weitere Wünsche und Kritik

Die Frage lautete: „Möchten Sie weiteres zur Fortbildung sagen?“. – Hier noch wichtige Antworten:

1. Fortbildung zu teuer. – Fortbildungen sind i.d.R. zu teuer und von den Walderziehern nicht finanzierbar. – *„Es werden zu wenig erschwingliche, regionale Fortbildungen angeboten.“* – *„Ich würde mich über ein breites kostengünstiges Angebot freuen.“*
2. Fortbildungen speziell auf den Waldkindergarten beziehen. – Viele Fortbildungen sind zu allgemein und sollten daher spezieller auf Waldkindergärten bezogen werden. – *„Es gibt sehr wenige Fortbildungen in Bezug auf Wald- bzw. Erlebnispädagogik.“* – *„Leider sind in den Fortbildungsprogrammen zu wenige Themen, welche für Walderzieherinnen interessant sind.“*
3. Bedeutung der Fortbildung. – Einige Befragte stellen noch einmal die Wichtigkeit der Fortbildungen in den Vordergrund. – *„Fortbildungen sind für mich sehr wichtig.“*
4. Erfahrungsberichte. – Das sind persönliche Berichte über bereits besuchte Fortbildungen. – *„Wir machen seit Februar 2000 eine einjährige berufsbegleitende Fortbildung.“* – *„Dieses Jahr besuche ich noch 3 Fortbildungen und habe schon zwei besucht.“*

8.8 Gibt es eine schriftliche Konzeption?

In vielen Kindergärten sind während der vergangenen Jahre Konzeptionen entstanden, und zwar in schriftlicher Form. Für den Waldkindergarten scheint es mehr oder weniger eine Selbstverständlichkeit zu sein, über eine solche schriftliche Konzeption zu verfügen. Fast 90% der Waldkindergärten haben nach eigenen Angaben eine solche schriftliche Konzeption. Ich halte das für einen deutlichen Indikator für die gute Qualität der untersuchten Einrichtungen. Viele haben ihre Konzeptionsschrift an uns geschickt, und wir konnten uns von der durchgängig guten Qualität der Schriften überzeugen.

8.9 Änderungs- und Verbesserungswünsche

„Gibt es Dinge, die Sie für ihren Waldkindergarten gerne anders hätten?“ – So unsere Frage.

1. Mehr finanzielle Möglichkeiten.– Der Waldkindergarten ist noch keine Einrichtung, bei der die öffentlichen Gelder völlig gesichert sind. Viele der Befragten hätten gerne mehr Zuschüsse, um damit ihre finanzielle Sicherheit gewährleistet zu sehen. Einige würden gerne großzügiger Material für den Kindergarten einkaufen und mehr Personal einstellen.
2. Veränderung der örtlichen und räumlichen Struktur.– Viele äußerten den Wunsch nach einem Bauwagen bzw. einer Blockhütte im Wald. Sie wollen dadurch Ausweichmöglichkeiten und Lagerräume schaffen, um Material unterzubringen, oder eine geschützte Stelle bei schlechtem Wetter haben. Außerdem hätten einige gerne eine Veränderung an ihrem Waldstück, um manche Aktivitäten mit den Kindern besser durchführen zu können, z.B.: Garten und Feuerstelle, Wassergebiete, Bach, See, Rohrbrunnen, Strom- und Wasserleitungen.
3. Andere Öffnungszeiten.– Die meisten Waldkindergärten haben nur morgens geöffnet; manche wünschen sich aber längere Öffnungszeiten und eine Mittagsbetreuung für die Kinder. Einige möchten für die Wintermonate veränderte Öffnungszeiten.
4. Umgestaltung der zeitlichen Möglichkeiten für Kinder und pädagogische Arbeiten.– Da der Waldkindergarten nur halbtags geöffnet ist, gibt es für manche Zeitprobleme. Sie wünschen sich mehr Zeit für pädagogische Arbeiten, Teamgespräche und Reflexion, Supervision und Fachberatung, Zeit zum Vorbereiten. Oft wird auch der Zeitmangel bzgl. der Arbeit mit den Kindern beklagt, viele Erzieherinnen hätten gerne mehr Zeit, um sich länger im Wald aufhalten zu können. So wäre ihnen verstärkte Kleingruppenarbeit möglich, oder sie könnten im Winter gemütliche Basteltage gestalten.
5. Umstrukturierung bei der Gruppenbildung.– In der Studie wurde deutlich, dass viele der Befragten eine Veränderung bei der Gruppenbildung wünschen. Einige würden gerne die Gruppengröße ver-

kleinern. Andere würden bei der Gruppenbesetzung eine Umstrukturierung befürworten, indem man eine bessere Alterdurchmischung innerhalb einer Gruppe anstrebt. Es wird dafür plädiert, dass sowohl ausländische wie auch behinderte Kinder stärker in die Waldkindergärten integriert werden.

6. Veränderung im Beschäftigungsverhältnis und bei den Arbeitsbedingungen.– Hier geht es um Veränderungen, welche die Angestellten direkt betreffen: bessere Bezahlung, ein anderes Beschäftigungsmodell. Aber auch die Arbeit soll verbessert werden und zwar durch mehr Betreuungspersonen, bessere Teamarbeit, männliche Erzieher oder durch eine bessere Betreuung durch den Förster.

7. Mehr Kooperation mit anderen, außenstehenden Einrichtungen und Organisationen.– Um die Arbeit im Waldkindergarten zu optimieren, wünschen sich einige der Befragten mehr Kooperation mit anderen Institutionen, z.B. sich mit einem örtlichen Regelkindergarten austauschen, oder Informationen von anderen Organisationen.

Wie man sieht, ein reichhaltiger Katalog an Veränderungswünschen. Welche Art der Wünsche am häufigsten vorkommen, zeigt die folgende Grafik:

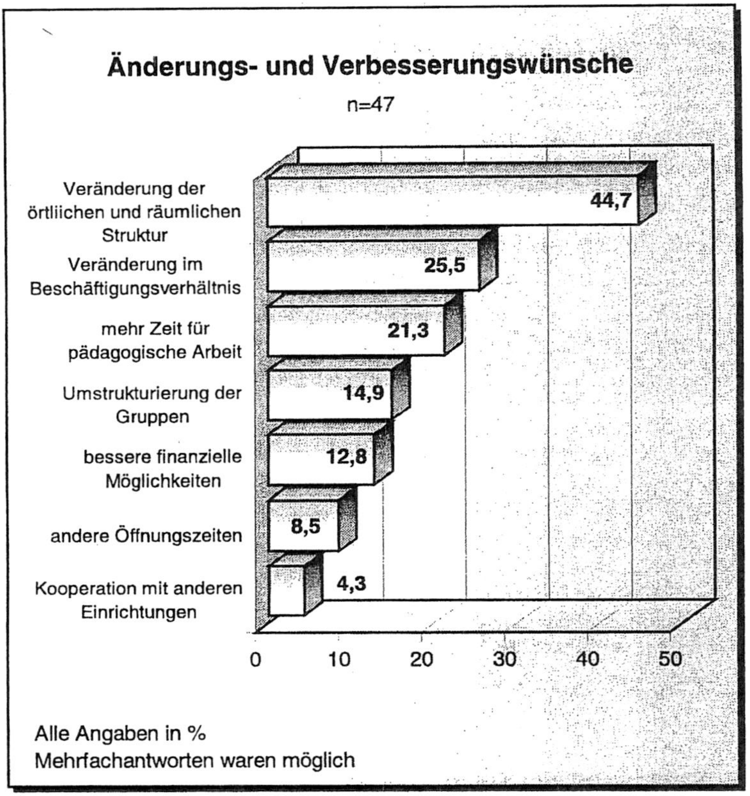

9. Gefahren für die Gesundheit der Kinder

9.1 Mehr oder weniger krank?

Die Vorurteile sind bekannt: Wer dauernd draußen ist, erkältet sich. Oder: Wer viel draußen ist, wird abgehärtet. Wir fragten die Walderzieher nach ihren Erfahrungen:

„Weil die Kinder im Wald allen Wetterbedingungen begegnen, wird oft angenommen, dass für sie ein erhöhtes Erkältungsrisiko besteht. Stimmt das nach Ihren Beobachtungen?" Diese Annahme wird von fast 100 % der Befragten negiert. Nach ihren Erfahrungen gibt es kein erhöhtes Erkältungsrisiko.

Was aber ist mit anderen Krankheiten, z.B. den berüchtigten Infektionsrisiken im Wald durch Zecke und Fuchsbandwurm?

9.2 Infektionsrisiko durch Zecken

„Zecken stellen als Überträger von Infektionskrankheiten eine Gefahr dar. Wie viele damit zusammenhängende Krankheitsfälle gab es bei Ihnen?"

Auf diese Frage geben zwei Drittel der Einrichtungen an, dass sie noch keinen Krankheitsfall durch Zeckenstich gehabt haben. Bei dem „positiven" Drittel (16 Einrichtungen) erscheint die Anzahl der Krankheitsfälle mir nicht gerade gering: einen Fall hatten 6 Einrichtungen, zwei Fälle hatten 4, drei Fälle hatten 3, vier Fälle hatte 1, 5 Fälle hatte 1 – eine Einrichtung gibt an zehn Krankheitsfälle gehabt zu haben.

Wir fragten auch, wie viele Kinder gegen FSME geimpft seien. Bei fast 60 % der Waldkindergärten ist kein einziges Kind geimpft. Bei den übrigen ist es sehr unterschiedlich. Die Zahlen der geimpften Kinder schwanken zwischen 1 Kind und der ganzen Gruppe, vermutlich abhängig von der Gegend und deren Zeckengefährdung.

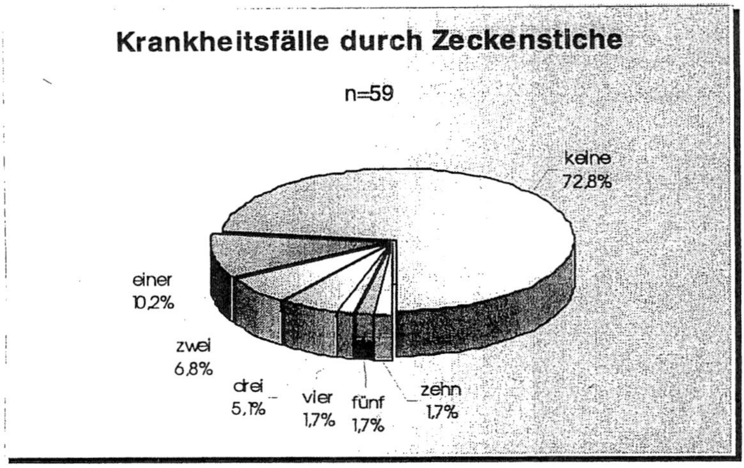

9.3 Hinweise zum Zeckenproblem – u.a. für die Eltern

Dass die Zecke nicht harmlos ist – vor allem je nach dem, in welchem Gebiet man sich befindet – dürfte sich herum gesprochen haben. Viele Waldkindergärten klären nicht nur die Kinder, sondern vor allem die Eltern über die Gefahr auf, ohne dass Panik verbreitet wird. Die folgende Passage ist der Konzeptionsschrift des Waldkindergartens Belzig entnommen:

„Während der Vegetationsperiode (April bis Oktober) besteht die Gefahr von Zeckenbissen. Nach Ende eines Vormittags im Waldkindergarten sollte daher die Kleidung gewechselt und der Körper nach Zecken abgesucht werden. Ätherische Öle halten Zecken fern, sie verflüchtigen sich jedoch meist rasch. Sollte ein Kind gebissen worden sein, muss die Zecke schnellstens entfernt werden, am besten mit einer Pinzette oder einer speziellen Zeckenzange herausziehen, dabei die Zecke nicht quetschen, nicht drehen, nicht mit Öl, Klebstoff o.ä. behandeln (dies führt dazu, dass die Zecke gesaugtes Blut wieder in die Blutbahn ausspuckt

und hierdurch möglicherweise Krankheitserreger überträgt). Anschließend die Einstichstelle desinfizieren. Zecken bevorzugen feucht-warme Plätze, so dass vor allem Hautfalten, Genitalbereich, Armbeugen, aber auch hinter den Ohren, im Haar oder den Kniekehlen kontrolliert werden sollte. Zecken können vor allem zwei Krankheiten übertragen: die Früh-Sommer-Meningo-Enzephalitis (FSME), eine Viruserkrankung des Zentralnervensystems, sowie die Borreliose, auch Lyme-Krankheit genannt.

Nach Angaben von Prof. Dr. Dr. H. Kimming vom Landesgesundheitsamt Stuttgart verlaufen 60 % der FSME-Infektionen stumm, d.h. der Körper bildet Antikörper, und es kommt zu keiner Erkrankung. 30 % der FSME-Infesktionen verlaufen in Form einer grippeähnlichen Erkrankung mit evtl. Fieber, Kopfschmerzen und Übelkeit. 10 % der Infizierten weisen die typischen Zeichen einer FSME-Erkrankung auf:

Nach ca. 7-14 Tagen (2-28 Tagen) kommt es zu leichtem Fieber und grippeähnlichen Symptomen. Diese erste Phase dauert 1-8 Tage und ist gekennzeichnet durch Müdigkeit, Fieber, Kopf-, Rücken- und Gliederschmerzen, Katarrh, Magen- und Darmbeschwerden. Danach folgt ein beschwerdefreies Intervall von 1-20 Tagen. Danach kann es zu einer zweiten Erkrankungsphase kommen mit hohem Fieber, Erbrechen, Nakkensteifheit und Lähmungen. Zwei Drittel der Erkrankten genesen nach der ersten Phase vollständig. Das andere Drittel, das auch die zweite Phase durchläuft, kann unter Umständen Dauerschäden zurückbehalten. Von diesen 10 % der FSME-Erkrankungen verlaufen 1-2 tödlich. Wurde ein Mensch mit dem Virus infiziert, so bildet er Antikörper und ist zeitlebens immun gegen eine erneute Infektion.

Es besteht die Möglichkeit, bis einschließlich zum 4. Tag nach einem Zeckenstich den Ausbruch von FSME durch eine Passiv-Impfung zu verhindern. Langzeitschutz bietet die aktive Impfung. Sie erfolgt über drei Impfgaben innerhalb eines Jahres und durch Auffrischung alle drei Jahre. Es sind allerdings Impfschäden unterschiedlichster Schweregrade bekannt!

Nach Angaben von Dr. Marold vom Gesundheitsamt in Belzig sind im Bereich des Fläming bisher keine Fälle von FSME nachgewiesen worden. Aufgrund des Impfrisikos erscheint uns daher eine Vorsorgeimpfung nicht empfehlenswert. In jedem Falle sollte bei den Kindern nach einem Zeckenbiss auf eventuelle Symptome geachtet werden, da trotz des fehlenden Nachweises dieser Krankheit im Fläming ein Erkrankung nicht hundertprozentig ausgeschlossen werden kann.

Die Borreliose ist eine Bakterieninfektion. Die Übertragung der Bakterie geschieht erst nach einigen Stunden Saugdauer, da sich die sog. Borrelien im Mitteldarm der Zecke befinden. Sie werden dadurch übertragen, dass die Zecke einen kleinen Teil des gesaugten Blutes wieder in den Wirt zurückpumpt. Das Krankheitsbild verläuft nach bisherigen Erkenntnissen in drei Stadien:

Im Stadium I kann 2-4 Wochen nach dem Zeckenstich neben grippeähnlichen Beschwerden eine flächenhaft größer werdende Hautentzündung auftreten, die in der Mitte verblasst und kürzere oder längere Zeit bestehen bleibt. Nach weiteren 3-6 Monaten kommt es im Stadium II zu starken Kopf- und Nervenschmerzen, Sehstörungen und Lähmungen vorwiegend im Bereich der Gesichtsmuskulatur. Stadium III setzt etwa ½ bis 1 Jahr nach einem infektiösen Zeckenstich ein und äußert sich durch Entzündungen, meist im Bereich der Knie- und Fußgelenke, unter Umständen kommt es zu einer chronischen Hauterkrankung. Die Borreliose kann, rechtzeitig erkannt, mit antibiotischen Mitteln vollständig ausgeheilt werden. Folgeschäden einer nicht rechtzeitig diagnostizierten Erkrankung sind Lähmungen im Bereich der Gelenke und irreversible Hautschäden. Eine Impfmöglichkeit besteht nicht.“

9.4 Fuchsbandwurm – u. a Hinweise für Eltern

Auch auf diese Gefahr ist hinzuweisen, ohne zu übertreiben. Ebenso aus der Konzeption des Waldkindergartens Belzig stammt die folgende Passage:

„Eine Infektion mit dem Fuchsbandwurm erfolgt durch Aufnahme von Eiern oder Larven über den Mund. Als Quelle für die Kinder im Waldkindergarten kommen hierbei der Verzehr von niedrig wachsenden Bee-

ren oder Fallobst oder der Kontakt mit infizierten Endwirten, wie Katze oder Hund, in Frage, die mit Bandwurmeiern oder –larven verunreinigt sind. Die Larven gelangen nach der Aufnahme durch den Mund durch die Darmwand in die Leber. Dort entstehen durch krebsartiges Wachstum schwammartige Gebilde, welche im Laufe von 5-10 Jahren die ganze Leber durchsetzen. Infizierte Menschen entwickeln erst Jahre nach der Eiaufnahme Krankheitssymptome wie bei anderen Lebererkrankungen, z.B. Fettunverträglichkeit, Appetitlosigkeit, Erbrechen und Gelbsucht. Eine vollständige Heilung kann nur bei frühzeitiger Erkennung durch Entfernen des Larvengewebes erreicht werden. Bei fortgeschrittenem Befall wird versucht, das Wachstum mit Chemotherapie zu stoppen. Die verbesserte Diagnostik und Chemotherapie sowie Fortschritt in der chirurgischen Technik haben die Überlebensrate nach 10 Jahren auf ca. 90 % erhöht.

Viel im Freien arbeitende und besonders mit Erdboden oder bodennaher Vegetation hantierende Menschen sollten vermeiden, während der Arbeit etwas zu essen, oder müssen die Hände zuvor gründlich durch sorgfältiges Bürsten der Hände und Fingernägel reinigen.

Nach Angaben von Dr. Marold vom Gesundheitsamt in Belzig gibt es bisher keine Nachweise für das Vorkommen des Fuchsbandwurms im Fläming. Trotzdem sollen im Waldkindergarten vor dem Frühstück die Hände mit Lavaerde, Bürste und Wasser gereinigt werden. Auf Sammeln und Verzehren von Waldfrüchten wird mit Ausnahme von speziellen Projekttagen verzichtet."

9.5 Wie werden die Kinder vor den Gefahren des Waldes gewarnt? – Aufklärung

Bei der Aufklärung ihrer Kinder über die gesundheitlichen Gefahren, die im Waldkindergarten täglich lauern, spielt für die meisten Erzieherinnen besonders das aufklärende und informierende Gespräch eine wichtige Rolle. Das bedeutet, dass ein Großteil der Kinder, die den

Waldkindergarten besuchen, schon im Vorfeld viel über die Risiken wissen und einer Infektion weitestgehend vorgebeugt ist.

Beinahe die Hälfte der Erzieher halten auch das Einhalten von klar festgesetzten Hygieneregeln für unverzichtbar. Die Kinder sollen beim Spiel die Hände und Finger nicht in den Mund stecken; vor dem Einnehmen der gemeinsamen Mahlzeiten müssen die Hände gewaschen werden etc.

Den Kindern die Problematik spielerisch näher zu bringen, betonen nur ganz wenige.

Nur ganz wenige nutzen auch das von Krankenkassen und Arztpraxen gebotene Informationsmaterial.

9.6 Regelungen für Notfälle

„Welche Regelungen gibt es in Ihrem Waldkindergarten für den Fall, dass ein Notarzt schnell zur Stelle sein müsste?“, so fragten wir.

Die meisten weisen auf ihr Handy hin, das sie immer mitführen; andere auf die Absprachen, die sie mit dem nächsten Arzt sowie dem Rettungsdienst getroffen haben. Auch die Information der Eltern wird häufig genannt. Wenige weisen darauf hin, das Kind selber zum Arzt zu bringen – leider gibt es auch einige, die angeben, dass keine speziellen Maßnahmen vorgesehen seien.

10. Wer ist der Walderzieher? – u.a. Qualifikation und Motivation

Waldkindergärten sind Ausnahmeerscheinungen, und zwar unter vielen Aspekten – ob es der Kindergarten als solcher ist, die Eltern oder die Kinder oder auch die Erzieherinnen und Erzieher. Was ist das Besondere bei den Erziehern? Haben sie besondere Qualifikationen? Bedarf es besonderer Merkmale?

10.1 Sozialdaten: Alter, Konfession, Familienstand

Einige Sozialdaten:

- Geschlecht: Statistisch gesehen, so könnte man salopp formulieren, ist der Walderzieher eine Frau. Auch im Waldkindergarten dominiert das weibliche Geschlecht: 95% der pädagogischen Fachkräfte im Waldkindergarten sind weiblich, nur 5% männlich.

- Alter: Die jüngste Walderzieherin ist 21, die älteste 57 Jahre alt. Die Hälfte ist unter 35 Jahre alt. Ein Viertel liegt altersmäßig zwischen 42 und 57 Jahren, ein Viertel unter 30 Jahren. Walderzieherinnen und Walderzieher sind also durchaus, was das Alter anbetrifft, gestandene Leute. Allerdings dürfte das bei Regelkindergärten nicht anders sein.

- Konfession: Ein Fünftel macht zur Konfessionszugehörigkeit keine Angaben. Von den 82 Personen sind 67% evangelisch, 32% katholisch, 1% sonstig. Walderzieher sind also in überwiegendem Maße evangelisch.

- Familienstand: Von 96 Walderzieherinnen und –erziehern sind: 51% verheiratet, 30% ledig, 13% in eheähnlicher Lebensgemeinschaft, 6% geschieden.

- Eigene Kinder: Fast zwei Drittel der Walderzieher haben auch eigene Kinder: 27% haben 1 Kind, 50% haben 2 Kinder, 13% haben 3 Kinder, 8% haben 4 Kinder, 1% hat 5 Kinder.

10.2 Berufliche Qualifikationen, u.a. Erfahrung und Wechsel

10.2.1 Berufliche Erfahrungen von Walderziehern

Pädagogische Fachkräfte sollten über möglichst viel und umfassende Erfahrungen verfügen. Wir können belegen, dass die Walderzieher normalerweise keine Anfänger sind.

„Haben Sie Berufserfahrung in anderen pädagogischen Einrichtungen als dem Waldkindergarten?“

Ganze 4% verneinen die Frage, d.h. dass nahezu alle im Waldkindergarten tätigen Personen bereits über andere Berufserfahrungen verfügen. Die folgende Grafik zeigt, in welchen Feldern man bereits gearbeitet hat.

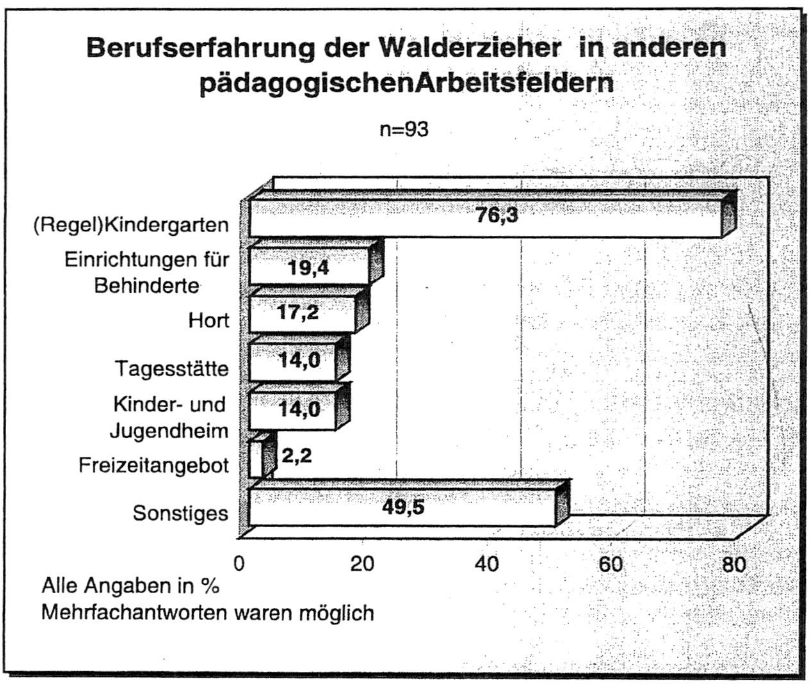

Die meisten waren also in einem Regelkindergarten beschäftigt, z.B. ein- bis viergruppige Gemeindekindergärten oder städtische Kindergärten, („Ganztagesgruppe“ und „Wechselgruppe“). Es wurden auch Montessori- und Waldorfkindergärten genannt, sowie der integrative Kindergarten. Im Kinder- und Jugendheim waren 14% beschäftigt. Darunter fällt auch : Wohngruppe für Schwererziehbare, Heim für Sozialwaisen, Erholungsheim. Ein recht großer Teil war auch in einer Einrichtung für Behinderte beschäftigt, so z.B. in Gehörlosenschulen, in der individuellen Schwerstbetreuung, in Sonderschulen für geistig Behinderte, in Werkstätten für Behinderte etc. Bei den „Tagesstätten“ wurden beispielsweise integrative Tagesstätten oder Betriebskindertagesstätten eines Kreiskrankenhauses genannt. Immerhin wird auch der „Hort“ recht häufig genannt. Im Bereich Freizeitangebot werden „Abenteuerspielplatz“ sowie „Kinder- und Jugendfreizeiteinrichtung mit Bauspielplatz“ genannt. „Sonstiges“ beinhaltet Einrichtungen wie „Naturschutzzentrum“, VHS, Musikschule, Jugendamt, Beratungseinrichtungen etc.

Es ist sehr auffallend, dass die meisten außer im Regelkindergarten nacheinander noch in mehreren Einrichtungen beschäftigt waren, also oft ihren Arbeitsplatz gewechselt haben.

10.2.2 Gründe für den Arbeitsplatzwechsel

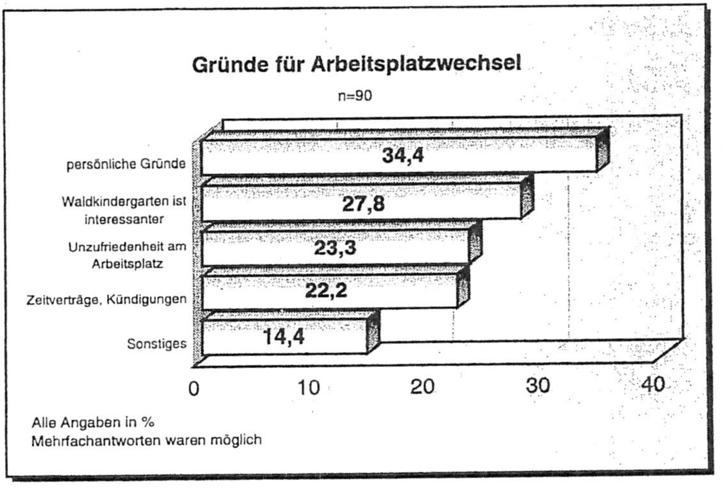

Am häufigsten wurden persönliche Gründe genannt. Hierbei waren es zumeist familiäre Gründe, z.B. Umzug, Heirat, Schwangerschaft, Erziehungspause oder beispielsweise Weiterentwicklung; oder weil die *„Anforderungen nicht dem entsprechen, was ich leisten kann"*. Interessant auch der Punkt, dass *„die Caritas wegen Scheidung keinen Wert auf meine Zusammenarbeit legte"*.

An zweiter Stelle steht, dass der *„Waldkindergarten interessanter und reizvoller"* ist. Hauptsächlich wird die Freude an und die Liebe der Natur genannt sowie die neue Herausforderung, die bei solch einem speziellen Arbeitsplatz gegeben ist. Ferner wird der Waldkindergarten als weniger „stressig" empfunden, da dort kleinere Gruppen sind. Teilweise wurden Waldkindergärten von Erziehern selbst gegründet, weil sie vom Konzept des Waldkindergartens sehr überzeugt sind.

Auch „Unzufriedenheit am Arbeitsplatz" wird genannt. Hierunter fällt z.B. Mobbing, Frust, Lautstärke im Regelkindergarten, andere Konzepte seien *„zu starr und unflexibel, eingefahren und vorgegeben, gehen an Bedürfnissen der Kinder vorbei, werden einzelnen Kindern nicht gerecht"*; häufig genannt werden auch unflexible Arbeitszeiten, die der Vereinbarung von Familie und Beruf nicht gerecht werden. Außerdem: eine Beschäftigung im Regelkindergarten könne zu anstrengend, überfordernd und frustrierend werden.

Viele hatten bei ihrer vorigen Arbeitsstelle auch nur Zeitverträge, z.B. Schwangerschaftsvertretungen. Oder man war nur während der Ausbildung im Arbeitsverhältnis; oder es wurde gekündigt, beispielsweise weil eine Stelle aufgrund von Personalkürzungen gestrichen wurde.

„Sonstiges": Darunter fallen z.B.: ein zu weiter Arbeitsweg, Erweiterung der Berufserfahrung, oder dass wegen Arbeitslosigkeit die Stelle angenommen wurde.

10.2.3 Besondere Qualifikation?

„Haben Sie für ihre jetzige Stelle im Waldkindergarten eine spezielle Qualifikation?" – so lautete unsere Frage. Im Folgenden die Antworten, aus denen hervorgeht, dass nur ein geringer Teil über eine besondere Qualifikation für die Waldpädagogik verfügt: nicht einmal ein Fünftel der Erzieherinnen (18,6 %).

Es wird Folgendes angegeben:

1. Ausbildung/Fortbildung Walderzieher/in.– Es wird deutlich, dass die Erzieherinnen bestrebt sind, sich in Bezug auf ihre Tätigkeit im Waldkindergarten zu spezialisieren bzw. sich in diesem Bereich ausbilden zu lassen:.– *„Waldpädagogische Zusatzausbildung (einjährig, berufsbegleitend)“.* – *„Fortbildung, Erzieher im Waldkiga.“* – *„Ausbildung zur Walderzieherin.“* – *„Fortbildung Waldpädagogik.“*
2. Universitätsabschluss.– Einige haben ein Studium absolviert, z.T. in naturwissenschaftlichen Bereichen, ebenso im Bereich Pädagogik.– *„Natur und Umweltpädagogik.“* – *„Biologie-Vordiplom.“* – *„Diplom in Umwelterziehung.“* – *„Der Uniabschluss war nicht nötig, hat mir jedoch viele Stützen an die Hand gegeben.“*
3. Eigenes Naturerleben, eigene Naturerfahrung.– Ihren eigenen Bezug zur Natur und zur Umwelt sehen einige der Erzieherinnen als spezielle Qualifikation an. Auch die aktive Beteiligung in Umweltgruppen spielt eine große Rolle in ihrer Tätigkeit im Waldkindergarten.– *„Beobachtungen und Erfahrungen in/mit der Natur.“* – *„mehrjährige Arbeit beim Bund für Umwelt und Naturschutz.“* – *„Kenntnisse über ökologische Zusammenhänge.“* – *„Ich habe eigene Erfahrungen im Aufenthalt in der Natur, im Einschätzen und Umgehen mit der Witterung (Schwierigkeiten und Gefahr), gute botanische und ökologische Grundkenntnisse.“*
4. Praxiserfahrung im Waldkindergarten.– Als besondere Qualifikation dient einigen die Arbeit in einem Waldkindergarten. Sie gaben an, durch ihre tägliche Arbeit hinzu zu lernen.
5. Arbeitskreis Waldkindergärten.– Hier treffen sich regelmäßig Erzieher, um sich über gemeinsame Erfahrungen, Probleme usw. auszutauschen. – *„Ich arbeite in einem Arbeitskreis, dort treffen sich Erzieher regelmäßig, die in Waldkitas arbeiten.“* – *„Habe am Treffen der Waldkitas teilgenommen.“*

Walderzieher zu sein ist offensichtlich eine eher persönliche Passion, wobei das eigene Engagement gegenüber der persönlichen Spezialqualifikation überwiegt.

10.3 Vergleich: Qualifikationsanforderungen Regelkindergarten - Waldkindergarten

Besondere Fähigkeiten:

„Wenn Sie einmal vergleichen eine Tätigkeit im Regelkindergarten – und eine Tätigkeit im Waldkindergarten: Sind dann für die Tätigkeit im Waldkindergarten besondere Fähigkeiten erforderlich? Falls ja, welche?" – So die Frage. Sie wurde zwölfmal mit „Nein" (12,4%) und von 85 Befragten mit „Ja" (87,6%) beantwortet.

Welches sind die besonderen Fähigkeiten?

1. Naturkundliches Interesse/Naturverbundenheit.– Das betrifft die mit 62,4% am häufigsten genannten Aspekte. Es verdeutlicht den Stellenwert, den die Befragten dieser Kategorie einräumen. Sehr oft gab es Nennungen wie: *„Naturverbundenheit."* – *„Liebe zur Natur."* – *„Wissen um die Naturgesetze."* Die Einstellung zur Natur als zentrale Aspekte des Waldkindergartens bei Äußerungen wie: *„Wetterfest zu sein."* – *„Spaß und Freude an der Natur."* und *„Forschungsgeist."* Auch naturkundliches Fachwissen wurde als wichtiges Kriterium hierfür genannt: *„Hintergrundwissen Biologie und Geologie."* – *„sich mit Pflanzen, Bäumen, Vögeln, Insekten auskennen."* – *„Wetter beobachten können."* – *„Wissen über giftige Pflanzen."*
2. Flexibilität und Innovation.– Flexibilität war mit 49,4% eine oft genannte Voraussetzung für Erzieherinnen im Waldkindergarten: *„Hohe Flexibilität."* – *„Spaß am Neuen."* – *„Bereitschaft Neues immer wieder zu erlernen."* – *„viel Flexibilität, damit man sein Programm vor Ort jederzeit umstellen kann, wenn es das Wetter und die äußeren Umstände erfordern."*
3. Improvisation/Kreativität/Spontaneität.– Darunter fällt mit 36,5%: *„Einfallsreichtum."* – *„Phantasie."* – *„Ausgeprägte Spontaneität."* – *„situatives Handeln."* – *„Improvisationsgabe."* – *„Tätigkeit und Angebot auf das Wetter abstimmen."* – *„eigener Ideenreichtum bezüglich Naturmaterialien."* – *„aus allem das Beste zu machen."* – *„mit Naturmaterialien gestalten."*
4. Körperliche Fitness.– Mit 17,6% Äußerungen wie: *„Bewegungsfreudigkeit."* – *„Robustheit."* – *„Wiederstandskraft."* – *„gewisse*

Sportlichkeit.“ – „körperliche Anstrengung.“ – „reaktionsschnell sein.“ – „gute gesundheitliche Grundlage.“ – „körperliche Beweglichkeit.“ – „geländegängig.“

5. Organisationsfähigkeit.– *„Organisationstalent.“ – „gute Vorbereitung, weil man immer alles dabei haben muss.“ – „mehr Fähigkeit zur Gruppenführung und Organisation.“*

10.4 Persönliche Motivation für die Arbeit im Waldkindergarten

„Was ist für Sie der persönliche Hauptgrund im Waldkindergarten zu arbeiten?“ Mit dieser Frage wollten wir der beruflichen Motivation etwas näherkommen.

1. Konzept des Waldkindergartens.– Im Vordergrund steht bei den Antworten das Konzept des Waldkindergartens. Viele haben hier eine Pädagogik gefunden, hinter der sie stehen können und von der sie überzeugt sind. – *„Kinder können Kind sein – ohne Konsumzwang.“ – „optimale Gelegenheit, Kindern den Umgang mit Natur und Menschen auf achtsame Art und Weise zu begegnen.“ – „ich bin von dem Konzept Waldkindergarten überzeugt!“ – „Freiere und individuelle Begleitung der Kinder in einem gesundenden Umfeld.“ – „kann den pädagogischen Hindergrund, den Sinn eines Waldkindergartens vertreten, dahinter stehen.“ – „Ich habe eine Kindergartenform gefunden, bei der ich fast ideal alle meine pädagogischen und weltanschaulichen Ansprüche und Überzeugungen umsetzen kann.“ – „mehr Zeit für die Kinder zu haben, mehr Raum und Freiheit die Kinder zu beobachten und zu begleiten, ihnen zuzuhören.“ – „weniger Störungen von außen im Alltag, z.B. Telefon, Kolleginnen, die mal reinschauen, Vertreter.“ – „Natur- und Tierschutz und die Möglichkeiten diese weiterzuvermitteln.“ – „überzeugendes Konzept.“ – „spielzeugfreies Konzept.“*

2. Naturverbundenheit.– Die Liebe zur Natur, hier in der Kategorie Naturverbundenheit zusammengefasst, spielt eine große Rolle. Es ist ein großer Vorteil, immer an der frischen Luft zu sein. Die Arbeit mit den Kindern mit und in der Natur ist für viele ein wichtiger Aspekt in ihrer Entscheidung für den Waldkindergarten.– *„meine eigene große Natur- und Waldliebe.“ – „jeden Tag bei Wind und Wetter draußen sein.“ –*

„Für mich ist die Natur ein sehr wichtiges Anliegen. Ich finde es sehr wichtig, dass die Kinder die Natur mit ihren Pflanzen und Tieren kennen lernen und lernen sie zu schützen.“ – *„Arbeit in der Natur macht süchtig.“*

3. Wald als Raum mit seinen Möglichkeiten.– Hier wird deutlich, welch wichtige Rolle die „Räumlichkeiten“ des Waldkindergartens spielen. Die Möglichkeiten, die der Wald den Kindern und den Erzieherinnen bietet, sind so vielfältig und lassen jeden Tag Platz für neue Entdekkungen.– *„Video, Fernsehen, Aggressivität usw. nehmen immer mehr zu, im Wald können Kinder kreativ, phantasievoll sein und ihren Bewegungsdrang austoben.“* – *„Lebensraum Wald kommt den Bedürfnissen der Kinder sehr entgegen.“* – *„Wald/Natur bietet Raum zum Toben und Materialien zur Entwicklung bestimmter Fähigkeiten, z.B. Matsche, anstatt Knete zum Formen.“* – *„Wald bietet so vielfältige Möglichkeiten für alle Sinne.“*

4. Persönliche Gründe.– Manchen Erzieherinnen passen auch die Arbeitszeiten, die sie sehr gut mit ihren eigenen Familien in Einklang bringen können. Oftmals auch liegt der Arbeitsplatz in der Nähe zum Wohnort, was viele als vorteilhaft empfinden. Jemand sagt, dass es am Anfang zeitliche Gründe (Familie und Beruf) waren, inzwischen aber seien es die vielfältigen Möglichkeiten, die der Wald bietet.

5. Ablehnung des Regelkindergartens.– Manche Walderzieher nennen auch die Ablehnung des Regelkindergartens als Motivation. Natur spiele dort nur eine untergeordnete Rolle. Die Arbeit finde zum größten Teil in geschlossenen Räumlichkeiten statt. Dem Bewegungsdrang der Kinder werde nicht entsprochen. Dem Regelkindergarten wird vorgehalten, dass der „Körper“ zu kurz komme. *„Wir sollten jedoch Körper, Geist und Seele fördern.“* Im Waldkindergarten sehen die Erzieherinnen die Möglichkeit, dem Kind die gesamte Zeit zu widmen. Sie bemängeln, dass im Regelkindergarten zu viele Störungen von außen einwirken, z.B. Telefon, Organisatorisches usw.– *„Meiner Meinung nach ist eine eigenständigere, befriedigendere und qualitätsvollere Arbeit möglich, als in vielen anderen Einrichtungen.“* – *„ein Weg aus der Rieseninstitution Kindergarten, eine Möglichkeit, freier zu arbeiten.“* – *„Kindern in ihren Bedürfnissen gerechter zu werden (besonders behinderten Kindern), als in einem Regelkindergarten.“* – *„eigene Unzufriedenheit im*

geschlossenen Raum.“ – *„eigene Unzufriedenheit den Kindern eben nur die Erfahrungen mit vorgefertigtem Spielmaterial zu geben.“* – *„ das Bewegen in der freien Natur, ohne beengte Gruppenräume.“* – *„Zeit des Draußen-seins im Regelkindergarten ist sehr gering: in den Räumen bauen sich sehr leicht Aggressionen auf.“*

6. Neue Erfahrungen.– Ebenfalls reizt auch viele Erzieherinnen die neue Erfahrung, die der Waldkindergarten ihnen bietet. Das Projekt zu prägen, von Anfang an dabei zu sein. Neue Wege zu gehen und neue Erfahrungen in der pädagogischen Arbeit machen zu können. Der Anreiz einer noch unbekannten Aufgabe in einem Kindergarten, der hautnahes Naturerleben möglich macht und pädagogisch und konzeptionell gründliche Auseinandersetzung mit allen Besonderheiten und Gelegenheiten erfordert.

7. Auswirkungen des Konzepts auf die Kinder.– Das ist ein wichtiges Motiv; denn die Gruppengröße und das Draußen-Sein in der Natur haben einen großen Einfluss auf die Kinder. Sehr oft wird erwähnt, dass sich viel weniger Aggressionen unter den Kindern aufbauen. Der Lärmpegel, dem Kinder und die Erzieherinnen ausgesetzt sind, sei so viel geringer. Den Kindern würde eine emotionale, positive Bindung an den Wald ermöglicht. Nur das, was man liebt, bemüht man sich (später) zu schützen.– *„Ich freue mich täglich über die gute Entwicklung der Kinder, über ihr kreatives Spielen mit allem, was sie im Wald finden. Die Kinder sind ausgeglichen und fröhlich.“* – *„Optimales Lernumfeld für die Kinder – Persönlichkeitsentwicklung.“* – *„Zu sehen, wie viel Freude die Kinder dabei haben, mit uns in den Wald zu gehen. Es macht einfach Spaß, Umweltbewusstsein so früh wie möglich zu vermitteln und zu erleben.“* – *„geringere Aggressivität und größere Kreativität der Kinder.“* – *„Persönlichkeit der Kinder wird natürlicher gefördert.“*

8. Gruppengröße.– Aufgrund der kleineren Gruppen kann die Erzieherin sich intensiver mit den einzelnen Kindern beschäftigen.– *„Die Gruppengröße, die wesentlich kleiner ist als im Haus.“* – *„Ich finde es schön, in einer Kleingruppe zu arbeiten, weil man hier auch besonders auf die individuellen Bedürfnisse der Kinder eingehen kann.“* – *„gezielte Kleingruppenarbeit.“*

9. Einstellung der Eltern.– Weitere Gründe sind die Einstellungen der Eltern. Die Eltern entscheiden sich bewusst für die Institution Waldkindergarten und stehen hinter dem Konzept.– *„Enge Zusammenarbeit zwischen Eltern und Erziehern." – „Eltern sind engagiert."*

Die folgende Grafik verdeutlicht, welche Motive den Fachkräften im Waldkindergarten besonders wichtig sind.

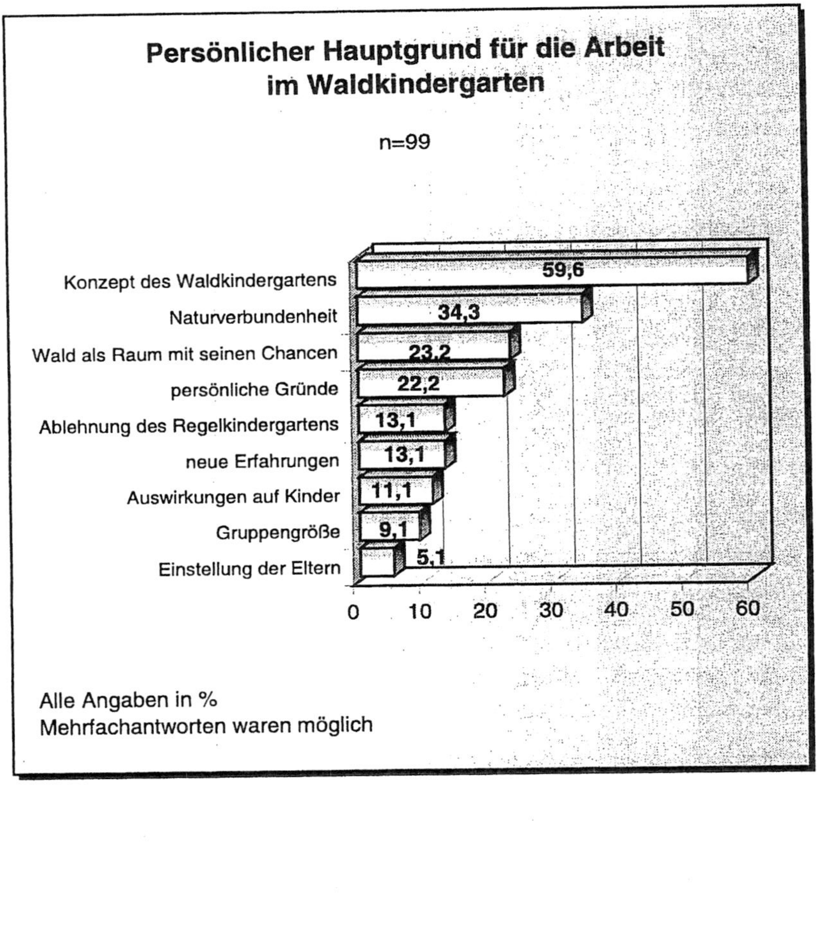

10.5 Persönliche Einschätzung der Vor- und Nachteile des Modells Waldkindergarten

Kaum eine pädagogische Einrichtung wird als nur vorteilhaft gesehen. Auch die Walderzieher selbst sehen sowohl Vor- als auch Nachteile in ihrer Einrichtung.

Vorteile des Waldkindergartens:

1. Naturverbundenheit und Umweltbewusstsein.– Der Wald bietet den Kindern viel freien Raum. Im Vergleich zur Stadt werden sie nicht mit Reizen überflutet. Die freie Natur steht im Gegensatz zum Massenkonsum. Den Kindern bietet sich die Gelegenheit, zu erkennen, was räumliche Freiheit bedeutet. Sie entdecken die Tier- und Pflanzenwelt und begreifen, dass es diese zu schützen gilt. Außerdem können sie ihren Stress abbauen und lernen gleichzeitig, den Rhythmus der Jahreszeiten kennen.– *„Kinder erleben sehr stark Pflanzen und Tiere zu jeder Jahreszeit.“* – *„Leben mit der Natur.“*

2. Entwicklungsleistungen.– Die Kinder lernen hier mit allen Sinnen (Wahrnehmungsschulung). Es wird eine Förderung der kognitiven, motorischen und sprachlichen Fähigkeiten erreicht. Außerdem begreifen sich die Kinder als Teil des Ganzen und entwickeln im Spiel ihre Phantasie und Kreativität, z.B. beim Erstellen von Spielzeug aus der Natur.– *„Die Kinder finden zum ganz natürlichen Spiel; ein Holzstock wandelt sich in zig Dinge um.“* – *„Förderung der Kreativität und Motorik bei den Kindern.“*

3. Soziales Verhalten wird gefördert.– Durch die Auseinandersetzung mit sich und anderen entstehen soziale Beziehungen, sowohl zwischen den Kindern, als auch zwischen Erzieher und Kind. Dadurch ergibt sich eine entspannte Atmosphäre. Eine überschaubare Gruppengröße ermöglicht eine entwicklungsgerechte und individuelle Begleitung der Kinder. Sie lernen gemeinsam durch Erfahrung. In der Gruppe kommt es zu weniger Streit und Aggression. Es herrscht eine angenehme Ausgeglichenheit vor.– *„Durch die Kleingruppe wird das Sozialverhalten, das Leben miteinander, gefördert.“* – *„Es*

ist eher möglich, auf die einzelnen Kinder einzugehen. Die Verbundenheit zwischen den Kindern und dem Erzieher ist größer.“

4. Kennenlernen der eigenen Stärkern und Grenzen.– Die Kinder können ihren Bewegungsdrang ausleben. Das Immunsystem wird durch das Aufhalten in der freien Natur gestärkt. Es entwickelt sich ein Gleichgewicht zwischen Körper, Geist und Seele. Die Kinder lernen ihre eigenen Grenzen kennen, da sie auch mit schwierigen Umständen, z.B. schlechtem Wetter, umgehen lernen müssen. Der Waldkindergarten bietet ihnen die Möglichkeit primärer Erlebnisse und die Zeit und den Raum, um Kind zu sein und somit eine glückliche Kindheit zu erleben.“– *„Zeit und Raum haben, um Kind sein zu dürfen.“ – „Optimale Umgebung, die Kinder lernen direkt ihre Stärken und Grenzen kennen.“*
5. Vorteile für den Erzieher.– Durch eine überschaubare Gruppengröße hat der Erzieher mehr Zeit für jedes einzelne Kind. Er kann daher genauer auf alle Bedürfnisse eingehen. Niemand kommt zu kurz. Es wird ein pädagogischer Bezug hergestellt. Auch eine engere Zusammenarbeit mit den Eltern beispielsweise durch Absprachen, das Wetter, die Kleidung oder das Programm betreffend, erleichtert die Arbeit des Erziehers.– *„Pionierarbeit, bedeutet freies Arbeiten, gute Möglichkeit eigene Ideen umzusetzen; kein alter Trott.“ – „Gute Basis für's Leben schaffen.“ – „Vorbeugung gegen Störung vielfältiger Art.“ – „Suchtprävention.“ – „Geringer Kostenaufwand, da kein Gebäude und wenig Material benötigt werden.“*

Nachteile des Waldkindergartens:

Die Frage war: „Welche Vor- und Nachteile sehen Sie im Modell Waldkindergarten?“

1. Eingeschränkte Öffnungszeiten.– Waldkindergärten sind meist nur halbtagsgeöffnet. Dies stellt für berufstätige Eltern ein Problem dar, da sie für ihre Kinder Betreuung auch an den Nachmittagen benötigen. Außerdem sind die Wälder oftmals weit entfernt. Berufstätige Eltern sind auf Fahrdienste angewiesen.– *„Für Berufstätige ist das bestehende Modell schwierig, wegen kurzer Öffnungszeiten.“*
2. Wetterabhängigkeit.– Da der Waldkindergarten immer im Freien stattfindet und manchmal die geeigneten Gebäude nicht vorhanden

sind, stellt die Wettersituation ein zentrales Problem des Modells Waldkindergarten dar.– *„Zu abhängig vom Wetter, bei Kälte und Nässe sind die Kinder zu sehr damit beschäftigt, sich warm zu halten, anstatt dass sie sich dem Spiel hingeben können."*

3. Es werden keine Nachteile gesehen.– Viele Walderzieher sind von ihrer Einrichtung so begeistert, dass sie keinerlei Nachteile sehen.
4. Nachteile für Erzieher.– Der Waldkindergarten bietet nur Teilzeitjobs, da er nur halbtags geöffnet ist. Es gibt oft zu wenig Personal, auch kann er für Praktikanten ungeeignet sein. Adäquate Ausbildungs- und Weiterbildungsmöglichkeiten gibt es nicht genügend. Die Erzieher können auf keine Traditionen zurückgreifen. Die Vorbereitung und Lagerung der Materialien muss außerhalb des Kindergartens erfolgen. Außerdem scheint es mancherorts noch keine Regelung für eine einheitliche Versicherung zu geben. Es findet noch zu wenig Austausch untereinander statt.– *„Für Erzieher keine Lagermöglichkeiten (für nichtmitgenommene Materialien), Materialien werden zu Hause gelagert." – „Team als Kollektiv nicht vorhanden, Fortentwicklung der Arbeit erfordert gutes Maß an Selbstorganisation (wo kann ich mich fortbilden? Ist Supervision finanzierbar?)."*
5. Individuelle Nachteile für die Kinder.– Der Waldkindergarten als solcher bietet für die Kinder noch zu oft nur eine einseitige Anregung. Es finde sich oft noch zu wenig Ersatz für Bau- und Malekken. Die Gruppen bestehen nur aus wenigen Kindern. Somit besteht nur eine geringe Auswahlmöglichkeit für Spielkameraden. Der Kontakt zu Gleichaltrigen, welche später möglicherweise Schulgefährten wären, findet nur eingeschränkt statt. Kinder im Alter von 3 Jahren sind in diesem Modell überfordert.– *„Manche Kinder sind mit 3 Jahren von einem Waldmorgen noch überfordert. Das Anfangsalter kann etwas nach oben verschoben sein. Keine noch so gute Idee ist für alle Kinder passend. Es gibt Kinder, die haben eine lange, schwierige Eingewöhnungszeit, und nicht immer halten Eltern, Erzieher und Kinder diese durch." – „Einige Fähigkeiten können nicht so gefördert werden, wie ich es möchte (Zähneputzen, Basteln)."*

6. Keine Akzeptanz in der Öffentlichkeit.– Der Neid konservativer Kindergärten wird beklagt.
7. Eher elitäres Angebot.– Es ist nicht allen Kindern möglich, den Waldkindergarten zu besuchen. Aufgrund der Öffnungszeit können Kinder aus sozial schwächeren Schichten, wenn in der Familie z.B. kein Auto vorhanden ist oder die Eltern voll berufstätig sind, am Waldkindergarten nicht teilnehmen. Dazu zählen unter anderem auch Ausländerkinder. In Ballungsräumen ist das Modell Waldkindergarten kaum denkbar. Da der Wald viele Stolperstellen birgt, ist er für körperbehinderte Menschen nicht geeignet.– *„Kann es leider nur für sehr wenig Kinder geben."* – *„Behinderte Kinder können nicht aufgenommen werden."*

Weitere Nachteile:

8. Finanzierungsmöglichkeiten und schlechte Ausstattung.
9. Gefahr durch Zecken.– Abnutzung des Waldes an beliebten Stellen.
10. Modetrend.

10.6 Verbesserungsvorschläge im Hinblick auf das Modell Waldkindergarten

1. Mehr Kooperation und Diskussion.– Viele Walderzieher wünschen sich eine intensivere Diskussion sowie eine erweiterte Zusammenarbeit mit ihren Kollegen innerhalb des Waldkindergartens, als auch mit denen aus anderen Waldkindergarten, aber auch mit Vertretern von Grundschulen und anderen Pädagogen. Sie erhoffen sich ständige Gespräche zwischen allen Beteiligten und Aufklärungsarbeit an Regelkindergärten und Grundschulen.
2. Verbesserung der Betreuung.– Es sollten nach Aussagen der Erzieherinnen vor allem die Betreuungszeiten der Kinder erweitert werden, um es Eltern aus allen sozialen Schichten zu ermöglichen, ihre Kinder in den Waldkindergarten zu schicken. Gefordert werden eine bessere Verkehrsanbindung (z.B. die Organisation eines Busshuttles zwischen Waldkindergarten und Wohnort der Kinder), sowie Anpassung der Betreuungszeiten an den Tagesablauf doppelt berufstätiger oder alleinerziehender Eltern.

3. Bessere Räumlichkeiten.– Viele Befragten geben an, dass sie bessere Räumlichkeiten für vernünftig halten würden. Ihrer Meinung nach kann man, auf längere Zeit betrachtet, auf ein festes Haus in der Nähe des Waldes mit elektrischem Strom, Wasseranschluss und sanitären Einrichtungen, vor allem im Winter, nicht verzichten. Ebenso wird die Möglichkeit zum Basteln innerhalb fester Räumlichkeiten gefordert.
4. Staatliche Anerkennung/Kooperation.– Die Befragten wünschen, dass Waldkindergärten in stärkerem Maße Anerkennung von Seiten staatlicher Einrichtungen zukommt. Vor allem für das Bundesland Bayern wird dies häufig gefordert. Ebenso könnte nach Meinung der Erzieherinnen eine bessere Zusammenarbeit mit Institutionen, wie z.B. Forstämtern, nützlich sein.
5. Fortbildung/Ausbildung/Motivation.– Die Erzieherinnen wünschen sich für die Zukunft motivierte Kollegen, eine qualifizierende Ausbildung unter Berücksichtigung der Waldpädagogik und gezielte, finanzierbare Fortbildungen auf Landes- und Bundesebene.
6. Legitimation und Organisation.– Hier geht es um die Forderung nach gesetzlichen Grundlagen der Waldkindergärten (auch von staatlicher Seite aus) und einer klareren, einsichtigen Organisationsstruktur desselben.
7. Finanzielle Hilfestellung.– Dringend gefordert wird eine bessere finanzielle Unterstützung der bestehenden Waldkindergärten. Einerseits stehen Anschaffungen wie bessere Unterkünfte (Bauwägen) und mehr Spielmaterialien an, andererseits sollten höhere, den Gegebenheiten angepasste Gehälter an die Mitarbeiter gezahlt werden. Appelliert wird hierbei vor allem an Land, Bund und Kirche.
8. Flächendeckendes Angebot.– Waldkindergärten sollten in jeder Kommune und Stadt als selbstverständliche Alternative zum Regelkindergarten angeboten werden. Ebenso wird die verstärkte Gründung von (Dach-) Verbänden, die sich mit den Waldkindergärten und deren Problemen beschäftigen, gefordert.
9. Pädagogische Aspekte.– Die Befragten schlagen vor, die pädagogischen Aspekte des Waldkindergartens zu erkennen, zu erarbeiten und verstärkt zu fordern; d.h. unter anderem, wissenschaftliche Un-

tersuchungen über die Entwicklung des Waldkindergartens im sozialen und ökologischen Bereich durchzuführen; sich als Erzieherinnen seine Weg in die Waldpädagogik zu suchen, diese auch unter kritischen Gesichtspunkten zu betrachten; außerdem offen zu sein für die Bedürfnisse der Kinder.

10. Öffentlichkeitsarbeit.– „Es wird Zeit für mehr Öffentlichkeitsarbeit!", ist die zentrale Forderung einiger Befragten. Damit werden vor allem die Waldkindergärten selbst, ebenso die Medien angehalten, Informationsverbreitung und Aufklärungsarbeit bezüglich des Waldkindergartens in der Öffentlichkeit zu leisten.

11. Sonstiges.– Es wird u.a. noch gefordert, Waldkindergärten auch für Kinder mit Behinderungen zugänglich zu machen. Auch die Gründung elternunabhängiger Trägerverbände wird gewünscht.

10.7 Lektüre von Fachzeitschriften

Berufserzieher sollten sich u.a. dadurch auszeichnen, dass sie pädagogische Literatur, z.B. Fachzeitschriften lesen. Wir fragten: „Lesen Sie regelmäßig Fachzeitschriften?"

Erfreulich: Jeder zweite Walderzieher bildet sich durch die regelmäßige Lektüre von Fachzeitschriften, jeder andere zweite aber auch nicht.

Was so alles gelesen wird, wird im Folgenden deutlich:

Zeitschrift	Nennungen	Anteil in Prozent
Kiga heute	32	36,4
Entdeckungskiste	7	8,0
Kinderleicht	5	5,7
Mobile	5	5,7
Tu was	4	4,5
Kiga aktuell	3	3,4
TPS	3	3,4
Spielen und Lernen	3	3,4
Psychologie heute	3	3,4

Vorhang auf	2	2,3
Psychomotorik	2	2,3
Geo	2	2,3
Bausteine-Kindergarten	2	2,3
GEW	1	1,1
Klein und Gross	1	1,1
Mit Kindern wachsen	1	1,1
Kosmos	1	1,1
Internet	1	1,1
PM-Magazin	1	1,1

Wir sehen, dass überhaupt nur jeder zweite Walderzieher „liest". Betrachtet man das „Gelesene", fällt die Vielfalt und Buntheit auf: Unter dem Gelesenen macht „Kindergarten heute" ein gutes Drittel (32 mal genannt) aus, alles Andere verteilt sich wie folgt: „Entdeckungskiste" (7 mal), Kinderleicht (5 mal), Mobile (5 mal), Tu was (4 mal), Kita aktuell (3 mal), TPS (3mal), Spielen und Lernen (3 mal).

10.8 Arbeitsverhältnis und Bezahlung

Waldkindergärten haben in einzelnen Bereichen ihre Sonderkonditionen. Allerdings muss man in einigen Punkten ein wenig Acht geben, weil sonst das Projekt Waldkindergarten im Ansehen Schaden nehmen könnte.

- Arbeitsvertrag: 89% der Walderzieher haben einen Arbeitsvertrag – 11% nicht.
- Zeitliche Befristung: Bei 83% ist der Arbeitsvertrag unbefristet – bei 17% nicht.
- Bezahlung nach BAT; 83% werden nach BAT bezahlt – 17% nicht. Die Bezahlung erfolgt so:

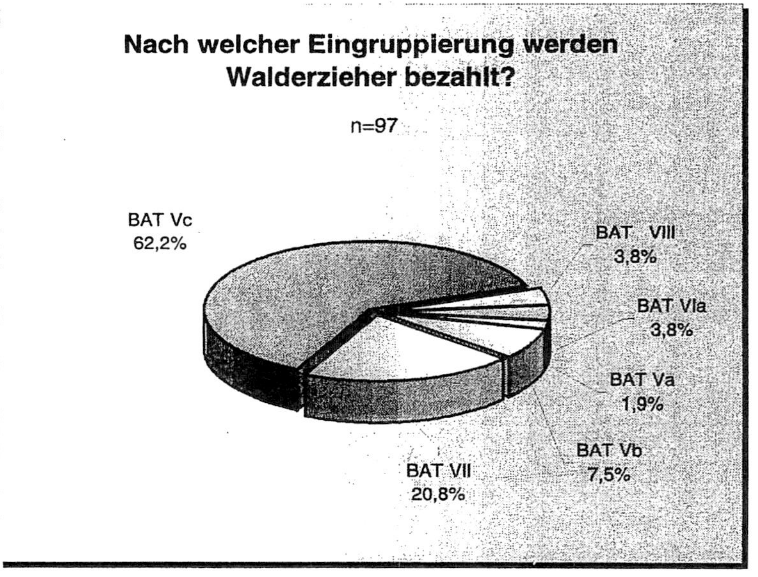

11. Die Eltern und die Sicht der Eltern

11.1 Weshalb sich Eltern für den Waldkindergarten entscheiden

Wir wollten etwas über die besondere Motivation der Eltern, ihr Kind in einen Waldkindergarten zu schicken, erfahren. Deshalb fragten wir die Walderzieher: „Weshalb entscheiden sich Ihrer Meinung nach die Eltern in der Hauptsache für Ihre Einrichtung?" Die folgende Grafik zeigt die Antworten.

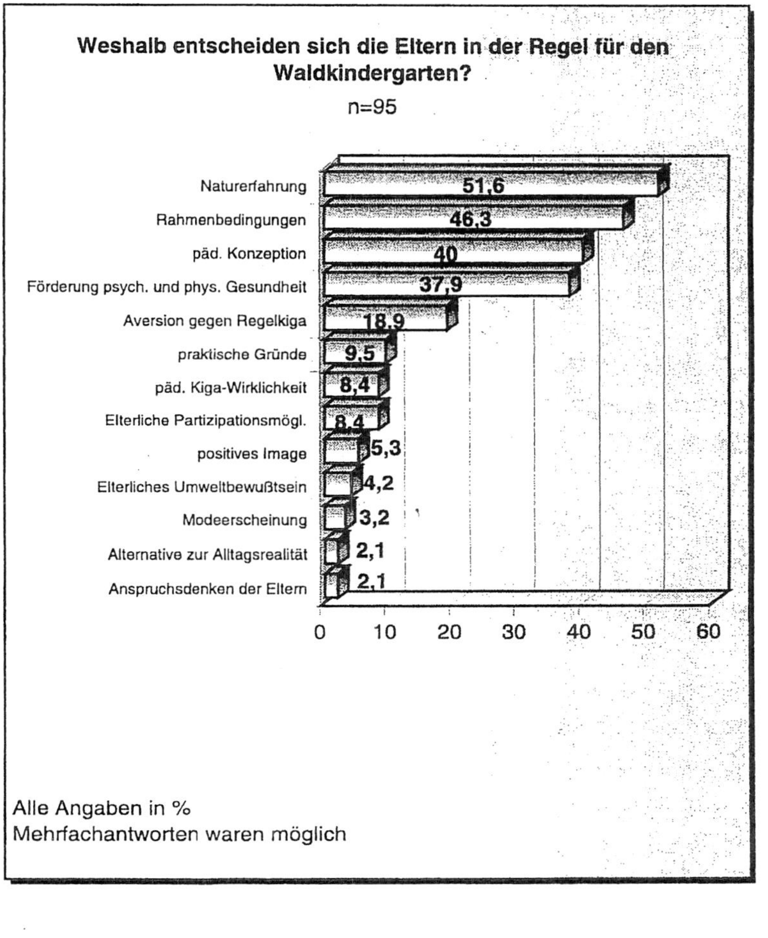

Man sieht, dass bei den insgesamt weit über 200 Nennungen die Naturerfahrung und Gesundheit der Kinder im Bewusstsein der Eltern eine wichtige Rolle spielen, allerdings ebenso die Rahmenbedingungen sowie die pädagogische Konzeption des Waldkindergartens. Praktische Gründe und Erfahrungen mit anderen Kindergärten dagegen haben bei der Entscheidung der Eltern eine geringere Bedeutung.

Im Folgenden noch einzelne Aussagen von Erzieherinnen über die Entscheidungsgründe ihrer Eltern:

1. Naturerfahrung: *"viel Naturerlebnis der Kinder"* – *"intensives Naturerleben"*
2. Pädagogische Konzeption: *"Eltern entscheiden sich wegen der neuen bzw. anderen Methode (Erlebnispädagogik)."* - *"Umwelterziehung."*
3. Praktische Gründe: *"weil Freunde auch hingehen."* – *"wegen der günstigen Lage."*
4. Förderung der physischen Gesundheit und der psychischen Entwicklung: *"wegen der frischen Luft."* – *"Den Eltern geht es um die Förderung der Motorik und Stärkung des Körpers. Dadurch gewinnt das Kind eine höhere Intelligenz und ein besseres Sozialverhalten "*
5. Rahmenbedingungen: *"Eltern entscheiden sich für unsere Einrichtung, weil die Gruppen kleiner und der Personalschlüssel besser ist."*
6. Pädagogische Kindergartenwirklichkeit: *"Die Eltern hegen Sympathie für die Erzieherinnen(z.B. am Besuchstag positiver Eindruck: Hier ist mein Kind gut aufgehoben)."* – *"wegen der qualitativ sehr guten Arbeit; eben nicht nur Betreuung, sondern auch Erziehung und Bildung!"*
7. Elterliche Partizipation: *"Die direkte Zusammenarbeit mit Kind und Eltern."* – *"Elterninitiative."*
8. Positives Image: *"Weil wir einen guten Ruf haben."* – *Der gute Ruf in der Öffentlichkeit über unsere pädagogische Arbeit und unser Engagement."*

9. Aversion gegenüber Regelkindergarten: *"Eltern sehen uns zur Zeit noch als einzige Alternative zum schlechten Regelkindergarten." – „Die Eltern waren unzufrieden mit dem Gemeindekindergarten."*
10. Modeerscheinung: *"Die Eltern schicken die Kinder zu uns, weil es chic ist." – „... weil es etwas Neues und Besonderes ist."*
11. Alternative zur Alltagsrealität: *"Die meisten Eltern suchen eine lebendige Alternative zum Schablonenalltag." – "Sie wollen die Kinder so lange wie möglich vom 'Ernst des Lebens' und den vielen negativen Dingen fernhalten."*
12. Elterliches Umweltbewusstsein: *"Meist haben die Eltern selbst einen guten Bezug zur Natur."*
13. Elterliches Anspruchsdenken: *"Die Eltern sind überzeugt, dass es das Beste ist, was sie ihrem Kind bieten können." – "Sie wollen das Beste für ihr Kind und denken, der Wald bietet es ihnen."*

Für Waldkindergartenbetreiber dürfte noch interessant sein, wie die Eltern mit dem Waldkindergarten überhaupt in Kontakt gelangen: „Wie kamen die meisten Eltern zu ihrem Waldkindergarten?"

Genannt werden vor allem: Mundpropaganda, die bewusste Entscheidung nach der Auseinandersetzung mit der Waldpädagogik, durch das Internet, durch einen kostenlosen Schnuppertag, aber auch über persönliche Bekanntschaften.

11.2 Engagement der Eltern

Im Kindergarten wird nicht selten über das Engagement der Eltern geklagt, wenn es um die aktive Beteiligung bei Exkursionen, Projekten, Festen und anderen Aktivitäten geht. Wir wollten wissen, wie es mit dem Engagement der Eltern im Waldkindergarten bestellt ist. Sind sie aktiv dabei?

Unsere Frage lautete: „Inwieweit beteiligen sich die Eltern aktiv bei: Aktionen und Projekten, Begleitung der Gruppe, Arbeit im Trägerverein, konzeptionelle Arbeit?"

Der weit überwiegende Teil der Walderzieherinnen bescheinigt den Eltern ein großes Engagement in der Beteiligung am Kindergartengeschehen. Etwa 80% sagen, dass die Eltern sich oft bzw. sehr oft aktiv bei Aktionen und Projekten beteiligen. Fast die Hälfte gibt an, dass die Eltern sich bei der Begleitung der Gruppe oft bzw. sehr oft beteiligen. An die zwei Drittel bestätigen den Eltern oft bzw. sehr oft eine aktive Beteiligung bei der Arbeit im Trägerverein. Mehr als ein Viertel der Walderzieherinnen erfährt sogar oft bzw. sehr oft eine aktive Beteiligung bei der konzeptionellen Arbeit.

Nach aller Erfahrung und Einschätzung der aktiven Beteiligung von Eltern im Allgemeinen kann davon ausgegangen werden, dass Eltern im Waldkindergarten besonders engagiert sind und überdurchschnittlich partizipieren – und zwar in jeder Hinsicht. Die Erzieherinnen sind darauf eingestellt, im Hinblick auf Eltern eine ausgeprägt kooperative Rolle spielen zu müssen. Das verändert ihr Bewusstsein und ihre Arbeit.

Die Beteiligungsfreudigkeit der Eltern kommt auch durch ihre starke Anwesenheit bei Elternabenden und sonstigen Elterntreffen zum Ausdruck. "Wie viel Prozent der Eltern sind regelmäßig anwesend bei Elternabenden / Elterntreffen?" Fast zwei Drittel der Walderzieherinnen sagen, dass regelmäßig 80 bis 100 % der Eltern bei den genannten Treffen anwesend sei.

11.3 Soziale Situation der Eltern

Die soziale Lage der Eltern, früher hatte man problemlos von Schichtzugehörigkeit gesprochen, zu erforschen, ist nicht ganz einfach. Andererseits scheint es aber eine allgemein interessierende Frage zu sein, insofern der Waldkindergarten regelmäßig gefragt wird, ob er nicht eher etwas für Privilegierte sei – hohe Beiträge, viel Engagement von Elternseite, kaum Nachmittagsbetreuung etc. Insofern war es für uns selbstverständlich, der Frage nach der Sozialzugehörigkeit der Eltern im Rahmen unserer Möglichkeiten nachzugehen. Wir sind den Weg über die Befragung der Walderzieherinnen gegangen und sind uns der damit verbundenen Forschungsprobleme bewusst. Allerdings glaube ich, dass wir zu einem brauchbaren Ergebnis gelangt sind. Wir erforschten, ob die Eltern privilegiert wohnen.

Unsere Frage lautete: "Wie viel Prozent der Eltern Ihres Waldkindergartens wohnen eher privilegiert, durchschnittlich, eher unterprivilegiert?" Unser Diagramm zeigt das Ergebnis.

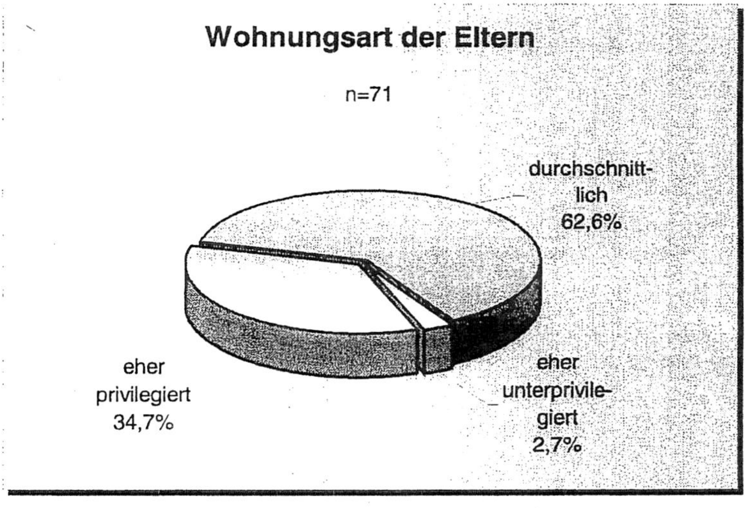

Nach den Angaben der Walderzieherinnen ist es also eine verschwindend geringe Anzahl von Eltern, die man als unterprivilegiert (wohnend) bezeichnen kann und insofern als sozial schwächer betrachtet werden dürften. Damit ist eindeutig belegt: der Waldkindergarten ist keine Einrichtung der Armen, sondern prinzipiell das Gegenteil. Mehr als ein Drittel der Kinder im Waldkindergarten kommen aus privilegierten Familien (34,7%), während von der Mehrheit gesagt wird, sie wohne durchschnittlich.

Die Frage nach der sozialen Zugehörigkeit der Eltern im Waldkindergarten kann, wenn auch in begrenztem Rahmen, weiterhin von ihrer Berufstätigkeit her beleuchtet werden. In der Abfolge der häufigsten Nennungen ergibt sich folgendes Bild:

Berufszugehörigkeit der Eltern	Anzahl insgesamt
Angestellte	505
Akademiker	241
Selbständige	189
Beamte	80
Arbeiter	70
noch in Ausbildung	30

Auch dabei wird noch einmal die bereits festgestellte relative Privilegiertheit der Elternschaft deutlich, vorausgesetzt, man kann vom Status des Arbeiters im Sinne der alten „Schichtzugehörigkeit" Schlüsse ziehen.

Sind die Mütter berufstätig? Von den 1133 Kindern unserer Stu die sind nach Angaben der befragten Erzieher 376 Mütter, das sind ca. 33 %, berufstätig.

Was die Anzahl der Kinder in den Familien anbetrifft, in welchen sich die Waldkindergartenkinder befinden, so bilden sich in etwa die auch sonst anzutreffenden Zahlen ab:

Aus Ein-Kind-Familien kommen 21,2 % der Kinder, aus Zwei-Kind-Familien 53,5 %, aus Drei-Kind-Familien 25,5 % und aus Vier- und Mehr-Kind-Familien 8,8 %. Bei nur einem Elternteil leben 11,9 % der Kinder.

11.4 Unzufriedenheit der Eltern mit dem Waldkindergarten

Kindergärten tun generell gut daran, sich über ihr eigenes Bild in der Elternschaft Gedanken zu machen und sich mit der Frage zu befassen, womit Eltern evtl. unzufrieden sein könnten. Dies nicht deshalb, um evtl. auf restlos alle Vorstellungen von Eltern einzugehen – es kann ja auch in der Elternschaft sinnlose und pädagogisch unadäquate Wünsche geben. Insofern sind auch schriftliche Umfragen bei den Eltern durchaus ratsam.

Wir fragten die Walderzieher, womit die Eltern – „bezogen auf Ihren Waldkindergarten“ – unzufrieden seien.

Der Zufriedenheitsgrad der Eltern mit den Waldkindergärten ist so groß, dass bei den Antworten der Erzieher an erster Stelle steht, Unzufriedenheiten seien nicht bekannt. Wir möchten nicht davon ausgehen, dass dieses deshalb so sei, weil die Erzieher die Eltern nicht hören.

Aufschlussreich sind aber die Punkte, mit denen Eltern offenbar doch nicht zufrieden sind: An erster Stelle sind es die Öffnungszeiten – diese sollten verlängert und flexibler gestaltet werden -, und: Eltern wünschen mehr gezielte Lernangebote. Weitere Punkte werden in der folgenden Tabelle und in den Erläuterungen deutlich.

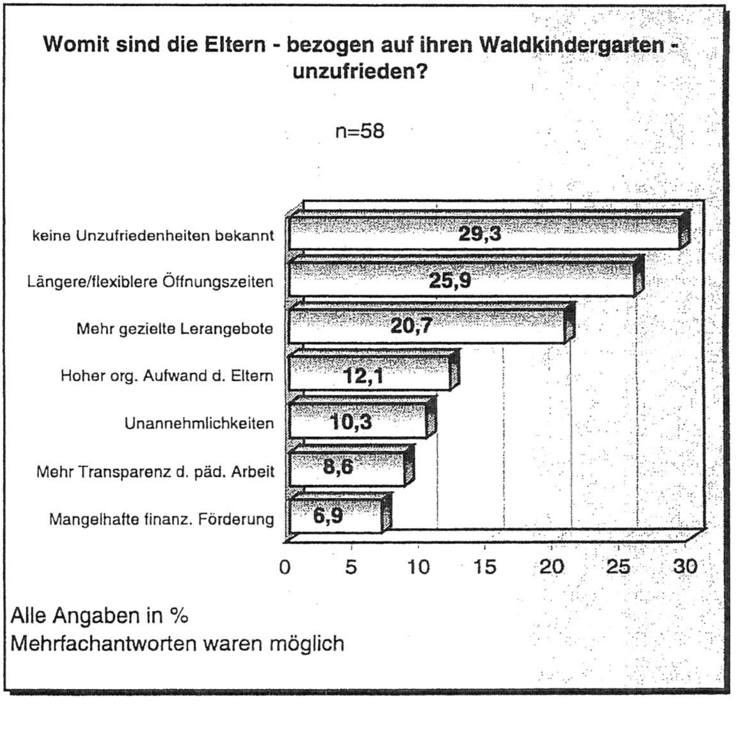

Wörtliche Aussagen der Walderzieher über Unzufriedenheiten bzw. fehlende Unzufriedenheiten der Eltern:

1. Keine konkreten Unzufriedenheiten bekannt.– Nicht wenige Erzieherinnen geben an, dass ihnen keine Unzufriedenheiten bekannt sind. Das sie, nach eigenen Angaben, mit den Eltern in ständigem Kontakt stehen, über die Probleme gesprochen wird und diese so recht schnell gelöst werden.– *„Da ich im ständigen Kontakt mit den Eltern stehe und wir über eventuelle Probleme offen reden, können wir alle Probleme recht schnell lösen. Daher sind mir keine konkreten Unzufriedenheiten bekann.“* – *„Wir haben gerade eine schriftliche anonyme Umfrage gemacht. Laut verbaler und dieser schriftlichen Aussagen mit nichts.“* – *„Direkt unzufrieden nie – eher Bedenken haben, wenn man bei bestimmten Minusgraden trotzdem in den Wald geht.“* – *„Nichts bekannt.“* – *„Kann ich nicht beantworten, müssen Sie unsere Eltern fragen.“* – *„Noch sehr zufrieden, weil sehr junges Unternehmen.“*

2. Längere und flexiblere Öffnungszeiten.– Dass Waldkindergärten im Vergleich zu den Regelkindergärten weniger Öffnungszeiten haben, ist nach Meinung der Erzieherinnen für manche Eltern ein Grund unzufrieden zu sein: Beide Elternteile sind oft berufstätig und insofern würden sich manche flexiblere Öffnungszeiten wünschen. Es gibt keinen Spätdienst und keine Mittagsbetreuung, außerdem sind die Öffnungszeiten im Winter zu kurz.– *„Sie brauchen verstärkt längere Öffnungszeiten, die wir leider nicht bieten können.“* – *„Ein wenig mit den Betreuungszeiten – es besteht kein Spätdienstangebot.“* – *„... die z.T. langen Anfahrtszeiten, verbunden mit den – im Winter – kurzen Öffnungszeiten.“* – *„Manchmal mit den unflexiblen Öffnungszeiten, wird aber bei den berufstätigen Eltern unter ihnen selbst geregelt.“* – *„Eltern wünschen sich manchmal flexiblere Öffnungszeiten.“*

3. Mehr gezielte Lernangebote/klassische Angebote.– Nach den Angaben der Erzieherinnen haben viele Eltern die Befürchtung, dass ihre Kinder nicht ausreichend auf die Schule vorbereitet werden. Sie würden sich mehr gezieltes Lernen, klassische Bastelangebote und mehr Rituale wünschen. Die angeblich unzureichende „Vorschulerziehung“ macht wohl manchen Eltern Sorgen.– *„Eltern möchten*

mehr künstlerisches Arbeiten im klassischen Stil: Aquarellmalen, Produkte basteln (z.B. so wie im Regelkindergarten).“ – *„Die Eltern der größeren Kinder, etwa ab 5 Jahre, erwarten im Hinblick auf die Schule mehr Beschäftigungsangebote, Lernspiele etc. Ich komme diesem Wunsch nicht nach; das hat zur Folge, dass einige Kinder in einen ‚Hauskindergarten' gehen.“* – *„... mehr Angebote, Aktionen, mehr Lernsituationen, die gezielt sind.“* – *„Einige Eltern wünschen sich mehr „Basteln“, „Malen“, „Vorschul-Erziehung.“* – *„...manche Eltern wünschen sich mehr klassische Bastelangebote.“*

4. Hoher organisatorischer Aufwand der Eltern.– Dass der Treff- und Abholpunkt für alle Kinder gleich ist, scheint nicht für alle Eltern einfach zu sein. Viele haben einen längeren Anfahrtsweg, denn bei einer bestimmten Gruppengröße ist davon auszugehen, dass alle im näheren Umkreis des Waldes und somit des Treffpunktes wohnen. Viele Eltern müssen sich somit organisieren und z.B. Fahrgemeinschaften bilden.– *„...längere Anfahrtszeiten könnten manchmal ein Problem sein; das wird aber durch Fahrgemeinschaften abgeschwächt.“* – *„Transportproblem.“* – *„... Wir arbeiten in zwei offenen Gruppen. Der Treff- und Abholpunkt ist jedoch für alle 30 Kinder der gleiche. Auch der Morgenkreis findet in der Gesamtgruppe statt – das ist zuviel, die Eltern ziehen sich zurück.“* – *„Mit der Anfahrtsmöglichkeit.“*

5. Unannehmlichkeiten wie Schmutz, Mücken, Jahreszeiten.– Da sich die Kinder, fast unabhängig von der Jahreszeit und dem Wetter, vorwiegend draußen aufhalten, stehen die Eltern jeden Morgen vor der Frage, was sie ihren Kindern anziehen sollen. Außerdem kommen die Kinder oft mit schmutziger Kleidung nach Hause. Die anfallende Wäsche ist manchen Eltern zuviel. Ebenso wird bemängelt, dass die Kinder in der regnerischen Jahreszeit nass nach Hause kommen und ein hoher Materialverschleiß an Kleidung besteht. Von manchen Eltern wird der Schmutz beklagt, aber auch das Mückenproblem im Sommer und die Jahreszeiten im Allgemeinen.– *„anfallende Wäsche ist ihnen oft zuviel...“* – *„Die Frage: Was ziehe ich meinem Kind morgens an? Das Mückenproblem!“* – *„Manchen Eltern macht der Schmutz doch zu schaffen (tägliche Reinigung der Matschsachen ihrer Kinder).“* – *„Dass die Kinder in der regneri-*

schen Jahreszeit häufig „nass" nach Hause kommen. Manchen Eltern wäre es lieb, wir würden um die Pfützen rumlaufen...." – „Die meisten Eltern klagen nicht, manche stört die schmutzige Kleidung ihres Kindes. Der Hundekot im Wald!"

6. Mehr Transparenz der pädagogischen Arbeit.– Eine Erzieherin gibt an, zu fast 100 % Buskinder zu haben. Deshalb bestehe zu wenig direkter Kontakt zu den Erzieherinnen. Manche Eltern klagen über zu wenig Transparenz der pädagogischen Arbeit und des täglichen Ablaufs.– *„Ich könnte mir vorstellen, dass sie sich noch mehr Transparenz der Arbeit mit den Kindern wünschen, da wir zu fast 100 % Buskinder haben und die Kontakte bzw. Informationen über Briefe, Telefonate oder Treffen stattfinden." – „Manchmal zu wenig Transparenz bei einzelnen, zuwenig Transparenz der pädagogischen Arbeit und des täglichen Ablaufs..." – „Transparenz der pädagogischen Arbeit mangelhaft..."*

7. Mangelhafte finanzielle Förderung.– Da viele Gemeinden zu geringe Zuschüsse zahlen, lastet auf den Eltern ein ziemlich hoher monatlicher Beitrag.– *„Dass die Gemeinde leider immer noch keinen Defizitausgleich zahlt und die Eltern immer wieder neue Geldquellen suchen müssen." – „...finanzielle Unsicherheit der Einrichtung." – „Hohe Kosten der derzeit im Bau befindlichen Hütte, geringe Zuschüsse der Gemeinde..." – „...hoher finanzieller monatlicher Beitrag, keine Finanzierung des Landesjugendamtes..."*

Bei manchen dieser Kritikpunkte kann und sollte der Waldkindergarten Abhilfe schaffen, z.B. bei den gezielten Angeboten und bei der mangelnden Transparenz, die u.a. durch Eltern- und Öffentlichkeitsarbeit beseitigt werden kann. Aber auch das findet schnell seine Grenzen, z.B. durch den meistens relativ geringen Arbeitsumfang der Walderzieher.

11.5 Was Eltern am Waldkindergarten besonders gut finden

Es war schon die Rede von der hohen Wertschätzung des Waldkindergartens im Bewusstsein der Eltern sowie von den relativ geringen Unzufriedenheiten. Uns geht es aber auch darum, was Eltern „besonders gut finden."

Die Ergebnisse zeigen, dass Walderzieher sich nicht nur in besonderem Maße der Kinder annehmen, sondern dass die Zusammenarbeit mit und die Nähe zu den Eltern außerordentlich geschätzt wird – nach den Angaben der Erzieher. Die einzelnen Ergebnisse werden im Folgenden deutlich.

1. Elternarbeit, Zusammenarbeit mit den Eltern.– *„Guter persönlicher Kontakt der Eltern untereinander und zu den Erzieherinnen."* – *„Elternarbeit/Elterninformation."*

2. Intensive Betreuung.– *„Individuelle Betreuung der Kinder."* – *„intensive Betreuung durch hohen Personalspiegel."* – *„kleine Gruppen."*

3. Natur als freie Umgebung.– *„Den Wald als Umgebung."*

4. Erzieherinnen und ihre Arbeit.– *„Das Erzieherteam und die geleistete Arbeit."*

5. Phantasievolle, kreative Spielmöglichkeiten.– *„Kinder können hier sehr kreativ und phantasiereich spielen."*

6. Bewegung und motorische Entwicklung.– *„Positive Entwicklung, v.a. im motorischen Bereich ihrer Kinder"* – *viel Bewegung in frischer Luft."*

7. Abwechslungsreiches Angebot. – *„Ausgewogenheit zwischen Aktivitäten, Freispiel und Spielführung."*

8. Gutes Gruppenklima, familiäre Atmosphäre.– *„Persönliche Atmosphäre."*

9. Zufriedene, ausgeglichene Kinder.– *„Ausgeglichenheit ihrer Kinder zu Hause."*

10. Förderung der Selbständigkeit.– *„Das Kind kann freier und selbstbestimmter sein als in anderen Kindergärten."*

11. Feste, Aktionen, Projekte.

12. Kinder gehen gerne in den Kindergarten und fühlen sich wohl.– *„Die liebevolle harmonische Atmosphäre im Kindergarten – die Kinder fühlen sich wohl!"*

13. Förderung der Gesundheit.– *„Kinder sind gesundheitlich widerstandsfähiger!"*

11.6 Zur Qualität der Beziehung zu den Eltern

Angesichts der bereits dargelegten erfreulichen Einschätzungen der Eltern durch die Walderzieher wird es nicht erstaunen, dass auch die Beziehung der Walderzieher zu den Eltern als positiv angesehen wird. Unsere Frage lautete: „Im Regelkindergarten gibt es oft Spannungen zwischen Eltern und Erzieherinnen. Wie würden sie die Beziehung zu den Eltern im Waldkindergarten beschreiben?" Nur in ganz wenigen Fällen finden wir Ambivalenzen in den Angaben der Walderzieher, die auf Spannungen zu den Eltern schließen lassen könnten, wie die folgenden Angaben zeigen.

1. Die Eltern engagieren sich im Waldkindergarten und arbeiten mit den Erzieherinnen eng zusammen.– *„Im Großen und Ganzen als recht gut, viele bilden mit uns ein tolles Team bei Projekten und Aktionen auch in der Öffentlichkeit." – „Gute bis sehr gute Beziehung, bedingt durch die schweren finanziellen Bedingungen, ohne ihren großen personellen Einsatz hätte die Gruppe schon heute keinen Bestand." – „Verständnisvolles Zusammenarbeiten, da die Eltern mitarbeiten und alle Tücken, Vor- und Nachteile miterleben." – „Da wir uns in der Aufbauphase befinden, mit sehr engagierten und überzeugten Eltern, sind die Beziehungen zum Glück ausgezeichnet." – „Wir arbeiten Hand in Hand und ziehen an einem Strick."*

2. Die Elternarbeit ist teilweise sehr gut, teilweise spannungsgeladen.– *„Die Beziehungen zwischen Eltern und Erziehern ist weitestgehend spannungsfrei." – „Sehr gute Beziehung, Freundlichkeit, Offenheit und Mitdenken. Im einzelnen Fall überzogene Erwartun-*

gen, Eifersucht und Neid." – „Zum größten Teil sehr gut, es findet ein reger Austausch statt. Es gibt jedoch Ausnahmen, wo sich die Beziehung sehr schwierig gestaltet." – „Es gibt auch Spannungen. Einzelne Eltern wollen in die Gestaltung des Alltags eingreifen und mitmischen." – „Gespannt, teilweise sehr gut."

3. Der Kontakt ist offen und freundlich.– *„Ich empfinde den Kontakt offen und freundlich." – „Relativ offen." – „Freundschaftlich – offen." – „Persönlich – offen – interessiert – vertrauensvoll – viele Gespräche."*

4. Die Beziehungen zu den Eltern werden dadurch beeinflusst, dass die Eltern zu den Vorstandsmitgliedern des Waldkindergartens gehören und ihn mitbegründeten.– *„Ich empfinde den Kontakt als offen und freundlich. Ich habe vermehrt und intensiveren Kontakt zu den Vorstandsmitgliedern, die ebenfalls zur Elternschaft gehören. Spannungen werden angesprochen und gegebenenfalls geklärt." – „Das Verhältnis zu den Eltern ist partnerschaftlich, hilfsbereit und gut. Schwieriger ist es manchmal mit Eltern im Vorstand, die dann die Arbeitgeberposition einnehmen." – „Keine oder kaum Probleme, da Eltern zufrieden sind, weil sie den Waldkindergarten ja selbst wollten und gegründet haben." – „Fast alle Eltern gehören noch zur ‚Gründergeneration' des Trägervereins, und viele haben jüngere Geschwisterkinder – also hohe Identifikation und großes Engagement."*

5. Da die Gruppen klein sind, bestehen gute Kontakte zu den Eltern.– *„Relativ offen, durch die kleine Gruppe konnten mit allen Eltern schon Einzelgespräche geführt werden." – „Die Beziehung zu den Eltern ist sehr gut. Es findet eine familienergänzende Erziehung statt; guter Austausch. Die Gruppe ist klein." – „Eine kleine Gruppe lässt auch viele Elternkontakte und -freundschaften entstehen." – „Emotionaler, da intensiver (Kleingruppe) und privater." – „Interessant, anregend, es gibt viele konstruktive Diskussionen, aufgrund der sehr kleinen Einrichtung und der dörflichen Atmosphäre gibt es auch viele private Kontakte außerhalb des Kindergartens."*

6. Fruchtbare Diskussionen und gegenseitige Unterstützung.– *„Da wir fast jährlich von der drohenden Schließung unserer Institution be-*

troffen sind, hat sich ein Kampfgeist gegenüber Träger und sonstigen Entscheidungsgremien zwischen Personal und Familien gebildet." – „Im Großen und Ganzen gut bis sehr gut mit fruchtbaren Diskussionen und Unterstützung." – „Interessant, anregend, es gibt viele konstruktive Diskussionen."

11.7 Alter und Nationalität der Eltern

"Nennen Sie uns möglichst genau das Durchschnittsalter der Eltern der Kinder Ihres Kindergartens (eventuell schätzen)", so lautete unser Impuls, um wenigstens eine, wenn auch nicht ganz genaue Information zum Lebensalter der Eltern zu erhalten. Das von den Walderzieherinnen geschätzte Durchschnittsalter ihrer Eltern wird mit 34 Jahren angegeben. Diese Altersangabe ist auch im Hinblick auf die Erzieherinnen selber interessant: Etwa die Hälfte von ihnen ist 35 und jünger (bis 21), die andere Hälfte ist älter als 35 (bis 57). Im Schnitt sind Walderzieherinnen etwa 36 Jahre alt. Also ein etwa entsprechendes Alter, wie die Eltern.

Welcher Nationalität gehören die Eltern des Waldkindergartens an? Es ist ein weltweites Spektrum.

Folgende Nationalitäten bzw. Länder wurden genannt: Argentinien, Frankreich, Korea Rußland, Polen Palästina, Spanien, Schweiz, Philippinen, Afrika, Kurdistan, Australien, Türkei, Griechenland, Lybien, Syrien, China, Rumänien, Portugal, Peru, Norwegen, Kroatien, Jugoslawien, England, USA, Afghanistan, Belgien, Deutschland, Iran, Italien.

Die folgende Grafik verdeutlicht noch einmal die Verteilung der nichtdeutschen Eltern – bzw. Kinder – im Waldkindergarten untereinander. Bei den interpretativen Schlüssen aus diesen Daten ist jedoch etwas Vorsicht geboten: Der Waldkindergarten kann dadurch nicht als besonders ausländer-orientiert betrachtet werden.

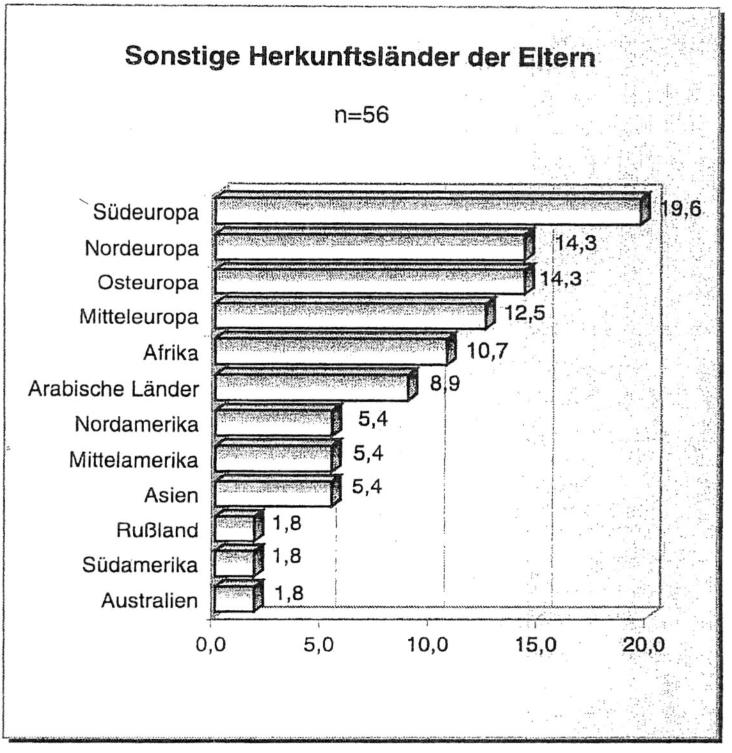

Nun soll also hier kein falsches Bild entstehen: die bisherigen Ausführungen sagen nichts über die wirklichen prozentualen Anteile von Ausländerkindern in den Gruppen, sondern nur über die vertretenen Nationen. Viele der Walderzieherinnen merken in diesem Zusammenhang an, "95% Deutsche" seien im Waldkindergarten, oder sagen "meines Wissens nur Deutsche" o.ä. Auf unsere Frage nach dem tatsächlichen Zahlen von ausländischen Kindern ergibt sich ein prozentualer Anteil von lediglich 2%.

11.8 Mobilitätsfragen

Bei den wohl ökologisch orientierten Eltern der Waldkindergärten schien es uns erhebenswert, wie sie ihre Kinder in den Kindergarten bringen und wie groß die zu überbrückende Entfernung von der Wohnung aus ist.

Von den 1133 Kindern unserer Studie wohnen 499 in der Nähe des Waldkindergartens, d.h. in einer Entfernung von etwa zwei km. Die weiteste Entfernung, die von den Kindern zu überwinden ist, liegt im Schnitt bei 10 km. Eines der Kinder wird sogar täglich 40 km gefahren, eines 35, zwei 30, zwei weitere 20, drei 18, zwei 16, drei 15, drei 12, neun 10, neun 8 km usw. Um ihr Kind für vier Stunden etwa im Waldkindergarten zu haben legen zahlreiche Eltern viele km pro Tag zurück.

Welches sind die Transportmittel?

Mit dem Auto werden etwa 65,4% gebracht (allerdings werden bei etwa 10% Fahrgemeinschaften gebildet), mit dem Fahrrad 12%, mit öffentlichen Verkehrsmitteln 11%, zu Fuß 10,6%. Einige Kinder kommen mit dem Kleinbus, eines (laut Angabe) mit dem Traktor, ein anderes mit dem Pferd (insgesamt 1%). Aber das Auto dominiert im Waldkindergarten.

12. Waldkindergarten und Schule – Bereitet der Waldkindergarten die Kinder besser auf die Schule vor?

Unsere Kindergärten haben allgemein nicht immer die besten Empfindungen beim Thema „Schule“. Sie hatten es in der Vergangenheit auch nicht. Man will den Kindergarten nicht „verschult“ wissen, und man will sich mit seiner Arbeit nicht der Schule unterstellen; die Kinder gleichsam nur der Schule mit ihren Erwartungen anpassen. Der Waldkindergarten hat seine eigene Position zur Schule.

12.1 Vorbehalte zur Schulbefähigung

Wir fragten die Walderzieher, was sie zu „Vorbehalten“ im Hinblick auf die Schulfähigkeit ihrer Kinder meinen und ob sie die Kinder gezielt auf die Schule vorbereiten.

Zu den Vorbehalten im Hinblick auf die Schulfähigkeit formulierten wir: „Sie können sich hier zum erwarteten Schulerfolg von Kindern aus einem Waldkindergarten äußern. Sie kennen die üblichen Vorbehalte, wie ‚diese Kinder können nicht still sitzen‘ – ‚diese Kinder sind zu wenig schulisch gefördert‘ – ‚diese Kinder haben kein Spielzeug‘ – ‚diese Kinder bekommen später in Räumen Platzangst‘ usw. Was meinen Sie dazu?“

Die Aussagen der insgesamt 93 Personen aus dem Waldkindergarten, die sich hierzu äußerten, wurden von uns folgendermaßen kategorisiert:

1. Ein großer Teil der Befragten ist vom Gegenteil dieser Vorbehalte überzeugt.– *„Genau das Gegenteil von all diesen Argumenten.“* – *„Die Konzentrationsfähigkeit ist bei Waldkindern deutlich besser.“*
2. Einige widerlegten die genannten Vorbehalte anhand von Erfahrungen.– *„da wir schon zwei Jahrgänge in die Schule entlassen haben“* – *„Wir bekamen positives Feedback von den Eltern.“*
3. Beispiele, die die Vorbehalte entkräften.– *„Im Morgenkreis still sitzen, sich an Regeln halten.“* – *„Grob- und Feinmotorik wird gefördert durch Malen und Basteln.“*

4. Die Vorbehalte werden widerlegt durch Begründungen.– *„Kinder können sich gut konzentrieren, da sie ihren natürlichen Bewegungsdrang ausleben können.“*
5. Auch sonstige Aussagen der Erzieherinnen widerlegen die Vorbehalte.– *„Unsere Kinder sind bereit für die Schule, sie sind konzentriert, können Probleme lösen.“* – *„In keinem Kindergarten hab ich je Kinder so still sitzen sehen.“*
6. Gegenteilige Meinung: Manche fassen sich ziemlich kurz und führen ihre Meinung nicht weiter aus.– *„Stimmt nicht!“* – *„Kann ich nicht bestätigen!“* – *„Trifft nicht zu!“*.
7. Scharfe Ablehnung: Einige verschärfen ihre knappen Aussagen.– *„Alles Blödsinn.“* – *„Alles Quatsch.“* – *„Vorbehalte sind lächerlich.“*
8. Ablehnung, wenig Erfahrung: Hier finden wir Personen, die in Sachen Waldkindergarten noch wenig erfahren sind, die jedoch annehmen, dass diese Aussagen nicht zutreffen.– *„Glaub ich alles nicht.“* – *„Halte ich nicht für fundiert, begründen kann ich es allerdings nicht.“*
9. Keine Meinung, keine Erfahrung: Einige können noch keinerlei Erfahrung zu diesem Thema aufweisen.– *„Noch keine Erfahrung.“*

Wir sehen also, dass die Walderzieher keineswegs die Vorbehalte im Hinblick auf die Schulfähigkeit ihrer Kinder gelten lassen, wobei sie vermutlich Recht haben. Insofern Erfahrungen vorliegen, dürften diese genügend positive Belege enthalten.

Wie verhält es sich aber mit der gezielten Schulvorbereitung?

12.2 Gezielte Schulvorbereitung

„Gibt es in ihrem Waldkindergarten Aktivitäten, die die Vorschulkinder gezielt auf die Schule vorbereiten?“, so lautete eine andere unserer Fragen. Immerhin sind es gute 60 %, die sagen „ja“, allerdings auch etwa 40 %, die „nein“ sagen. Bei denjenigen, die die Frage bejahten, haben wir uns Beispiele nennen lassen.

1. Besuch einer Schule.– Eine Vielzahl von Nennungen bezieht sich auf den Besuch der Grundschule. Viele Erzieherinnen halten einen solchen „Schnuppertag“ für eine sinnvolle Vorbereitung auf die Schule.
2. Projekte und Aktivitäten.– Das beinhaltet sämtliche vorbereitenden und zusätzlichen Aktivitäten, die von den Befragten als wichtige Grundlage für das Leben im Alltag eines Schülers angesehen werden: *„Theaterstücke“ – „Gezielte Angebote für die Vorschulkinder – so werden z.B. Feinmotorik oder kognitives Denken spielerisch gefördert.“ – „Flecht- und Näharbeiten.“ – „Ausdauerförderung.“*
3. Spiele, Sport und Bewegung.– Alle Arten spielerischer Betätigung der Kinder mit den Zielen der Sinnesschulung, Wahrnehmung, Sozialisation und Anpassung an Regeln und Normen und deren Einhaltung.
4. Ausflüge (Exkursionen).– Der Besuch öffentlicher Einrichtungen und Betriebe, die ab dem Eintritt in die Schule in den Alltag der Kinder rücken oder stärker frequentiert werden oder selbständig in Anspruch genommen werden: *Besuch der Polizei, Bauernhof, Kinderklinik, Rettungswagen, Zahnarztpraxis, Feuerwehr, Schulwegbegehung, Bibliotheken, Museen, Kirche, Stadt, Marktplatz, Bäckerei, Ortsbegehung.*
5. Sonstiges.– *„Extranachmittag in der Woche.“ – „Alle Aktivitäten bereiten Kinder auf die Schule vor.“*

Die Waldkindergärten sind also durchaus aktiv im Zusammenhang mit der Vorbereitung auf die Schule – manche intentional, z.B. durch Schulbesuche, manche funktional, z.B. durch Projekte wie Sinnesschulung o. ä. Mein Eindruck ist, dass Waldkindergärten in diesem Punkt nachdenken müssen, ob sie genug tun. Allerdings spricht alles dafür, dass ihre Kinder die Schule gut meistern, wodurch auch immer es bedingt sein mag.

12.3 Vorbereitung der Kulturtechniken: Lesen, Schreiben, Rechnen

Mit den Aufgaben der Erziehung, Bildung und Betreuung (§ 22 KJHG) für jeden Kindergarten, verbindet sich selbstverständlich auch die Hinführung zur Schulfähigkeit, verbunden mit der Vorbereitung des Erwerbes der Kulturtechniken (Lesen, Schreiben, Rechnen), wenn nicht gar deren frühzeitiges Anbahnen oder Praktizieren – insgesamt ein äußerst brisanter und heikler Gegenstand im gesamten deutschen Kindergartenwesen.

„Ist der Waldkindergarten in der Lage, den Kindern die sogenannten kulturellen Erfordernisse, z.B. zur Vorbereitung der Kulturtechniken (Lesen, Schreiben usw.) zu vermitteln?" Diese und mehrere andere Fragen, die wir zum Thema „Schulfähigkeit" in unserer Studie stellten, haben die Walderzieher durchaus ein bisschen gefuchst. Sie sagen zu 100 % „ja" auf die soeben genannte Frage. Sie erhielten die Möglichkeit, dazu einen Kommentar abzugeben. Im Folgenden einige aufschlussreiche Aussagen:

- *„Fast alles, was im Regelkindergarten gemacht wird, ist auch im Waldkindergarten möglich, wenn man es will. Das ist mehr eine Frage der persönlichen Einstellung, was man für notwendig hält."*
- *„Ich bin davon überzeugt, dass Kinder, die täglich in den Wald gehen, weniger aggressiv sind. Sie sind ausgeglichener, und Lesen und Schreiben können sie auch im ersten Schuljahr lernen. Ansonsten besteht kein Unterschied zu den Regelkindergärten. Die Kinder aus dem Wald können besser zuhören und sich besser konzentrieren, als die Kinder im Kindergarten."*
- *„Durch ihr intensives Spiel lernen die Kinder im Waldkindergarten, sich auf eine Sache zu konzentrieren. Die Feinmotorik wird beim Spiel mit Stöckchen, Steinen sowie beim Blumenpflücken geübt. Die Freude und Wissbegierde beim Entdecken von Neuem, die Wissbegierde für Pflanzen und Tiere und das Leben mit der Gruppe und den Freunden, das Spielen ohne Spielzeug, das intensive Sprechen – besser kann ein Kind nicht auf die Schule vorbereitet werden."*

- *„Der Kindergarten, auch der Waldkindergarten, hat nicht den Auftrag, die Kulturtechniken anzubahnen. Der dem Kindergarten entsprechende eigene Erziehungsauftrag beinhaltet aber die Unterstützung der Entwicklung von Ich-, Sozial- und Sachkompetenz, die erst eine Enkulturation ermöglichen. Diese Bereiche werden im Waldkindergarten ausreichend gefördert."*

- *„Der Waldkindergarten hat durch die größeren Entfaltungsmöglichkeiten, - z.B. mehr Bewegung, Lautstärke ausleben können, Rollenspiele, - bessere Chancen, das Kind in seiner Vielfältigkeit zu sehen. Daraus entwickelt sich „wie von selbst" alles Weitere."*

- *„Der Waldkindergarten bereitet die Kinder besser vor als der Regelkindergarten, weil er auf allen Gebieten die Grundtechniken anlegt, besonders im Bewegungs- und Sinnesbereich."*

- *„Bisher sind noch alle Waldkinder von uns eingeschult worden. Einige sind sogar Klassenbeste."*

- *„Stöcke ersetzen Stifte, der Sand ersetzt die Tafel; die Stöcke, Stämme, Äste und Bäume ersetzen therapeutisches Material."*

-*„Der Kindergarten ist keine Schule! Durch die tägliche Förderung der Grob- und Feinmotorik werden bestens die Voraussetzungen geschaffen, die die Kinder in der Schule brauchen."*

- *„Wir haben z.B. im Winter in den Schnee `geschrieben` und gemalt. Auf glatte Baumstämme, z.B. die Buche, kann man mit Kreide Buchstab*

Wir sehen also insgesamt eine stark ausgeprägte Überzeugung von der Möglichkeit des Waldkindergartens, die Kinder auf die Schule vorzubereiten, allerdings auch verbunden mit der Aversion und Befürchtung in Richtung Schule, der Kindergarten, hier der Waldkindergarten, würde auch nur ansatzweise etwas Schulisches, was auch immer es sein mag, tun. Schule als Schreckgespenst! Der Grundschule, aber auch dem Kindergarten, tut ein derartig geradezu phobistisch besetztes Image von Schule und ihrer Lernweise nicht gut.

13. Denken und Reden der Leute über den Waldkindergarten

13.1 Image und Ansehen

Wir können unterscheiden zwischen dem Bild, das Walderzieher generell vom Waldkindergarten in der Gesellschaft annehmen, und dem Bild, das man für den eigenen Waldkindergarten vermutet.

„Was meinen Sie: Waldkindergärten haben in der Gesellschaft generell ein sehr gutes Ansehen, ein gutes Ansehen oder ein weniger gutes Ansehen?“ so lautete unsere Frage.

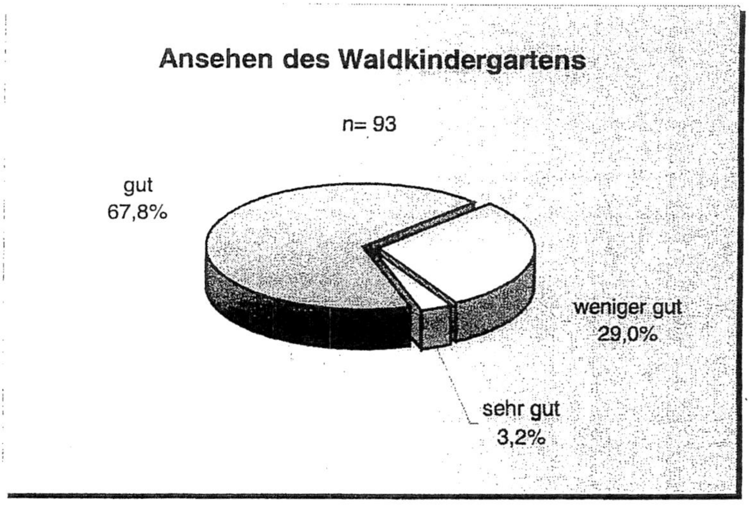

Wie man sieht, sind es nur sehr wenige Erzieher, die glauben, der Waldkindergarten habe in der Gesellschaft ein „sehr gutes“ Ansehen; fast 30% meinen sogar ein „weniger gutes“, aber immerhin doch auch fast 70% unterstellen ein „gutes“ Ansehen.

Die Einschätzung fällt nun ganz anders aus, wenn es um den eigenen Waldkindergarten geht. Dem misst man nämlich ein erheblich besseres Ansehen bei. „Welches Image hat nach Ihrer Vermutung Ihr Waldkindergarten?". Diese Frage wurde so beantwortet:

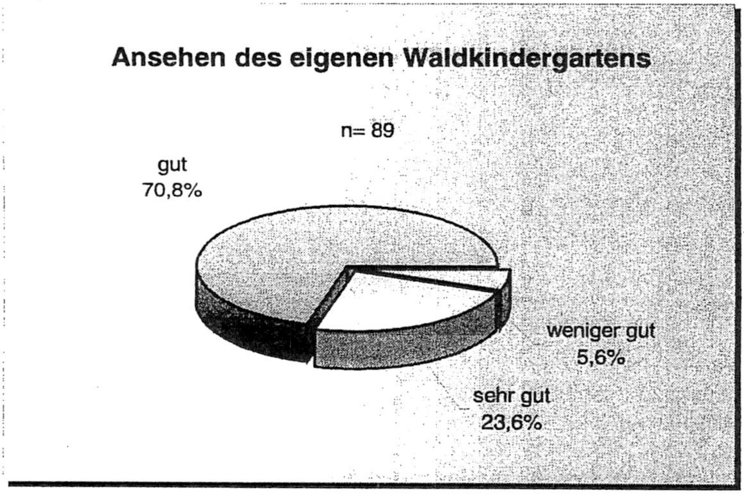

Eine, wie ich meine, interessante Diskrepanz: Der eigene Kindergarten hat nach der Auffassung von fast einem Viertel ein „sehr gutes" Ansehen; ein „weniger gutes" bei kaum jemand.

Interessant ist auch, wie viele Kinder auf den Wartelisten der Waldkindergärten sind. Über 80% der Einrichtungen haben eine Warteliste (81,4%), die anderen nicht. D.h., dass Waldkindergärten gefragt sind.

Wie viele Kinder stehen auf der Warteliste? Bei der Hälfte der Waldkindergärten sind es zwischen 1 und 11 Kindern, bei einem Viertel sind es zwischen 13 und 25 Kindern, bei dem restlichen Viertel sind es (nach eigenen Angaben) zwischen 35 und 85. Das Bild vom Waldkindergarten muss so gut sein, dass eine derartige Nachfrage besteht. Hunderte von Kindern stehen auf den Wartelisten der deutschen Waldkindergärten.

Was über den Waldkindergarten geredet wird: „Was ist das Schönste bzw. das Schlimmste, das Sie über Ihren Waldkindergarten je gehört haben?“

- **Das Schönste**

„Was ist das Schönste, das Sie über Ihren Waldkindergarten gehört haben?“ Die Antworten sind erfreulich.

1. Den Kindern im Waldkindergarten geht es gut oder gar besser.– Das wird mit folgenden (gehörten) Aussagen belegt: *„Unser Kind ist so glücklich und zufrieden, wenn es nach Hause kommt.“* – *„Das herzliche Dankesschreiben einer Familie, 6 Wochen nach dem Wechsel des Kindes vom Regelkiga in den Waldkiga, in dem die Eltern über die zu Hause schon deutlich spürbare Entspannung berichten.“* – *„dass ein sprachbehindertes Kind so viel Fortschritte gemacht hat, dass es zur Regelschule kann.“* – *„... dass sich die Kinder im Waldkindergarten wohlfühlen, u. a. ein Kind mit vielen Verhaltensauffälligkeiten bei uns schnell ein ‚normales Kind‘ wurde.“*

2. Begeisterte Kinderaussagen.– Hier äußerten sich Kinder selber enthusiastisch, z.B.: *„Mein Kindergarten ist der beste der Welt!“ (Junge, 4 Jahre)* – *„Ich will immer ein Kind sein und im Waldkindergarten spielen und singen.“ (Magdalena, 4 Jahre)* – *„Manchen Kindern sind selbst die Wochenenden zu lang ‚ohne meinen Wald‘.“* - *„Der Waldkindergarten ist wie Urlaub“* – *„Das ist der schönste Kindergarten der Welt“* – *„Ein Kind zu seiner Mutter: ‚Du kannst wieder gehen, ich bleib noch hier.‘“*

3. Allgemeine Aussagen und Reaktionen.– *„Diese Kinder haben eine glückliche Kindheit.“ (alte Dame aus dem Altersheim aus der Nähe)* – *„Die Kinder wachsen in Freiheit auf – wo gibt es das noch?“*

- **Das Schlimmste**

Die Negativaussagen, welche dem Waldkindergarten zu Ohren gelangten, sind zu einem großen Teil alles andere als erfreulich. Sie strotzen von Vorurteilen.

1. Kinder-Devianz.– Die Kinder aus dem Waldkindergarten sollen angeblich nicht das „bringen“, was von ihnen erwartet wird. – *„Kind (vorher Regelkindergarten) würde retardieren (wurde wieder abgemeldet).“ – „Was der Waldkindergarten hier versäumt hat, können wir auch nicht mehr aufholen.“ (Erzieherin zu Mutter eines recht schwierigen Mädchens, das aufgrund der Berufstätigkeit der Mutter in einen Regelkiga wechselte) – „Ihr Kind hat den Schultest nicht bestanden. Aber das ist ja klar, wenn es im Waldkindergarten war!“ – „Kein Wunder, wenn die Kinder nicht schulfähig sind.“ – „Lernen die Kinder denn auch was ‚Normales'?“*

2. Negatives Image von Waldkindergarten und Walderzieher.– Diese Äußerungen betreffen in negativer Weise entweder die Kinder oder die Erzieher.– *„...dass wir eine Sekte sind.“ – „Schmähschrift an andere Kindergärten, in der wir unsachlich dargestellt wurden: ‚Luxuskiga, chaotische Arbeit, sinkende Kinderzahlen', leider anonym.“ - „.. dass irgendwelche durchgeknallten Ökos jeden Tag mit den Kindern durch den Wald ziehen.“ – „Im Waldkindergarten sitzen die Kinder den ganzen Tag nur im Dreck, wie Asoziale.“ – „In den Wald gehen, den Kindern Schaufel und Hammer in die Hand drücken, kann ich auch selbst.“ (Aussage einer Mutter)*

3. Bedauern der Kinder.– Hier finden sich gehörte („schlimmste“) Aussagen, in denen ein gewisses Mitleid gegenüber den Kindern geäußert wird.– *„die armen Kinder.“ – „da schickt man ja keinen Hund vor die Tür“*

4. Verachtung der Kinder.– Anscheinend soll es Eltern geben, die ihre eigenen Kinder von Waldkindergarten-Kindern fernhalten möchten.– *„dass einige Eltern aus dem Regelkindergarten ihre Kinder nicht mit unseren in einer Schulklasse haben wollen.“*

5. Beschimpfungen.– Solche gehörten Äußerungen gehen einfach zu weit, sie zeigen nicht nur die Unkenntnis der Redenden. (Eigentlich wären sie nicht zitierfähig).– *„Waldscheisser und Waldpisser" (Erzieher des Ortskiga) – „Da kommen ja die Wilden aus dem Wald!" – „Die Kinder verscheißen den ganzen Wald – schlimmer wie Hunde!" (Spaziergänger) – „Die braten ihre Extrawurst, pinkeln und kacken den Wald voll, ansonsten wird nur getobt, Kinder verlottern."*

Da ist viel Imagepflege und Abbau von Vorurteilen erforderlich.

13.2 Unterstützung und Ablehnung der Arbeit

„Erfahren Sie Unterstützung und Anerkennung für Ihre Arbeit von der Gemeinde, dem Förster, anderen Kindergärten: ja, eher ja, eher nein, nein?"

Die Tabelle zeigt, dass Gemeinden und Förster im Prinzip positiv zum Waldkindergarten stehen. Die Hälfte der sonstigen Kindergärten sind wohl eher ambivalent bis ablehnend.

Anerkennung der Arbeit durch...	ja	eher ja	eher nein	nein
...die Gemeinde	36, 4 %	32,7 %	23,6 %	7,3 %
... den Förster	55,4 %	30,4 %	8,9 %	5,4 %
... andere Kindergärten	9,6 %	40,4 %	28,8 %	21,2 %

Auf die Frage, ob es Personen bzw. Instanzen gibt, „bei denen die Arbeit auf Widerstand stößt", haben wir wirklich kein erfreuliches Ergebnis; denn über 60 % müssen die Frage bejahen, d.h.: sie haben zu kämpfen. Mit wem haben sie es zu tun? Was sind die Probleme?

Die Personen und Instanzen mit Ablehnung sind nicht gerade gering:

1. Personen aus dem Forstbereich: Jäger, Jagdpächter, Waldbesitzer, Waldarbeiter, und auch einige Förster
2. Privatpersonen: Anwohner, Nachbarn, Eltern, „anonyme Zerstörer", Alteingesessene
3. andere Regelkindergärten vor Ort
4. politisch-administrative Instanzen wie verschiedene Behörden, z.B. auch das Gesundheitsamt, Kreisjugendamt, Stadträte, die Gemeinde, der Bürgermeister, ...
5. Kirche und Vereine
6. Schule vor Ort
7. sonstige, z.B. der NABU.

Was haben die Ablehner zu sagen. Ihre „Botschaften" könnte man etwa so verstehen – belegt mit wörtlichen Aussagen unserer Befragten:

1. „Das ist unsere Konkurrenz".– *„Angst vor Konkurrenz, staatliche und kommunale Kindergärten verlieren immer mehr Kinder aufgrund der Demographie." – „Örtliche Kirchengemeinde und zuständiges Kreisjugendamt arbeiten zusammen, um uns als Konkurrenz für den örtlichen Kiga (Kirche) auszuschalten." – „Gemeinde: da ihre zwei Kindergärten nicht ausgelastet sind."*
2. „Die akzeptieren wir nicht".– *„Kirchliche Kindergärten vor Ort: Herabsetzen unserer Arbeit. Unnötig!" – „Anonyme Zerstörer: wiederholte Zerstörung des Waldlagers." – „Kindergarten in der Kernstadt: Fand es schlimm, dass zwei Kinder, die für sie äußerst schwierig waren, bei uns zurecht kamen." – „Es gibt immer wieder Personen, die sich nicht mit dem Konzept der Waldkindergärten auseinandersetzen, aber meinen, diese Art von Kindergarten wäre überflüssig." – „Leute aus dem Ort: ‚Das gab es noch nie!', voreingenommen, böse Gerüchteküche." – „Ca. ein Jahr lang Stadträte und speziell der Bürgermeister, teilweise auch die Bevölkerung; Begründung: exotisch, unnötig, was werden das für Menschen?'"*

3. „Die unterstützen wir nicht!“.– *„Anerkennung in Bayern nur möglich, wenn Räumlichkeiten nach bayrischem Kindergartengesetz nachgewiesen werden können.“* – *„Förster: viele und enge Auflagen, kein Verständnis, kein Entgegenkommen.“* – *„Bürgermeister und Gemeinderäte benachbarter Gemeinden sind nicht bereit, für Kinder ihrer Gemeinde, die den Waldkiga besuchen, Zuschüsse zu zahlen.“*
4. „Die fördern unsere Kinder nicht!“.– *„Ein Elternpaar hat ihr Kind wieder abgemeldet, da angeblich zu wenig intellektuelle Förderung: ‚Immer nur Natur!‘“* – *„“Einige Lehrer meinen, die Kinder kommen später bestimmt nicht mit überfüllten Klassen/Schulen zurecht und können nicht lange stillsitzen.“* – *„... keine ausreichende Schulvorbereitung.“*
5. „Die bedrohen die Natur!“.– *„Jagdpächter behauptet, wir würden die Tiere verjagen.“* – *„NABU findet Tiere und Pflanzen wichtiger.“*

Es mag „geballt“ negativ erschienen, wenn die Erfahrungen in dieser konzentrierten Form vor uns stehen. Hier ist aber Achtung geboten; denn so negativ, wie es hier scheinen mag, ist das Ansehen des Waldkindergarten nicht; es handelt sich um leidige Einzelerfahrungen, die allerdings auch Wirklichkeit sind – andererseits jedoch nicht überschätzt werden dürfen.

14. Konzeptionsschriften im Waldkindergarten

14.1 Empfehlungen

Wie bedeutungsvoll es für einen Kindergarten sein kann, über eine schriftliche Konzeption zu verfügen, ist in den vergangenen Jahren und Jahrzehnten zur Genüge bekannt geworden. Für den Waldkindergarten gilt dies um so mehr, insofern er noch nicht genügend bekannt ist, zum Teil ein problematisches Image hat und vor allem für seine Genehmigung oft „etwas Schriftliches" vorlegen muss. Damit ist bereits angedeutet, welchen Zielen die Konzeptionsschrift dienen kann, z.B.:

- Elterninformation
- Öffentlichkeitsarbeit
- Pädagogische Kooperation, z.B. mit der Schule
- Personalarbeit nach innen, z.B. bei der Neubesetzung von Stellen
- Konzeptionen als dauernde Orientierung, u.a. im Konfliktfall
- Konzeption als Werbung, u.a. auch zum Abbau von Vorurteilen (Imagepflege)

(Zur Vertiefung empfehle ich die Schrift: N. Huppertz, Wir erstellen eine Konzeption, Don Bosco Verlag, München 1996)

14.2 Checkliste zur Prüfung der eigenen Konzeptionsschrift

Die meisten Waldkindergärten verfügen über schriftliches Material zu ihrer Arbeit, allerdings hat dieses eine recht unterschiedliche Qualität. In der Hauptsache gibt es zwei Arten von Informationsmaterial: umfassende Schriften und Faltblätter.

Um die Qualität der eigenen Informationsschrift zu prüfen, habe ich eine Checkliste zusammengestellt, die ich hier abdrucke (vgl. Huppertz a.a.O.):

Testfragen für die eigene Konzeptionsschrift

1. Ist klar, an wen sich die Schrift richtet? An Eltern? An die gesamte Öffentlichkeit?
2. Hat die Schrift einen einladenden Einstieg? Eine Art Begrüßung?
3. Enthält die Schrift die wichtigsten Inhalte – Also:
   a. Geschichte der Einrichtung
   b. Aufgabe und Ziel der Einrichtung
   c. Informationen zum Personal
   d. Die Besonderheit dieser Einrichtung
   e. Institutionsaspekte, z.B. Gruppenzahl, -stärke etc.
4. Enthält die Schrift etwas über
   a. Freispiel
   b. Beschäftigung bzw. Angebote
   c. Elternarbeit
   d. Kooperation mit anderen Einrichtungen, z.B. Schule
5. Wird dem Laien wirklich deutlich, was sich in dieser Einrichtung ereignet – kann er es sich nach der Lektüre plastisch vorstellen?
6. Wird deutlich, was ein Kind entbehrt, wenn es diese Einrichtung nicht besucht? Wie wichtig ist die Einrichtung also ?
7. Welches sind die Bildungs- und Erziehungsziele? Welches Menschenbild hat die Einrichtung?
8. Welchen didaktischen Ansatz (lebensbezogener Ansatz, Situationsansatz, Waldorf-Kindergarten etc.) bevorzugt die Einrichtung? Wird das aus der Schrift klar?
9. Findet man auf der Schrift sofort die volle Anschrift und Telefonnummer?
10. Informiert die Schrift ausreichend über das, was die Eltern besonders interessiert, z.B. Beiträge; was die Kinder mitbringen müssen (Vesper, Malkittel, Hausschuhe usw.); was zu tun ist bei Krankheiten; überhaupt das Organisatorische?
11. Enthält die Schrift ein vollständiges Inhaltsverzeichnis mit Angaben der Seitenzahlen?
12. Ist die Schrift inhaltlich und vom ganzen Ton her nicht zu streng oder gar moralisch gehalten?
13. Enthält die Schrift keine Rechtschreibfehler, Satzzeichenfehler, Fehler in der deutschen Sprache usw.?

14. Ist die Schrift – vom ganzen Äußeren her – so attraktiv, dass Sie sie gerne mitnehmen würden?
15. Kann man aus ca. drei Metern Entfernung den Titel auf Anhieb erkennen, z.B. „Kindergarten Regenbogenland"?
16. Ist die Schrift genügend aufgelockert, z.B. durch Fotos, Zeichnungen, Grafiken?
17. Ist die Schrift durchgängig gut gegliedert? Absätze? Überschriften?
18. Hat die Schrift nicht zu viele verschiedene Schrifttypen?
19. Wirkt die Schrift auch nicht überladen, z.B. Kursivdruck, Fettdruck, Unterstreichung des Kernwortes und (!!) auch noch mehrere Ausrufezeichen dahinter?
20. Stimmt der Satzspiegel? (Ränder also „schön gerade"?)
21. Ist die Schrift haltbar gebunden bzw. geheftet?
22. Enthält die Schrift ein Nachwort, z.B. Worte des Dankes an diejenigen, die mitgewirkt haben? Sponsoren?
23. Wird um Rückmeldung und Anregung gebeten?
24. Wird sichtbar, wer an der Schrift mitgearbeitet hat und wann sie erstellt worden ist?

Bedeutsame Literatur für den Waldkindergarten

Arbeitsgemeinschaft Natur- und Umweltbildung e.V., Sozialpädagogisches Institut des Landes NRW, Verband für Umweltberatung, Jugendamt der Stadt Bergisch Gladbach (Hrsg.): Waldkindergärten in Nordrhein Westfalen. Dokumentation der Fachtagung am 17.09.1997, Köln 1997

Baier, Hans, Renner, Erich (Hrsg.): Umwelterziehung in der frühen Kindheit, Hamburg 1996

Bartl, Almuth: Umweltspiele noch und noch: die tollsten Spiele für drinnen und draußen. Freiburg im Breisgau/Basel/Wien 1994

Becker-Textor: Ingeborg: Ohne Spielzeug: "spielzeugfreier Kindergarten"; ein Konzept stellt sich vor. Freiburg 1997

BGVV-Informationsschrift: Giftige Pflanzen im Wohnbereich und in freier Natur. Berlin 1999

Brandt, Petra: Erlebnispädagogik - Abenteuer für Kinder: Theorie und Projektideen. Freiburg 1999

Brandt, Petra: Umwelt spielend entdecken: ein Spiel- und Ideenbuch für Kindergarten, Schule und Familie. Weinheim/Basel 1999

Bücken, Hajo: In und mit der Natur: mit Kindern im Spiel die Natur erkunden. Gelnhausen 1983

Cornell, Joseph: Mit Kindern die Natur erleben, Soyen 1979

Cornell, Joseph: Auf die Natur hören – Wege der Naturerfahrung, Soyen 1991

Dietel, Günther: Kinder, Gärten, Natur: Anregungen zum Gärtnern mit Kindern. Neuwied/Kriftel/Berlin 1994

Dürig, Rolf: Ganzheitliche Umwelterziehung am Beispiel des Waldes. Frankfurt am Main 1991

Falkenberg, Gabriela: Gefühl bis in die Fingerspitzen. Körpererfahrungen in Kindergruppen, Offenbach 1990

Frädrich, Jana/Loewenfeld, Marion: Kinder: Umwelt und Natur. Ravensburg 1994.

Friebel, Volker: Wie Stille zum Erlebnis wird: Sinnes- und Entspannungsübungen im Kindergarten. Freiburg im Breisgau/Basel/Wien 1996.

Ftenakis, Wassilioss E. (Hrsg.): Elementarpädagogik nach PISA – Wie aus Kindertagesstätten Bildungseinrichtungen werden können, Freiburg i. Br. 2003

Gebhard, Ulrich: Kind und Natur: die Bedeutung der Natur für die psychische Entwicklung. Opladen 1994.

Göpfert, H.: Naturbezogene Pädagogik, Weinheim 1988

Größing, Stefan: Bewegungskultur und Bewegungserziehung. Grundlagen einer sinnorientierten Bewegungspädagogik, Schorndorf 1993

Gorges, Roland: Vernachlässigt der Waldkindergarten die Schulfähigkeit? In: kita aktuell (Ausgabe Baden-Württemberg) 5/1999, S. 113-117

Gorges, Roland: Waldkindergartenkinder im ersten Schuljahr. Eine empirische Untersuchung. In: Zeitschrift für Erlebnispädagogik 7/8 2002, S. 10-19

Gorges, Roland: Der Waldkindergarten - ein erlebnispädagogisches Konzept? In: Zeitschrift für Erlebnispädagogik 7/8 2002, S. 4-10

Häfner, Peter: Wie schulfähig macht der Waldkindergarten? Eine Studie. In: Kindergarten heute, 4/2003, S.32ff. Dissertation zu diesem Thema erscheint 2004.

Hofmeister, Heinrich: Lebensraum Wald: ein Weg zum Kennenlernen von Pflanzengesellschaften und ihrer Ökologie. Hamburg 1983.

Honnefelder, Gottfried: Das Insel-Buch der Bäume / ausgew. von Gottfried Honnefelder. Frankfurt am Main 1978.

Huppertz, Norbert: Erleben und Bilden im Kindergarten. Der lebensbezogene Ansatz als Modell für die Planung der Arbeit. Freiburg i. Br., 5. Aufl. 1995

Huppertz, Norbert, Schinzler, Engelbert: Grundfragen der Pädagogik, Köln, 10. Aufl. 1995

Huppertz, Norbert (Hg.): Theorie und Forschung in der sozialen Arbeit, Neuwied 1998

Huppertz, Norbert: Wir erstellen eine Konzeption. Anleitungen und Beispiele aus der Kindergartenpraxis, München, 3. Aufl. 2001

Huppertz, Norbert (Hg.): Konzepte des Kindergartens, Oberried., 2. Aufl. 2000

Huppertz, Norbert (Hg.): Kindergärten für Kinder, Oberried, 4. Aufl. 2003

Huppertz, Norbert: Der Lebensbezogene Ansatz im Kindergarten, Freiburg i. Br. 2003

Kalff, Michael u.a.: Handbuch zur Natur- und Umweltpädagogik, Tuningen 1993

Kalff, Michael: Kinder erfahren die Stille, Freiburg i. Br. 1998

Köllner, Sabine, Leinert, Cornelia: Waldkindergärten: ein Leitfaden für Aktivitäten mit Kindern im Wald. Augsburg 1998

Kunz, T: Weniger Unfälle durch Bewegung, Schorndorf 1993

Lechner-Knecht: Sigrid. Kommt und erlebt die Wunderwelt des Waldes: Naturkundliche Streifzüge für jung und alt durch das "Zauberschloß Wald". Tuningen 1990

Lotz, Susanne: Der Waldkindergarten - Immer draußen – egal bei welchem Wetter. In: Huppertz, N.: Kindergärten für Kinder. Oberried 4. Aufl. 2003

Lutz, E.; Netscher, M.: Handbuch ökologischer Kindergarten – Kindliche Erfahrungsräume neu gestalten, Freiburg 1996

Messner, Christa: Umwelt erfahren - Umwelt bewahren: Projektarbeit in der Umwelterziehung in Kindergarten und Schule. Lichtenau 1994.

Miklitz, Ingrid: Der Waldkindergarten: Dimensionen eines pädagogischen Ansatzes. Neuwied/Berlin 2001

Ministerium für Frauen, Familie und Gesundheit des Landes NRW (Hrsg.): Neue Wege in der Umwelterziehung – Erfahrungen aus einem Jahr Waldkindergärten in Nordrhein-Westfalen. 1998

Münsterberg, Hugo:Idealistisch-realistische Wertlehre. In: Messer, A.: Deutsche Wertphilosophie der Gegenwart, Leipzig 1926

NUA: Kinderträume – Erlebnisträume, Recklinghausen 1998

Oerter, Rolf: Moderne Entwicklungspsychologie, Donauwörth 1969

Reiner, Hans: Von den Werten. Oberried 2001

Reiner, Hans: Woher unsere Werte kommen. Oberried 2003

Salzmann, Hans C. Wald erleben, Wald verstehen: Praktikumsvorschläge für Lehrer, Ideen für Jugendgruppenleiter, Anregungen für Eltern.... Zürich 1985

Schede, Hans-Georg: Der Waldkindergarten auf einen Blick. Freiburg 2000

Scheuring, Wolf-Dieter: Qualität und Evaluation im Kindergarten: Beispiel Waldkindergarten. Oberried 2000

Stamer-Brandt: Petra. Forschen und entdecken: 111 und mehr Ideen für den Kindergarten. Freiburg/Basel/Wien 2001

Strätz, Rainer: Natur und Umwelt im Kindergarten. Köln/Stuttgart 1996

Zimmer, Renate: Handbuch der Sinneswahrnehmung : Grundlagen einer ganzheitlichen Erziehung. Freiburg 2000

Zimmer, Renate: Kreative Bewegungsspiele: psychomotorische Förderung im Kindergarten. Freiburg im Breisgau/Basel/Wien 1998

Videofilme zum Waldkindergarten und zum Lebensbezogenen Ansatz

„Spielzeug zerbricht – Erlebnisse sind unsterblich", Waldkindergärten in Deutschland Teil 1 (45 Minuten, VHS). Zu beziehen über: AV 1, TV & VIDEO-PRODUKTION, Pfalzstraße 10, 34260 Kaufbeuren, Fax: 05605/ 70 219

„Erlebnisse und Ergebnisse", Waldkindergärten in Deutschland Teil 2 (34 Minuten, VHS). Zu beziehen über: AV 1, TV & VIDEO-PRODUKTION, Pfalzstraße 10, 34260 Kaufbeuren, Fax: 05605/ 70 219

„Der Waldkindergarten" Theorie und Praxis des Waldkindergartens, aufgezeigt am Beispiel des Waldkindergartens „Die Trolle", Gundelfingen bei Freiburg i.Br. (40 Minuten, VHS). Zu beziehen über: PAIS-Verlag, Hauptstraße 49, 79254 Oberried, Fax: 07661/ 981 420

„Der Lebensbezogene Ansatz in der Praxis", Erprobung in Kindergarten und Kindertagesstätte (45 Minuten, VHS). Zu beziehen über: PAIS-Verlag, Hauptstraße 49, 79254 Oberried, Fax: 07661/ 981 420

„Der Lebensbezogene Ansatz im Kindergarten", Ein Lehrfilm über Theorie und Praxis (55 Minuten, VHS). Zu beziehen über: PAIS-Verlag, Hauptstraße 49, 79254 Oberried, Fax: 07661/ 981 420

Zum Verlag

Der PAIS-Verlag gehört der „Sozietät zur Förderung der wissenschaftlichen Sozialpädagogik e.V." (gemeinnützig), gegründet 1996. Die Sozietät ist eine Vereinigung Freiburger Wissenschaftler und Praktiker, die sich die Verbreitung praxisrelevanter Veröffentlichungen aus der Theorie der Sozialen Arbeit zum Ziel gesetzt hat. Erste Vorsitzende ist Dipl.-Päd. Monika Huppertz.
Folgende Veröffentlichungen sind im PAIS-Verlag bisher erschienen:

Reihe >present< Freiburger Schriften zur Sozialpädagogik

Band I

Huppertz, N., Jugend und Jugendarbeit heute. Partial-holistische Studie der Stadt Neuenburg, Oberried 1996, ISBN 3-931992-00-4

Band III

Demmelhuber, H., Sozialarbeit und Seelsorge in der Schule – Neue Wege der Kirche, Oberried 1996, ISBN 3-931992-02-0

Band V

Huppertz, N. / Meier-Musahl, R., HORTPÄDAGOGIK. Eine Einführung in Theorie und Praxis, Oberried 1999, ISBN 3-931992-07-1

Band VI

Mägdefrau, J., Diplom in Erziehungswissenschaft – was kommt danach? Eine Absolventenstudie an der Pädagogischen Hochschule Freiburg, Oberried 2000, ISBN 3-931992-10-1

Band VII

Kolodziej, V., Arbeitsrecht für Soziale Fachkräfte, Oberried 2002 ISBN 3-931992-14-4

Reihe >evident< Freiburger Schriften zur wissenschaftlichen Grundlegung Sozialer Arbeit

Band I

Huppertz, N. (Hg.), Zu den Sachen selbst. Phänomenologie in Pädagogik und Sozialpädagogik, Oberried 1997, ISBN 3-931992-03-9

Band II

Reiner, Hans; Von den Werten, Oberried 2001; ISBN 3-931 992-13-6

Reihe >element< Freiburger Schriften zur Elementarpädagogik

Band I

Huppertz, N. (Hg.), Konzepte des Kindergartens, Oberried 1998, ISBN 3-931992-05-5

Band II

Huppertz, N. (Hg.), Kindergärten für Kinder, Oberried 1999, ISBN 3-931992-08-X

Band III

Huppertz, N. (Hg.), Französisch so früh? – Bilinguale Bildung im Kindergarten, Oberried 1999, ISBN 3-931992-09-8

Band IV

Kolodziej, V., Meine Rechte als Erzieherin, Oberried 2000 ISBN 3-931992-11-X

Band V

Scheuring, W.-D., Qualität und Evaluation im Kindergarten – Beispiel Waldkindergarten, Oberried 2000 ISBN 3-931992-12-8

Band VI

Huppertz, N. (Hg.), Fremdsprachen im Kindergarten Didaktik – Methodik – Praxis, Oberried 2003 ISBN 3-931992-17-9

Band VII

Huppertz, Norbert: Handbuch Waldkindergarten, Konzeption, Methodik Erfahrungen, Oberried 2003 ISBN 3-931 992-18-7

Einzelwerke

Lechner, J.-J. / Mägdefrau, J. (Hg.), Partial-Holismus in der Sozialen Arbeit. Erfahrungen mit einer Forschungsposition, Oberried 1998 ISBN 3-931992-06-3

Reiner, H., PHILOSOPHIEREN Eine Einleitung in die Philosophie, Oberried 2002 ISBN 3-931992-15-2

Reiner, H., Woher unsere Werte kommen, Oberried 2003 ISBN 3-931992-16-0

PAIS-Verlag e.V.
Hauptstr. 49
79254 Oberried
Tel.: 07661/ 980 962
Fax.: 07661/ 981 420

Email: bestellung@pais-verlag.de
www.pais-verlag.de